遠山 純弘

請求権から考える民法 2
――契約に基づかない請求権――

信山社

はしがき

　本書は，『請求権から考える民法』シリーズの第 2 巻である。『請求権から考える民法』というシリーズのコンセプトは，単に民法が規定している各制度を学ぶだけでなく，実際の紛争や試験における事例問題の解決を考える際に，その問題を考える順序に従って，各制度を学ぶという，問題の考え方もともに学ぶということにある。

　問題の考え方に則して民法の制度を説明するという試みは，ドイツでは，すでに故ディーター・メディクス(Dieter Medicus)教授の『Bürgerliches Recht（ドイツ民法典)』という教科書に見られるところであるが，残念ながら，わが国では，これまでそうした教科書は見られなかった。法学部やロースクールで民法を教えていると，法律の知識や判例は多数知っているにもかかわらず，問題の考え方を理解していないために，まったく見当違いの検討をしたり，定期試験のたびに今回は論点が当たった，はずれたと一喜一憂している学生を少なからず見る。これではせっかくの知識が宝のもち腐れである。知識は，きちんとした考え方に裏打ちされて初めて意味がある。しかし，考え方さえわかっていればよいというわけではない。きちんとした考え方ができていても，法律の知識がなければ，これまた紛争を解決することはできない。つまり，問題の考え方と法律の知識は，車の両輪であり，両者がそろって初めて意味を成すのである。『請求権から考える民法』シリーズは，こうした理念に基づいて，法律が規定している各制度に関する知識を修得するだけでなく，実際の紛争や試験における事例問題解決の考え方を修得することも目的とするものである。

　本書は，シリーズの第 2 巻である。内容的には，事務管理に基づく請求権，物権的請求権，不法行為に基づく損害賠償請求権，不当利得返還請求権を取り扱う。もちろん，問題の考え方という観点から言えば，問題は，常に契約から検討していくべきであり，本書で取り扱う請求権の検討の前に，契約の問題が先に検討されるべきである。本書では，第 2 巻から読み始める読者のために，民法問題の全体的な考え方を知ってもらうために，「序」として，問題の考え方と，なぜそのように考えるのかについての説明を付け加えた。内容を読む前に，ぜひ「序」を読んで理解してもらいたい。

　本書では，問題の考え方を理解してもらうために，請求に際して，当事者がそれぞれ何を主張し，そのための要件は何か，ということをできるだけ説明することに努めた。こうしたことは，法律問題を考えるにあたっては，当たり前のことのように思われるが，その当たり前が当たり前でない者も多い。たとえば，不動産の売買契約が詐欺に基づいて取り消された場合に，96 条 3 項の第三者として保護されるために，第三者が登記をしている必要があるか，という論点やそれに対する判例の考え方などは知っていても，そもそも 96 条 3 項の要件は何か，あるいは，さらにその前提となる詐欺取消しの要件は何か，ということを質問しても答えられない者は意外に多い。そもそも詐欺取消しが認められなければ，第三者保護の問題など出てこないし，第三者保護の他の要件が充たされていなければ，登記の必要性という問題は出てこない。本書は，こうした著者の経験から，各制度の要件をそ

の制度の初めにまとめて列挙するなどして，各制度の要件を明確にするように努めた。

　本書が1人でも多くの読者の学習に役立ってくれれば幸いである。

　最後に，本書を刊行するにあたって，北海道大学の学部・大学院を通してご指導いただいた藤岡康宏先生，松久三四彦先生，瀬川信久先生に心より感謝を申し上げたい。今日，私が研究・教育に従事できるのも，3先生のていねいで熱心なご指導があったからである。また，このたび教科書の執筆を勧めてくださった信山社社長袖山貴氏，そして，たいへん忙しい中，本書の編集にご尽力をいただいた編集部稲葉文子氏，今井守氏にも心からお礼を申し上げたい。

2020年3月

遠山　純弘

第3編　不法行為に基づく損害賠償請求権・・・・・・・・・・・・・・・・・・・・・・・212

請求権から考える民法 2

―契約に基づかない請求権―

序

1　請求権から問題を考える

　実際の訴訟であれ，試験の問題であれ，**問題がある請求にかかわる問題である場合には，請求権から問題を検討していくべきである**（これを**請求権構成**と称することとする。）[1]。たとえば，物の引渡請求，返還請求，損害賠償請求などがそれにあたる。なぜ問題を考えるにあたって請求権から検討を進めるかは，紛争解決の場が主として訴訟であるということを考えるならば明らかである。すなわち，裁判では，通常，原告の被告に対する請求の可否が問題となるからである。また，**請求権から問題を考えることで，その問題で何を検討しなければならないかがわかるからである**[2]。

【設例 1−1】

　Xは，交差点を横断していたところ，赤信号を無視して横断歩道に進入してきたY運転の自動車に衝突され，3ヶ月の入院を余儀なくされた。

　Xは，Yに対して，治療費や慰謝料を請求することができるか。

　民法の試験において，**問題が請求権にかかわるか否か，あるいは何が問題なのかは**，通常，問題の末尾におかれている設問からわかる。

　【設例 1−1】では，XのYに対する治療費や慰謝料（損害の賠償）の請求の可否が問題となっている。

【注意】

　試験問題の中には，「A・B間の法律関係を論じなさい。」といった問題もみられる。この場合，一見すると，請求権とは関係ないように見えるが，こうした問題では，AのBに対する請求およびBのAに対する請求が問題となっており，こうした問題も請求権にかかわる問題である。

2　請求権に基づく答案構成の目的

2.1　常に請求権規範の検討から出発しよう！

---

[1] 請求権構成は，ドイツの民法学者故ディーター・メディクス教授が提唱した考え方である。もちろん，メディクス教授は，ドイツ民法について請求権構成を提唱したが，この考え方は，わが民法の問題を考えるにあたってもあてはまるものである。

[2] なお，以下では，もっぱら事例問題における問題検討の進め方を念頭に置いて話を進めていくこととするが，本書の考え方は，実際の紛争の解決を考える際にもあてはまることはいうまでもない。

実際の訴訟であれ，試験の問題であれ，請求権から問題を考えていくためには，**解答は，常に請求権規範³（条文）の検討から始めなければならない**。なぜなら，**問題となる請求権規範（条文）の要件から，当該問題を解決するために何を検討すべきかが明らかとなり，さらに事例における諸事情のうち，解答にとって何が「決定的に重要な事情」であるか**が決まるからである。これによって，当該事例問題の解答にとって不必要なことまで調べなくてもすむ。

2.2 請求権規範の発見

請求権にかかわる問題では，通常，最終的な問題は，この請求が認められるか否かである。

ところで，この請求が認められるか否かは，結局のところ，めざされている効果を規定している請求権規範（条文）の効果が発生しているか否かが問われている。

そうすると，**請求内容が決まれば，次にその請求内容を規定している請求権規範（条文）を探すこととなる**。

【ポイント】

請求・主張ができるか否かという問題では，請求内容や主張内容に関する効果を伴う規範（条文）の効果が発生しているか否かが問われている。

> 請求や主張ができるか否か＝請求権規範（条文）の効果が発生しているか否か

請求や主張ができる＝規範の効果が発生している
請求や主張ができない＝規範の効果が発生していない

それでは，請求権規範（条文）はどのように探すのか。

2.2.1 法律効果からの検討

個々の事案において，いかなる規範が請求権の基礎として適当であるかは，**第一に，その事例問題で問題とされている法律効果によって定まる**。たとえば，損害賠償が問題となっているときは，損害賠償請求権が規定されている規範のみが考慮される。つまり，**検討すべき規範は，まず法律要件からではなく，法律効果の面から選び出さなければならない**。

【設例 1−1】では，XがYに対して治療費や慰謝料を請求することができるか否かが問

---

³ 規範とは，判断や行為などの拠るべき準則をいう。イメージができない者は，さしあたり条文と考えて読み進めてもらいたい。

われている。つまり，XのYに対する損害賠償請求が認められるか否かが問われている。言い換えれば，**損害賠償の効果を定めた請求権規範（条文）の効果が発生しているか否か**が問われていることになる。

　そこで，**損害賠償の効果を発生させる請求権規範（条文）は何か**，ということが問題となる。

2.2.2　法律要件からの検討

　それによって，いくつかの規範（条文）が見つけられたならば，**次に，法律要件面から規範（条文）を選び出さなければならない**。その際，法律要件の要素が事例中に見られないような規範は，調べなくてもよい。たとえば，損害賠償にかかる規範とはいえ，【設例 1-1】において，無権代理人に対する損害賠償請求権（117 条 1 項）や受任者の委任者に対する損害賠償請求権（650 条 3 項）などが問題とならないことは明らかである。

```
【請求権規範を探すプロセス】

　①効果（請求内容の効果を伴う
　　　　規範は何か？）
　　　　　↓
　②要件（要件に当たる事実が
　　　　事例中にある規範は何か？）
```

　もっとも，こうした規範の探し方は，理念型にすぎない。なぜなら，これができるのは，一定の効果をもつ請求権規範を全部知っている者だけだからである。しかし，それは難しい。たとえば，損害賠償の効果を伴う規範をすべて挙げることができる者は，そう多くはないであろう（実際の訴訟において起こりうる損害賠償請求の問題は，民法が規定している損害賠償の規範だけに限られない。）。そのため，実際には要件をもっと早い段階で活用することになる。

　基本的な考え方としては，まず効果からいくつかの典型的な請求権規範（条文）（たとえば，損賠賠償であれば，415 条，709 条）を考え，次いで当該事例の事実関係から，特別な法制度が問題となるかを考えることとなる。

2.3　請求内容が不明な場合

　問題の中には，一定の法律効果だけを問うのではなく，たとえば，「**X は，Y に対して，何を請求しうるか。**」とか，「**X Y 間の法律関係について論ぜよ。**」という設問がある。

このような場合には，まず，XがYに対していかなる経済的目的を追求しうるかを調べなければならない。そして，これらの目的を法律効果として具体化し，最後にこれらの法律効果にふさわしい請求権規範を探求しなければならない。

【設例2−1】
　Xは，Yとの間で，平成10年12月25日，X所有の甲土地を，駐車場として利用するために，賃料月額10万円，賃貸期間を平成15年12月24日までとの約定で賃貸した。ところが，平成15年12月24日をすぎてもYは，甲土地を駐車場として利用し続けている。
　この場合に，Xは，Yに対して如何なる請求をすることができるか。

【設例2−1】においては，X・Y間の賃貸借契約は終了しているから，Xは，Yに対して，土地の明渡しを請求することが考えられる（この場合の請求根拠として，X・Y間の賃貸借期間が終了しているという点に着目するならば，賃貸借契約の終了に基づく原状回復請求権としての土地明渡請求をすることが考えられる。また，Xは土地所有者であるから所有権に基づく返還請求としての土地明渡請求をすることも考えられる。）。

　また，目的物の返還とは別に，賃貸借契約の終了後もYがXの土地を何らの権原なく利用していることから，Xは，Yに対して，賃料相当額の損害賠償請求ないしは不当利得返還請求をすることも考えられる。

　なお，「XY間の法律関係を論ぜよ。」といったタイプの問題では，XのYに対する請求と，YのXに対する請求という双方の請求を，しかも，各当事者間において，複数の請求が問題とされていることが多い。

【ポイント】
　「XY間の法律関係を論ぜよ。」といったタイプの問題では，X→Yと，Y→Xの双方の請求を，しかも，それらについて，複数の請求が問題とされていることが多い。

2.4　法状態を問う場合

　さらに，法状態を問う問題，すなわち，「XYZ間の法律関係について論じなさい。」という形の問題もある。

　このような問題の解答のためには，まず法律関係を二当事者の関係に細分化しなければならない。つまり，誰が，誰に対して，何を求めるか，を問題としなければならない。

　もっとも，こうなれば，問題は，2.3で述べた状況になっていることがわかる。それゆえ，あとは各関係毎に何を請求しうるかを考え，それにふさわしい請求権規範を見つけなければならない。

【ポイント】三当事者以上の当事者での法律関係が問題となる場合
　三当事者以上の当事者間での請求が問題となる場合には，まず法律関係を二当事者の関係に分解しよう。

　なお，この問題類型においては，二当事者の法律関係に分解したのち，**どの当事者関係を優先的に検討すべきか**，という問題も熟慮しなければならない。

【設例2−2】
　Aは，Bの被用者Cの事業の執行中の不法行為により損害を被った。この場合におけるA・B・Cの法律関係について論じなさい。

　たとえば，【設例2−2】では，A・B，B・C，C・Aの二当事者関係が考えられる。この中で，加害者のBやCが被害者のAに何かを請求することは考えられないから，そういった請求権の検討は省略できる。
　他方，BのCに対する請求（求償）は，Bが使用者責任を負い（715条），被害者Aに損害賠償をした場合に，問題となるから，BのCに対する請求権を検討する前に，B・CのAに対する責任が先に検討されなければならない。

2.5　問題のパターン化―これまでのまとめ

　ここまでの叙述によれば，法律問題は，以下の3つのパターンに類型化することができる。ここで簡単にまとめておく。

【パターンⅠ】（基本パターン）

　Xは，Yに対して債務不履行に基づく損害賠償を請求することができるか。

【ポイント】
　原告，被告，請求内容がはっきりしている。
　⇒最終的にはこのパターンについてどのように考えるかが問題となる。

【パターンⅡ】

> Xは，Yに対して何を請求することができるか。
> ＸＹ間の法律関係について論じなさい。

【ポイント】
原告，被告ははっきりしているが，請求内容が不明。

【解法】
原告の経済的な目的から請求内容を考え，それを当てはめる。
　→パターンⅠへ

【注意】
　① このパターンの問題では，複数の請求権の検討が想定されていることが多いので，常に複数の請求権の検討を念頭に置く必要がある。
　② 「ＸＹ間の法律関係を論じなさい。」というタイプの問題では，X→Yの請求だけでなく，Y→Xの請求も検討しなければならない。

【パターンⅢ】

> ＸＹＺ間の法律関係について論じなさい。

【ポイント)】
原告，被告，請求内容も不明

【解法】
（1）二当事者の関係に分解する。

例　　Ｘ ⇄ Ｙ　　　　　Ｙ ⇄ Ｚ　　　　Ｚ ⇄ Ｘ

　→パターンⅡへ

（2）それぞれにつき請求内容を考える。

　→パターンⅠへ

【注意】
　このタイプの問題では，どの請求を優先的に検討すべきかという問題も考慮する必要がある。

3 請求権規範（条文）の検討順序

3.1 検討順序を守ってスムーズな検討を！

　請求者の相手方に対する請求の内容が決まれば，その請求内容を規定している請求権規範（条文）を探すことになる。その結果，検討すべき請求権規範が複数見つかることがある。この場合には，**請求権規範（条文）をどのような順序で調べていくか**，という問題が生ずる。これは，結果にとってはどうでもよいことであろうが，合目的性の観点からすると，やはり一定の順序を守ったほうがよい。すなわち，**ある請求権規範に属する問題がさらに他の請求権規範の先決問題になる**ため，問題の検討が入り組んだものになる，といった事態は避けるべきだからである。言い換えれば，論述はできるだけ先決問題に煩わされないでなされることが必要なのである。

【設例 3−1】
　Aは，隣人Bが旅行で留守にしている間の家の管理を依頼された。Bが旅行で留守にしている間に，台風が来てBの家の窓ガラスが割れた。そこで，Aは，業者に依頼し自己の費用でBの家の窓ガラスを修理した。この場合に，Aは，Bの家の窓ガラスの修理に要した費用をBに対して請求することができるか。

　697条1項によれば，事務管理が成立するためには，管理者が「義務なく」事務の管理をすることが要件とされる。【設例 3−1】では，Aが隣人Bから留守中の家屋の管理を委ねられていたのであるから，A・B間には（準）委任契約が成立している。委任契約が成立している場合には，Aは，Bの留守中Bの家の管理をする「義務」があるから，事務管理は成立しない。窓ガラスの修理費用の償還は，委任契約に従って処理されることとなる（650条）。

　かりに【設例 3−1】で，事務管理に基づく費用償還請求権（702条1項）から検討を始める人は，「義務の不存在」という要件の検討において，委任契約の成立を認めたうえで，事務管理の成立を否定し，その後，改めて委任契約に基づく費用償還請求権（650条）を検討することになる。

　これに対して，契約法上の規範，すなわち，委任契約に基づく費用償還請求権から検討を始める人は，委任契約の成立を認めたうえで，費用償還請求権を肯定して検討を終えることになる。

　このように，不要な問題の検討を避けるためには，事務管理の検討をする前に管理人の「義務」の根拠となる契約が存在するか否かを検討しておくほうがよい。

3.2　実際に検討順序をみてみよう！

　それでは，具体的にどのような順序で請求権規範（条文）を検討すればよいのであろうか。請求権規範（条文）を検討する場合には，通常，次のように検討するのがよい。

3.2.1　契　約

　まずは，**契約に基づく請求権規範**を検討すべきである。なぜなら，契約は，特別な準則になるし，それゆえ，他の請求権規範に影響を及ぼすからである。このことは，近代私法が**私的自治の原則**を基礎に置くことによる。

（1）事務管理との関係

　契約は，事務管理に基づく請求権の先決問題である。事務管理は，697条1項によれば，事務管理者が本人との関係で，義務がない場合にだけ成立する。すなわち，もし有効な契約（または法律上の債権関係）に基づいて事務が遂行された場合には，事務管理に基づく請求権は成立しない。

（2）物権的請求権との関係

　契約は，物権的請求権の先決問題である。なぜなら，契約によって占有をなしうる権利が与えられることがあるからである。また，たとえば，無効な契約や契約の解除におけるように，契約が無効ないしは消滅したにもかかわらず，契約が所有権に基づく返還請求権に影響を与える場合がありうるからである（121条の2・545条1項本文参照）。

（3）不法行為との関係

　不法行為に基づく請求権との関係において，契約は，過失判断に影響を及ぼしうる。たとえば，無償寄託では，受寄者の注意義務は軽減されている（659条）。また，契約は，違法性阻却事由にもなりうる。たとえば，医療契約における医者の手術などがその例である。

（4）不当利得との関係

　最後に，契約は，不当利得返還請求権に対しても先決問題である。なぜなら，契約は，財貨移転の正当化根拠となりうるからである。また，契約が無効であったり，取り消されたりした場合でさえ，契約が重要となることがある（121条の2・545条1項本文参照）。

3.2.2　事務管理

　それでは，契約の次にどのような請求権規範を検討すべきだろうか。契約に基づく請求権規範の次に，**事務管理に基づく請求権**を検討すべきである。なぜなら，事務管理は，「契約のない委任」といわれるように，事務管理が成立すると，委任契約が成立したのと類似の効果が発生するからである（701条）。

　もう少し詳しく見ると，物権的請求権との関係では，事務管理は，占有についての権利を与えるからである（反対説あり）。

　不法行為との関係では，事務管理が成立すると，行為の違法性が阻却されるため，不法行為は成立しないからである。

　不当利得返還請求権との関係では，事務管理が財産移動の法律上の原因となるからである。また，事務管理に基づく費用償還請求権は，管理人の支出した費用によって決定されるが（702条1項），不当利得返還請求権では，受益者の利得によって決定される（703条）。その結果，費用を投下したが効果がなく，本人に利得が生じない場合もあり，そのような場合には，不当利得による返還請求は認められないからである。

3.2.3　物権的請求権

　事務管理に基づく請求権の次は，**物権的請求権**を検討すべきである。なぜなら，物的状況が不当利得返還請求権や不法行為に基づく損害賠償請求権の判断の前提問題となることがあるからである。

3.2.4　不当利得返還請求権・不法行為に基づく損害賠償請求権

　最後に，不当利得返還請求権あるいは不法行為に基づく損害賠償請求権が検討されるべきである。これらの請求権は，互いに影響を及ぼさないため，これらの請求権のいずれを先に検討すべきかという問題は生じない。問題となる蓋然性が高い請求権から検討すれば足りる。損害賠償請求権の場合には，不法行為法から，返還請求権の場合には，不当利得法から検討を始めればよい。

4　要件の列挙・解釈・あてはめ

4.1　要件の列挙

　以上の検討によって，検討すべき請求権規範（条文）が決まったら，次に**当該請求権規範（条文）の要件を考えなければならない**。なぜなら，法律効果は，当該事案において，その効果を発生させるためのすべての要件にあたる事実が存在する場合にだけ発生するからである。

> 【ポイント】要件効果論
> 　条文は，基本的に要件と効果の形で規定されている。法律効果は，その条文が規定しているすべての要件にあたる事実が存在する場合にだけ発生する。

> 【注意】請求権構成による勉強・答案と論点式の勉強・答案
> 　しばしば請求権構成による考え方と論点式による考え方とを二律背反的に捉えている者がいるが，それは完全な誤りである。というのは，論点式の考え方というのは，ある特定の要件や論点に焦点を絞った考え方にすぎないからである。請求権構成による考え方では，ある特定の要件だけではなく，請求権規範（条文）の要件すべてに関して，問題を検討していくにすぎない。

　たとえば，【設例 1－1】において，XがYに損害賠償を請求する場合，X・Y間には契約関係がないから，債務不履行責任は問題とならず，不法行為責任を問うこととなる。そうすると，その請求権規範（条文）は，709条となる。
　すでに述べたように，XのYに対する損害賠償請求が認められる，という問題は，結局，709条の効果が発生するか否かが問われている。709条の効果は，709条が定めている要件にあたる事実が当該事案において存在する場合にだけ発生するから，まずは，709条の要件は何か，ということが問題となる。

【709条の要件】
　（1）Xの権利・保護法益が侵害されたこと
　（2）（1）につきYに故意または過失があること
　（3）Xに損害が発生したこと，およびその額
　（4）（1）と（3）との間に因果関係があること
　（5）Yに責任能力があること

【注意】【教科書によって要件が違うことがある】

　たとえば，709 条は，通常，上記のように理解されている。もっとも，教科書によっては，709 条の要件として，「故意又は過失によって」のこの「よって」の因果関係，つまり，故意または過失と法益侵害との間の因果関係を要求するものもある。

　また，110 条の要件は，通常，（1）他人の当該法律行為以外のある特定事項についての代理権が存在すること，（2）第三者が他人に当該法律行為について代理権があると信じたこと，（3）第三者が他人に当該法律行為につき権限があると信じたことについて正当の理由があることとされる。もっとも，教科書によっては，第三者が直接の法律行為の相手方であることを要件とするものもある。

　さらに，96 条に基づく詐欺・強迫取消の要件として，欺罔者・強迫者の故意を要求するものもあるが，これを不要とするものもある。

【問題によって列挙すべき要件が違うこともある】

　問題によって列挙すべき要件が違うことがある。たとえば，契約を取り消したり解除したりして相手方に給付した物の返還を求める際には，取消しおよび解除の要件に加え，「相手方に物を給付したこと」も要件となる（【類型 1】参照）。他方，相手方からの履行請求に対して契約を取り消したり解除したりして履行の拒絶をする場合には，そのような要件は不要である（【類型 2】参照）。

【類型 1】

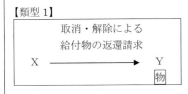

【類型 2】

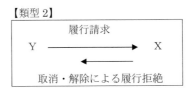

4.2　要件の解釈

　要件がすべて列挙されれば，次に，問題の事実関係において，要件にあたる事実が問題文中にあるかを検討することとなる（あてはめ）。

　もっとも，法律要件は，一般的・抽象的に規定されているため，通常，ある事実が要件にあてはまるかどうかわからない場合が多い。

　たとえば，保護法益の侵害といったところで，709 条のいう保護法益がどのような保護法益かは，請求権規範（条文）からはすぐにはわからない。また，故意・過失といっても，それが具体的に何を意味するかは，法律からはわからない。内容がわからなければ，あてはめはできない。

　そこで，**事実が法律要件にあてはまるか否かを検討するために，法律要件を具体化（解釈）する必要が出てくる**。

　この解釈で重要なのが判例・学説である。たとえば，709 条の適用を考える場合，故意とは何か，過失とは何か，ということが問題となる。この場合に，故意・過失の定義が法律

にあれば，それに従うことになるが，そうした定義や判断基準（しばしば**抽象規範**といわれる。）がない場合には，判例や学説がそれをどう定義し，あるいは，どういう判断基準を定立しているかを参照することとなる。この点，判例によれば，過失とは，結果回避義務違反であるとされている。そうすると，過失とは，結果回避義務違反であるということを前提に問題を検討することとなる。

4.3 要件の列挙・検討順序

4.3.1 事柄の性質による要件の列挙・検討順序

　債務不履行に基づく損害賠償請求では，債務者に債務不履行につき帰責事由があることが必要である。また，不法行為に基づく損害賠償請求では，加害者に法益侵害につき故意・過失があることが必要である。つまり，債務不履行に基づく損害賠償請求における帰責事由の検討に当たっては，債務者に債務不履行があることが前提となり，不法行為に基づく損害賠償請求における故意・過失の検討に当たっては，法益侵害があったことが前提となる。言い換えるならば，債務不履行の存在は，債務者の帰責事由に先んじて検討されなければならず，法益侵害は，加害者の故意・過失に先んじて検討されなければならない。このように，要件の中には，ある要件が他の要件の存在を前提にしている場合がある。

> 【ポイント】
> 　要件の中には，ある要件（Ａ要件）が他の要件（Ｂ要件）の存在を前提にしている場合がある。このような場合には，前提となる要件（Ｂ要件）から先に列挙・検討すべきである。

4.3.2 問題の検討順序による要件の検討順序

> 【設例4−1】
> 　Ｙは，融資を得るため，自己所有の甲土地に抵当権を設定しようと考え，Ａにそれを依頼し，実印，登記関係書類および委任事項白紙の白地委任状を交付した。ところが，Ａは，委任事項欄に「甲土地の売却に関する一切の事項」と記入し，Ｙの代理人として甲土地をＸに売却した。ＸがＹに対して甲土地の引渡しを請求した。この請求は認められるか。

　【設例4−1】で，有権代理から検討する際，①代理権の存在，②顕名，③代理行為という順序で要件を検討する（以下，「検討順序Ａ」とする。）のと，①代理行為，②顕名，③代理権の存在という順序で要件を検討する（以下，「検討順序Ｂ」とする。）のでは違いがあるか。

　検討順序Ａで検討する場合，【設例4−1】では，Ａに売買契約締結の代理権がないので，

有権代理の最初の要件である「代理権の存在」という要件が認められず，有権代理の検討
は，そこで終わり，追認や表見代理の検討に進んでいくことになる。ところで，追認も表
見代理も，それが成立するためには，代理行為および顕名があることを前提にしている（詳
しくは，代理の箇所で述べる。）。しかし，検討順序Aで検討している人は，代理権の存在
という要件で検討が終わっており，顕名，代理行為という要件は検討されていない。そう
すると，追認を検討する際あるいは追認の検討を忘れた人は，表見代理のところで，改め
て顕名，代理行為の要件を挙げて表見代理の要件とともに検討をしなければならないこと
となる。

【検討順序A】

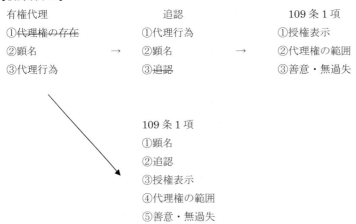

有権代理　　　　　　　　　追認　　　　　　　　109条1項
①代理権の存在　　　　　　①代理行為　　　　　　①授権表示
②顕名　　　　　→　　　　②顕名　　　　→　　　②代理権の範囲
③代理行為　　　　　　　　③追認　　　　　　　　③善意・無過失

109条1項
①顕名
②追認
③授権表示
④代理権の範囲
⑤善意・無過失

これに対して，検討順序Bで検討する者は，代理行為および顕名要件を検討してから（し
かも，それらは充足されていることを確認して），代理権の存在を検討することになる。そ
のため，代理権の存在が否定され，次に，追認や表見代理の検討に移った際にも，改めて
代理行為や顕名要件を検討する必要はない。

【検討順序B】

有権代理　　　　　　　　　追認　　　　　　　　109条1項
①代理行為　　　　　　　　　　　　　　　　　　①授権表示
②顕名　　　　　→　　　追認　　　→　　　　　②代理権の範囲
③代理権の存在　　　　　　　　　　　　　　　　③善意・無過失

このように，<u>問題の検討の進め方によって，一定の順序に従って要件を検討したほうが
よい場合がある</u>。

4.4　思考過程－ここまでのまとめ

　　　　ある請求が認められるか？ある主張が認められるか？
　　　　　　　　　　　　　　　↓
　　　　　　当該効果が発生しているか？
　　　　　　　　　　　　　　　↓
　　　　　　その効果を発生させる規範は何か？
　　　　　　　　　　　　　　　↓
　　　　　　その効果を発生させる規範が複数存在
　　　　する場合には，いずれの規範から検討すべきか？
　　　　　　　　　　　　　　　↓
　　　（検討規範が見ったら）その規範の要件は何か？
　　　　　　　　　　　↓　　事実が法律要件にあてはまるかを検討する段階において，
　　　　　　　　　　　↓　　事実が法律要件にあてはまるかわからない，あるいは，直
　　　　　　　　　　　↓　　接あてはまらないという状況が生ずることがある。
　　　　　　　　　　　↓　　　たとえば，「過失」（民法 709 条）というだけでは，何が
　　　　　　　　　　　↓　　過失かわからない。その結果，事実のあてはめができない。
　　　　　　　　　　　↓　　　そこで，法律の解釈（具体化）を通して，法律要件にあ
　　　　　　　　　　　↓　　てはまるかわからない，あるいは直接あてはまらない事実
　　　　　　　　　　　↓　　が当該法律要件にあてはまるかを検討することとなる。
　　　　　　事実関係の中に規範が定める要件にかかる事
　　　　実が存在するか？

5　抗弁の吟味

5.1　相手方の反論

　原告の請求や主張に対して，相手方からの反論の可能性を考えておく必要がある。

　反論には，原告の主張する請求原因事実とは両立しない事実を主張する場合（いわゆる**否認**）と，原告の主張する請求原因事実と両立し，請求原因から生じる法律効果を妨げる事実を主張する場合（いわゆる**抗弁**）がある。前者は，たとえば，売買に基づく代金の支払請求において，売買契約の締結そのものを争う場合であり，後者は，売買契約を締結し

たことは認めるが，すでに売買代金を全額支払ったとか，消滅時効により売買代金支払請求権は消滅したという主張する場合である。

このうち，**否認に関する反論に関しては，上記の原告の請求に関して，その成立要件を検討する際に，当該要件に関して相手方からいかなる反論がなされる可能性があるかを踏まえながら検討を進めることになる。** そのため，原告の請求や主張が認められたあとの相手方の反論として検討するのは，もっぱら抗弁に関する反論ということになる。

たとえば，原告が被告に対して，709条に基づき損害賠償を請求する場合に，その請求が認められるかを検討するにあたって，原告の権利・保護法益侵害や被告の故意・過失など検討することになるが，これらの要件に関する被告の反論は，原告の請求における成立要件の中で検討すべきである。そのため，709条の成立要件が充足された場合における相手方からの反論として検討するのは，過失相殺，消滅時効など，709条の成立要件以外に関する反論ということになる。

【XのYに対する不法行為の損害賠償請求】

    X ━━━━━━━━━━━━━▶ Y
          709条に基づく損害賠償請求
・Xの請求・主張に関する検討
    709条の成立要件の検討

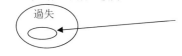

    過失

          Yによる法益侵害の
          成立に対する反論
          （X主張の注意義務がない，
          その注意義務を果たした）

・Yからの反論の検討

          Yによる709条の成立
          要件以外の反論
          （本件事故の発生にはXにも過失があった，X
          　主張の請求権は時効により消滅）

【ポイント】
　否認に関する反論に関しては，原告の請求に関して，その要件を検討する際に，当該要件に関して相手方からいかなる反論がなされる可能性があるかを踏まえながら検討を進めることとなる。そのため，原告の請求や主張が認められたあとの相手方の反論として検討するのは，もっぱら抗弁に関する反論ということになる。

5.2 抗弁の検討順序

　問題によっては，請求権の存在を前提に，問いが作られている場合がある。この場合には，相手側の防御の可能性，すなわち，抗弁を検討すればよい。

　また，複数の抗弁を検討する際の検討順序については，決まった順序はない。もっとも，**相手側に最も有利な防御手段が最初に言及されなければならない。**

　いずれにせよ，抗弁の主張も，通常，ある法律効果の主張であるから，これについても，すでに請求権規範（条文）のところで述べたこと（効果から規範〔条文〕を探す，要件をすべて列挙するなど）があてはまる。

第1編　事務管理に基づく請求権

> **【到達目標】**
> ○事務管理とは，どのような制度であり，どのような要件のもとで成立が認められるかを説明することができる。
> ○事務管理の成立が認められる場合に，事務管理者と本人の間でどのような権利義務関係が生ずるかを説明することができる。

　問題をスムーズに検討するためには，まず，契約に基づく請求権規範が検討されるべきであるが，その次に，事務管理に基づく請求権が検討されるべきである（それについて詳しくは，序3参照）。

1　意義

> **【設例1−1】**
> ①　Xは，京都旅行に行ったが，そこで友人のYの家に宿泊していた。Yが外出中，新聞の集金がきたので，Xが新聞代金を建て替えて支払った。Xは，Yに建て替えた新聞代金を払ってもらえるか。
> ②　Yの家族が旅行で留守にしていた際，Yの飼い犬がえさをもらえず，空腹の状態ですごしていた。それを見かねて隣に住んでいるXが自分でえさを買ってきて，Yの旅行中ずっとその犬に餌をやっていた。Xは，Yにえさの購入費用を支払ってもらえるか。

【図1】

X ────────────→ Y
　　①建て替えた新聞代金の請求
　　②えさの購入費用の請求

　【設例1−1】①では，Xは，新聞代金を支払う義務はないが，Yのために建て替えて支払った。また，**【設例1−1】**②では，Xは，自分がYの飼い犬にえさを買い与える義務はないが，Yの飼い犬にえさを買い与えた。**事務管理**とは，**【設例1−1】**①，②におけるように，**義務なくして他人のためにその事務を管理する**ことである（697条）。他人の権利領域への干渉は，本来，違法であるが，法律は，相互扶助・社会連帯の精神からでた他人の権利領域への干渉を一定の要件のもとでその違法性を阻却するとともに，管理費用の償還請求を認めている。

2 事務管理の成立要件

事務管理が成立するためには，次の要件を充たすことを要する。

（1）他人の事務を管理すること
（2）他人のためにする意思する意思があること
（3）法律上の義務がないこと
（4）本人の意思および利益に反するのが明白でないこと

以下では，各要件について詳しく見ていくことにしよう。

2.1 他人の事務を管理すること

2.1.1 事務の管理

事務とは，**人の生活に必要な一切の仕事**であって，法律行為（たとえば，契約の締結）であっても，事実行為（上記のように，犬にえさを与える）であってもよい。継続的な行為であるか，一回的な行為であるかを問わない（大判大 8・6・26 民録 25 輯 1154 頁）。

事務の管理とは，**右の仕事を処理することである。**保存行為，利用行為，改良行為にとどまらず，売買契約の解除のように，他人の権利を処分する行為をも含む（大判大 7・7・10 民録 24 輯 1432 頁）。

2.1.2 他人の事務

他人の事務には，客観的に見て，他人の事務になる場合（他人の犬に餌を与える）もあるが（客観的他人の事務），たとえば，えさの購入のように，行為それ自体は，必ずしも他人の事務といえないものもある（中性の事務）。この場合には，通説は，他人のためにする意思が外部から客観的に推断しうるものであれば，事務管理の成立を認める。

2.2 他人のためにする意思

【設例 2−1】
【設例 1−1】②において，Xが犬にえさを与えた理由が，空腹で犬が鳴いてうるさかったために，えさを与えて静かにさせるためだった場合に，事務管理は成立するか。

他人のために事務を管理するとは，**他人の利益を図る意思で事務を管理することをいう。**

他人のためにする意思は，自己のためにする意思と併存してもよい。たとえば，共有者各自の負担に帰すべき費用の全部を共有者の 1 人が支払ったときは，自己の事務を処理すると同時に，他の共有者のために事務を管理したものとなる（大判大 8・6・26 民録 25 輯 1154頁）。

2.3　法律上の義務がないこと

たとえば，X が Y から犬の世話を依頼されていたような場合には，（準）委任契約が成立しており，法律関係は，それに従って処理される。

本人に対して直接義務はないが，第三者に対して義務を負う場合でも，その第三者に対する義務が，本人の事務を処理するものであるときは，事務管理は成立しない。それ以外の場合には事務管理が成立する。たとえば，委託を受けずに保証人となった者が弁済をした場合には，保証債務の履行それ自体は，自己の債務の履行であるが，主たる債務者との関係では，事務管理が成立する。また，連帯債務について，そのうちの 1 人が自己の負担部分を超えて債務を弁済した場合（大判大 5・3・17 民録 22 輯 476 頁）や，同順位の共同扶養義務者の 1 人が扶養した場合（最判昭 26・2・13 民集 5 巻 3 号 47 頁）にも，自己の負担部分を超えた部分について事務管理が成立する。

2.4　本人の意思および利益への適合

通説は，697 条 2 項や 700 条ただし書の趣旨から，事務の管理が本人の意思や利益に反していることが明らかでないことを要するとしている。

それでは，意思無能力者が本人である場合，事務管理は成立するか。判例は，意思無能力者について，相続税の申告書の提出義務が発生していることを理由に，意思無能力者に代わって相続税を申告・納税した者から意思無能力者に対する費用償還請求を認めている（最判平 18・7・14 判時 1946 号 45 頁）。

【参考判例】最判平 18・7・14 判時 1946 号 45 頁
「本件申告時において，B（意思無能力者―括弧内，筆者）に相続税の申告書の提出義務が発生していなかったということはできず，昭和 63 年 3 月 8 日の経過後において B の相続税の申告書が提出されていなかった場合に，所轄税務署長が相続税法 35 条 2 項 1 号（当時―括弧内，筆者）に基づいて B の税額を決定することがなかったということもできない。したがって，本件申告に基づく本件納付が B の利益にかなうものではなかったということはできず，X の事務管理に基づく費用償還請求を直ちに否定することはできない。」

3 事務管理の効果

3.1 対内的効果

3.1.1 違法性の阻却

事務管理が成立すると，行為の違法性が阻却される。

3.1.2 管理者の義務

（1）注意義務等

管理者は，事務の管理について，善良な管理者の注意義務を負う。また，本人の意思や利益に適合するように事務を管理する義務を負う（697条）。

ただし，急迫の危害については，悪意・重過失の場合のみ責任を負う（698条）。

（2）継続管理の義務

管理者は，本人またはその相続人もしくは法定代理人が管理することができるようになるまで，事務の管理を継続しなければならない（700条本文）。本人の意思や利益に反することが明らかになった場合，管理を中止しなければならない（同条ただし書）。

（3）通知義務等

管理者は，本人に管理開始を通知する義務を負うほか（699条），委任規定の準用によって（701条），管理状況の報告義務（645条），受取物・取得権利の引渡義務（646条），委任者に引き渡すべき金銭を消費した場合における利息支払・損害賠償義務（647条）を負う。

3.1.3 本人の義務

（1）費用償還義務

本人は，管理者に対して，有益費の償還義務を負う（702条1項）。「有益」かどうかは，支出の時点を基準に判断される。

【XのYに対する事務管理に基づく費用償還請求】

【請求原因】
　（1）XがYの事務を管理したこと
　（2）事務の管理につきYのためにする意思があったこと
　（3）Xが，事務の管理の際，有益費用を支出したこと，およびその数額

（義務の存在）
【抗弁Ⅰ】
　YがXに事務処理を委託したこと，およびXがそれを承諾したこと

（現存利益）
【抗弁Ⅱ】
　（1）利益が現存しないこと，または，現に利益を得ている額
　（2）Xの事務処理がYの意思に反すること

　管理者が本人のために有益な債務を負担したときは，本人は，管理者に代わってそれを弁済し，その債務がまだ弁済期にないときは，相当の担保を供する義務を負う（同条2項）。
　管理行為が本人の意思に反していた場合には，費用償還請求権の範囲は，「本人が現に利益を受けている限度」（現存利益）に限定される（同条3項）。

【702条3項の意義】
A説：通説
　事務管理は成立するが，その効果を不当利得の場合と同様に縮減したものである。
B説：
　本人の意思に反する場合には事務管理は成立しないが，不当利得の要件を満たすときは，不当利得の効果が発生することを定めた単なる注意規定である。

（2）報酬請求権

　管理者は，管理について報酬を請求することはできない。ただし，通説は，医師の医療行為のように，対価を支払わないと受けられないのが通常である職業的行為の場合には，報酬請求が認められるとしている。

（3）損害賠償請求権

　管理者が管理にあたって過失なくして被った損害についても，本人に賠償請求することはできないと解されている。ただし，有力説は，人命救助のために管理者が負傷した場合には，治療費や衣服代を「有益な費用」として償還請求できるとしている。

3.2　対外的効果

3.2.1　管理者の名における行為

　管理者が自己の名において行った法律行為の効果は，本人に帰属せず，管理者に帰属する（大判明37・5・12民録10輯666頁）。
　もっとも，本人のために有益な債務負担であるときは，管理者は，本人自ら弁済をなすことを請求することができる（702条2項・650条2項）。

3.2.2　本人の名において行われた行為

　第三者との間では，無権代理となり，表見代理が成立するか，本人が追認するなど特別の事情がない限り，本人に効果は帰属しない（大判大7・7・10民録24輯1432頁，最判昭36・11・30民集15巻10号2629頁）。
　これに対しては，緊急の事態については，代理権を認める説や，事務管理が成立する場合には，対外的に代理権が認められるとする説もある。

【設例3−1】
　Yは，AがBに預託した金銭を自己（＝Y）の利益を図ることを意図してAの代理人と称して受領した。Aの相続人Xが弁済受領行為を追認し，Yに対して金銭の返還を請求した場合，その請求は認められるか。

　【設例3−1】において，Yは，金銭を当初から横領して自己の利益を図る意図であるから，事務管理は成立しないはずである。しかしながら，判例は，Xの金銭の引渡しと受領の日からの利息の支払請求を肯定している（大判昭17・8・6民集21巻850頁）。
　判例に対しては，要件を欠いている行為は，追認によっても適法な事務管理にはならないのであり，むしろ，【設例3−1】の場合は，準事務管理の問題であるとするものがある。

4　準事務管理

　たとえば、他人の所有物を通常よりもはるかに高い価格で売却し、その代金を手に入れた場合、事務管理は、他人のためにする意思があることを要するから、他人の事務を自己のためにする意思をもって管理したときは、事務管理は成立しない。この場合には、不当利得または不法行為の成立が認められるが、侵害者が自己の才能を活かして多大な利益を上げているような場合には、その利益は、侵害者のもとにとどまることとなる。そこで、この場合にも事務管理の規定を準用して侵害者に侵害によりあげた利益を本来の権利者に引き渡させようということが主張されてきた。これを**準事務管理**という。

　この問題に対して、商法では、競業避止義務に違反した支配人や第三者が得た利益を商人や会社に生じた損害と推定する規定を置いている（商23条2項、会社12条2項など）。また、知的財産法では、侵害者が侵害行為により利益を受けているときは、その利益の額を損害額と推定する規定を置いている（特許102条2項、不正競争5条2項など）。

　判例は、X・Y共有の船舶を便宜上Y名義にしておいたところ、YがXの同意なしに船舶を売却したという事案において、Yの行為は不法行為であるが、Xが売却行為を承認したときは、事務管理の法則により自己の持分に応じた売却代金の引渡しを請求することができるとしている（大判大7・12・19民録24輯2367頁）。準事務管理を肯定する論者は、この判例を準事務管理の法理を認めたものであると解している。

第2編　物権的請求権

1　物権法総論

【到達目標】
○物権には，どのような種類があり，それぞれどのような内容の権利であるかを説明することができる。
○物権に共通する特徴を，債権の特徴と対比して説明することができる。
○物権法定主義の意義と根拠について，説明することができる。
○物権的請求権とは，どのような権利であり，どのような侵害についてどのような救済手段を求めることができるかを説明することができる。
○物権が消滅する原因を説明することができる。

　第3に，検討すべきなのは，いわゆる物権的請求権である。**物権的請求権**とは，**物権の円満な状態が妨害され，または，妨害されるおそれがある場合に，その物権を有する者が，妨害の排除または予防のため，一定の行為を請求する権利**のことである。

　そこで，物権的請求権について考えるためには，まず，物権とは，どのような権利であり，また，どのような特徴を有するかを知っておく必要がある。そのため，具体的な権利（所有権，占有）について話を始める前に，以下では，まず物権とはどのような権利であり，また，どのような特徴を有するかについて話をしておくこととする。

　なお，物権について問題を考える際には，通常，所有権（一般的な言い方をすれば，これは自分の物であるという権利）を念頭において読み進めてもらいたい。

【抽象概念が持つ意味】
　われわれは，いま「物権」という抽象概念を問題としようとしている。通常，訴訟で問題となるのは，個々の具体的な権利であり，たとえば，所有権という権利が侵害されたのであれば，所有権が侵害された場合に，所有権者にどういう保護が与えられるのかを問題とすればよく，物権という抽象的な権利を問題とする必要はない。にもかかわらず，なぜ「物権」について勉強しなければならないのだろうか。
　ある権利（これを「権利A」とする。）につき，その権利が排他性（他人の干渉を排除する効力）を有するかとか，あるいは，その権利を他人の主張できるかということが問題となったとしよう。
　かりに所有権ならば，こう，占有なら，こう，というように，議論していると，では，権利Aはどうか，といわれてもよくわからない。しかし，所有権や占有という権利に共通する性質を最大公約数的に理解しておけば（それを物権と呼ぶ。），物権という権利には，完全ではないとしても，こうした性質があるということがイメージできる。そうすると，かりに権利Aが物権であるとするならば，権利Aは，一応は，こうした（物権の特徴たる）性質を有しているのではないか，とイメージができるだろう（もっとも，しばしば，権利Aが物権にあたれば，権利Aは，当然に物権が有する特徴を持つというように，誤った演繹がされることがある。）。
　こうしたことは，いわゆる「総則」というものの勉強についても同じことが言える。

1.1　民法における物権法の位置づけ

　私法上の権利を**私権**といい，民法上の私権は，一般的な社会生活における利益を享受する法律的な力であるとされる。民法上の私権は，享受する利益の内容に従って，いくつかの権利に分類することができる。私権のうち，財産上の利益を内容とする権利を**財産権**という。さらに，民法上の財産権は，物権と債権にわけられる。

1.2　物権法の意義

　物権とは，**物に対する直接・排他的な支配を内容とする権利**をいう[1]。そして，**物権に関する法律の総称ないしは物権に関する法全体を物権法**という。

1.3　物権の種類

　ところで，一口に「物権」といっても，そこにはいろいろな種類の権利がある。

1.3.1　民法上の物権

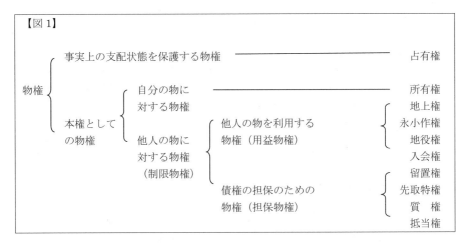

（1）占有権と本権

　まず，民法上の物権は，**物を現実に支配しているという事実状態に基づいて認められる権利である占有権**（180 条）と，それ以外の本権としての物権とにわけることができる（【図1】参照）。**本権**とは，占有を正当化する根拠となる権利である。所有権がその例であるが，

---

[1]　これに対して，**債権**とは，ある人に対して一定の行為(作為または不作為)を求めることを内容とする権利をいう。

賃借権なども本権となる。

（2）所有権と制限物権

次に，本権としての物権は，自分の物に対する権利である**所有権**と，他人の物に対する権利である他物権とにわけられる（【図 1】参照）。所有権は，法令の制限内において，物を自由に使用・収益・処分する権利である（206 条）。**他物権**は，物の持つさまざまな価値のうち限定された一部だけを支配するものであり，**制限物権**とも呼ばれている。

（3）用益物権と担保物権

制限物権は，さらに，**他人の所有物を使用・収益する権利**である**用益物権**と，**他人の所有物を債権の担保のために利用する権利**である**担保物権**にわけられる。
民法は，用益物権として，地上権（他人の土地において<u>工作物または竹木を所有するため</u>，その土地を使用する権利〔265 条〕），永小作権（小作料を支払って他人の土地において<u>耕作又は牧畜をする権利</u>〔270 条〕），地役権（他人の土地を自己の土地の便益に供する権利〔280 条〕）および入会権（村落共同体等が山林原野において土地を所有し，伐木・採草・キノコ狩りなどの共同利用を行う権利〔263 条，294 条〕）について規定している（用益物権について詳しくは，第 2 編 10 を参照）。
また，担保物権として，留置権（他人の物の占有者が，債権の弁済を受けるまで，その物を留置する権利〔295 条〕），先取特権（一定の債権の権利者が，債務者の財産から，他の債権者に先立って自己の債権の弁済を受ける権利〔303 条〕），質権（債権者が，債権の担保として債務者又は第三者から受け取った物を占有し，その物から他の債権者に先立って自己の債権の弁済を受ける権利〔342 条〕），抵当権（債権者が，債務者又は第三者が占有を移転しないで債務の担保に供した不動産から他の債権者に先立って自己の債権の弁済を受ける権利〔369 条〕）について規定している（担保物権について詳しくは，『請求権から考える民法 3』を参照）。

1.3.2　特別法上の物権

民法以外の法律によって物権として認められる権利がある。たとえば，漁業権（漁業 6条 1 項，23 条），採石権（採石 4 条 1 項・3 項），商事留置権（商 521 条），船舶先取特権（商 842 条）などがある。

1.3.3　慣習法上の物権

（1）慣習法上の物権

慣習法によって認められる物権を**慣習法上の物権**という。民法施行法 35 条は，民法施行前に存在した慣習法上の物権は，民法施行後は，その効力を認めないとしている。しか

しながら，それらの慣習法上の物権の中には，民法施行後も存続し，その排他性を認めるべきものもあった。そこで，判例は，流水使用権（大判明 42・1・21 民録 15 輯 6 頁）や温泉専用権（大判昭 15・9・18 民集 19 巻 1611 頁）などについては，慣習法上認められた権利として，その侵害に対して，不法行為に基づく損害賠償請求や妨害排除請求を認めている（なお，大判大 6・2・10 民録 23 輯 138 頁は，上土権〔地表のみの所有権〕について否定。）。

（2）物権法定主義と慣習法上の物権

　ところで，民法は，物権は，民法その他の法律に定めるもののほか，創設することができないとする（175 条）。これを**物権法定主義**という。物権は，後述するように，排他性を有する結果，第三者に不利益を及ぼすおそれがあるからである。
　「物権を創設することができない」というのは，①異なる名称をもって全く異なる物権を創設する場合だけでなく，②かりに法律に認められた名称を用いても，法律が認めていない内容を有する物権も創設することはできない，ということである。
　このように，物権は，法律に定められたもののほかに作り出すことができないとするならば，慣習法上の物権が認められるかは問題である。
　判例は，その積極的な理由を示していない。

A説：175 条・法適用通則法 3 条説
　175 条にいう「法律」に，法適用通則法 3 条の「法令に規定されていない事項に関する」慣習法が含まれる。

B説：法適用通則法 3 条説（有力説）
　民法施行前に存在した慣習法上の物権は，民法施行後は，原則としてその効力を認められないとしながら（民法施行 35 条），近代的所有権の成立を害しない権利で，その内容が明確でかつ合理的で，所有権とは別個に適切な公示方法が確立している権利については，175 条および民法施行法 35 条に抵触せず，法適用通則法 3 条に基づき，物権としての効力を否定する理由はないとする。

C説：当然承認説
　175 条・法適用通則法 3 条にかかわらず，合理的で必要な慣習法の効力は，当然に承認される。

1.4　物権の特徴—債権との対比において

1.4.1　物権の直接性　—　債権の間接性

　物権は，物を直接に支配する権利である。これを**物権の直接性**という。「**直接に**」とい

うのは，**他人の行為を媒介としない**ということである。たとえば，所有者は，他人の行為を介さずに，物が有する利用価値や交換価値の全部または一部を自己の意のままに利用し，そこから生ずる利益を独占的に享受しうる。

　債権も，また物に関することがあるが（たとえば，物の給付等），その物から利益を享受しようとするときは，常に債務者の行為を媒介としなければならない。たとえば，物の買主は，売主の給付（行為）を通して，物を受け取ることができる。そのため，債権は，物権の直接性に対して，物に対する支配が間接的である。これを**債権の間接性**という。

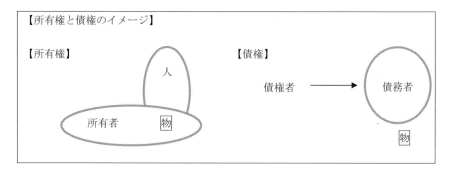

1.4.2　物権の絶対性　―　債権の相対性

　物権は，直接の契約関係にない第三者に対しても行使することができる。これを**絶対性**という。これに対して，**債権は，原則として，債務者に対してしか権利行使することができない**。この意味で債権は，**相対権**といわれる。

【図3】
　　所有権（絶対性）　　⇔　　債権（相対性）

　債権は，相対的な権利であるから，たとえば，所有者がその所有自転車を他人に賃貸したが，後にこの自転車の所有権を他に譲渡した場合には，賃借人は，自転車の新所有者に賃借権を主張することができない。これは，**物権は債権に優先する**といわれることがある。

　もっとも，たとえば，対抗力を有する不動産賃借権[2]（605条，借地借家10条，31条）は，賃借権の対抗要件具備より後に生じた物権変動に対抗することができる。

2　不動産とは，土地およびその定着物（家，樹木など）をいう（86条1項）。

1.4.3　物権の排他性

　物権は，排他性を有する。**排他性**とは，**物権の侵害に対して，その侵害を排除することができる性質**をいう。物権のこの性質から，物権者にはその侵害者に対して，その侵害を排除する請求権が認められる。これに対して，債権は，原則として排他性を有さない。

（1）優先的効力

　物権には排他性があるため，両立しえない物権が同一物の上で衝突する場合には，時間的に先に成立した物権が後に成立した物権に優先する。これを**物権の優先的効力**という。物権には排他性があるからである。

　もっとも，177 条，178 条により，後に成立した物権が先に成立した物権に優先することがある。

（2）物権的請求権

　物権は排他性を有するため，物権の侵害に対しては，それを排除するため，物権的請求権が認められる。民法は，物権的請求権を認める直接の規定を置いていないが，物権的請求権が認められることには異論がない。そのため，たとえば，地上権や抵当権の設定を受けた土地を第三者が不法に占拠している場合，地上権者や抵当権者は，不法占拠者に対して，土地の明渡しや妨害の排除を請求することができる[3]。

　この請求権の行使のためには，物権侵害の状態が客観的に違法なものでありさえすれば足り，後に述べる損害賠償請求権と異なり，**侵害者の故意・過失を必要としない**。

　物権的請求権は，物権の侵害態様に応じて 3 つにわけられる。

（a）物権的返還請求権

　物権の目的物の**占有が侵奪された場合**に，その返還（動産の場合には，「引渡し」，不動産の場合には，「明渡し」という。）を請求する権利である。

（b）物権的妨害排除請求権

　占有侵奪以外の方法で物権が違法に妨害されている場合に，妨害物の除去を求める請求権である。

　なお，物権的返還請求権と物権的妨害排除請求権との区別は時として困難であるが，占有が全面的に奪われている場合には物権的返還請求権が成立し，部分的にのみ占有が侵奪

3　その行使の要件は，所有権に基づく請求権に準じて考えればよい。ただし，たとえば，抵当権に基づく妨害排除請求権の行使のように，当該権利の性質により異なる要件が要求されることがある（抵当権に基づく妨害排除請求権の行使要件については，債権担保の箇所で改めて論する。）。

されている場合には物権的妨害排除請求権が成立するとされている。

（ｃ）物権的妨害予防請求権

将来，物権に対する違法な妨害状態が生じるおそれが強い場合に，その原因を除去して妨害を未然に防ぐ措置を講ずるように請求する権利である。
一般的には，不作為を請求することが多いが，危険発生を防止するように予防工事をせよという作為請求がなされる場合もある。
たとえば，隣地の土砂が自己の土地に崩れ落ちそうになっている場合に，土地所有者は，隣地の所有者に対して，土砂が自己の土地に崩れてこないよう工事をすることを求めることができる。

【所有権に基づく請求権との対応関係】
　　物権的返還請求権　　　　　　⇔　　　　所有権に基づく返還請求権
　　物権的妨害排除請求権　　　　⇔　　　　所有権に基づく妨害排除請求権
　　物権的妨害予防請求権　　　　⇔　　　　所有権に基づく妨害予防請求権

1.4.4　物権法定主義　—　契約自由の原則

物権は，法律に定めたもの以外創設することができない（175 条）。これを**物権法定主義**という。物権は，絶対性・排他性を有するため，第三者が不測の損害を被るおそれがあるからである。これに対して，債権は，相対性しか有さず，また，排他性を有さないので，**どのような内容の契約を定めるかは契約当事者に委ねられる**（521 条 2 項）。これを**契約自由の原則**という。

1.4.5　一物一権主義

物権には，排他性があるため，**1 個の物には 1 個の物権しか成立しない**[4]。これを**一物一権主義**という。これに対して，債権は，1 人の債務者に対して複数の債権が成立する。

1.5　物権の消滅原因

1.5.1　物の滅失

物権は，物の支配を目的とする権利であるから，その物が消滅すれば，物権もまた消滅する。

---

[4]　一物一権主義というと，しばしば①1 個の物には 1 個の物権しか成立しないという意味において理解されるが，一物一権主義は，②**所有権（物権）の客体は，独立した 1 個の物でなければならない**という意味をも含むことには注意を要する。

1.5.2　放棄

　権利の放棄は，自由であるから，物権の放棄により物権は消滅する（地上権について，大判明 44・4・26 民録 17 輯 234 頁）。

　もっとも，地上権または永小作権に抵当権が設定されている場合には，地上権者または永小作人は，その権利を放棄しても，これをもって抵当権者に対抗することができない（398 条）。

1.5.3　混同

　AがBの土地上に地上権の設定を受けていたところ，Aがその土地を取得した場合のように，同一物について所有権および他の物権が同一人に帰属したときは，当該他の物権は消滅する（179 条 1 本文）。ただし，その物または当該他の物権が第三者の権利の目的であるときは，消滅しない（同項ただし書）。たとえば，Aが地上権に抵当権を設定していた場合，Aが土地所有権を取得しても，Aの地上権は消滅しない。

　また，所有権以外の物権およびこれを目的とする他の権利が同一人に帰属したときは，当該他の権利は消滅する（同条 2 項本文）。たとえば，AがB所有の土地に地上権の設定を受け，建物を建築したが，Cのために地上権に抵当権を設定した。その後，Aは，地上権と建物をCに譲渡した場合，Cの抵当権は，混同により消滅する。ただし，DがAの地上権に 2 番抵当権の設定を受けていた場合には，Cの抵当権は消滅しない。Cの抵当権が消滅する結果，Dの抵当権は，1 番抵当権になるが，それでは地上権の交換価値が優先的にDに帰属し，Cの 1 番抵当権者としての地位が害されるからである（同項ただし書）。

　占有は，物の事実上の支配を保護するものであるから，他のすべての権利に対して，独自の存在意義を有する。そのため，同一人に他の物権が帰属しても消滅しない（同条 3 項）。

1.5.4　時効

　所有権以外の物権は，原則として，20 年の消滅時効に服する（166 条 2 項）。また，所有権を他人が時効取得した場合には，その反射的効果として消滅する。

1.5.5　公用徴収

　公共の利益のために，所有権などの財産権を国などが強制的に取り上げる場合である（憲法 29 条 3 項，土地収用 1 条，農地 9 条など）。

2 所有権概説

2.1 物権法での中心的テーマ

【設例 2−1】
① X所有土地上にYが自己（＝Y）所有の自動車を置いている。Xは，Yに対して，自動
車をどけるよう請求したい。
②Xは，自己所有の自転車を駐輪場にとめていたところ誰かに盗まれた。ある日，Xは，Y
が自分の自転車に乗っているのを発見した。Xは，Yに対して，自転車の返還を請求したい。

　問題をスムーズに検討するためには，**契約に基づく請求権から問題を検討すべき**である。
契約は，すべての法律関係に影響を与えるからである。このことは，契約に基づく請求権
と所有権に基づく請求権（物権的請求権）とが競合する場合でも同じである。

　そのため，**物権的請求権が問題となるのは，請求当事者間に契約関係がないとか，契約
関係はあっても，契約に基づく請求権が認められない場合**である。たとえば，【設例 2−1】
①において，YがXの土地上に何らの権原（自転車を置く権利）なく自動車を置いている
場合である。また，【設例 2−1】②においては，XとYとの間には契約関係はないから，物
権的請求権の問題となる。

　ところで，【設例 2−1】では，①であれ，②であれ，まず，Xは，土地あるいは自転車の
「所有者」であるから，Xは，Yに対して，**所有権に基づいて自動車の収去や自転車の
返還を請求すること（所有権に基づく返還請求権）**ができる。というのは，後述するよ
うに，所有権は，所有物を自由に使用・収益・処分する権利であり，他人の干渉によりこ
れが実現できない場合には，所有権の効力として，その干渉を排除することが認められる
からである。

　また，Xは，土地あるいは自転車の「占有者」であるから，**占有権に基づいて自動車の
収去や自転車の返還を請求すること（占有の訴え）**もできる。これは，占有という状態
を保護するため，占有が侵害された場合には，占有の効力として，これを排除することが
認められるからである。

　そこで，以下では，これらの請求権を念頭に置き，それぞれの請求権の要件について概
説をしていくが，以下では，まず，実務における重要性にかんがみ，所有権に基づく請求
から触れていくこととする。

2.2 所有権一般

　所有権に基づく請求権について考える場合，まず，「所有権とは何か」ということを理解しておく必要がある。そこで，所有権に基づく請求権の要件論に入る前に，所有権の概念について概説しておくこととする。

2.2.1　意義

　所有権とは，「**法令の制限内において，自由に物を使用，収益および処分する権利**」をいう（206条参照）。
　＝「これは自分のものである」という権利

2.2.2　所有権の客体—どういう物に対して所有権は成立するか？

　所有権はどんな物に対しても成り立つわけではない。

（1）有体物

　所有権は，「物^{ぶつ}」に対する権利である。「物」とは，**有体物**をいう（85条）[1]。

（2）　特定性，独立性

　もっとも，有体物であれば，当然に所有権の対象となるわけではない。物について所有権が成立するためには，さらに，物が，**特定していること（特定性）**，および**独立していること（独立性）**が必要である。
　所有権は，物を所持する者であれば，直接の契約関係にない第三者に対しても行使することができる（**絶対性**）。また，所有権の侵害に対しては，その侵害を排除することができる（**排他性**）。このような所有権の特質から，所有権については，その支配の範囲が明確でなければならない。さもなければ，第三者が不測の不利益を被るおそれがある。
　そのため，所有権の客体となりうるためには，物が特定していること，および独立していることが必要となる。その結果，不特定（種類）物には所有権は成立しない[2]。また，1個の物の一部分や数個の物の集合体には原則として所有権は成立しない（**一物一権主義**）。

---

[1]　物は，さらに不動産と動産にわけることができる。**不動産**とは，**土地およびその定着物**（建物，樹木など）をいう（86条1項）。なお，わが国では，土地と建物は独立の不動産である。また，**動産**とは，**不動産以外の物**をいう（86条2項）。
[2]　**種類物（不特定物**ともいう。）とは，米10kgとか，ビール1ケースというように，**種類と数量で決められた物**をいう。

2.2.3　使用，収益，処分

　使用・収益とは，目的物を物質的に使用し，または，目的物からの果実を収取すること
である。また，**処分**とは，目的物を物質的に変形・改造・破壊すること，および法律的に
譲渡・担保設定その他の処分行為をすることである。

2.2.4　相隣関係

　土地は，物理的に連続しているため，ある者の土地の利用が周囲の土地の利用に影響を

及ぼすことがある³。そこで，隣接する土地相互の利用を調整する必要から，相隣関係の規定が設けられている。相隣関係は，隣地の使用を許される土地所有権から見れば，一方の土地所有権の内容の拡張という機能を有するが，利用を許さなければならない土地所有権から見れば，土地所有権の制限として機能する。

（1）隣地の相隣関係

（a）隣地使用権

　土地の所有者Aは，境界またはその付近において障壁または建物を築造し，または修繕するため必要な範囲内で，隣地（隣地所有者B）の使用を請求することができる（**隣地使用権**）（209条1項本文）。AがBに使用を請求したときは，Bは，その使用を拒絶することができない。
　なお，隣人の承諾がなければ，その住家に立ち入ることはできない（同項ただし書）。また，隣人が損害を受けたときは，その償金を請求することができる（同条2項）。

【XのYに対する甲土地所有権に基づく相隣関係としての隣地使用権】

【請求原因】
（1）Xが甲土地を所有していること
（2）Xが甲土地と乙土地の境界または乙土地の付近の甲土地において，障壁もしくは建物を築造し，またはこれらを修繕すること
（3）Yが乙土地を所有していること
（4）Xが（2）のために一定の範囲において乙土地に立ち入る必要性があること（それを基礎づける事実）

（b）袋地所有者の囲繞地通行権

　他の土地に囲まれて公道に通じない土地（これを袋地という）の所有者は，公道に至るため，その土地を囲んでいる他の土地（これを**囲繞地**という。）を通行することができる（**囲繞地通行権**）（210条1項）。池沼，河川，水路もしくは海を通らなければ公道に至ることができないとき，または崖があって土地と公道とに著しい高低差があるときも，同様である（同条2項）。
　ただし，通行の場所および方法は，通行権を有する者のために必要であり，かつ，他の土地のために損害が最も少ないものに限られる（211条1項）。通行権を有する者は，必要があるときは，通路を開設することもできる（同条2項）。

---

³　民法は，相隣関係を所有権に結び付けて規定する。しかし，相隣関係は，本来，占有のコロラリーである。

通行権を有する者は，その通行する他の土地の損害に対して償金を支払わなければならないが，通路の開設のために生じた損害に対するものを除き，1年ごとにその償金を支払うことができる（212条）。

分割によって公道に通じない土地が生じたときは，その土地の所有者は，公道に至るため，他の分割者の所有地のみを通行することができ，この場合には，償金を支払う必要がない（213条1項）。土地の所有者がその土地の一部を譲り渡した場合についても同様である（同条2項）。

（c）水の相隣関係

（ア）自然流水

土地の所有者は，隣地から水が自然に流れて来るのを妨げてはならない（**自然流水の承水義務**）（214条）。水流が天災その他避けることのできない事変により低地において閉塞したときは，別段の慣習がない限り，高地の所有者は，自己の費用で，水流の障害を除去するため必要な工事をすることができる（**疎通工事権**）（215条・217条）。

なお，土地の所有者は，直接に雨水を隣地に注ぐ構造の屋根その他の工作物を設けてはならない（218条）。

溝，堀その他の水流地の所有者は，対岸の土地が他人の所有に属するときは，その水路または幅員を変更することができない（219条）。もっとも，水流地の所有者が堰を設ける必要がある場合には，対岸の土地が他人の所有に属するときであっても，その堰を対岸に付着させて設けることができる（222条1項）。ただし，これによって生じた損害に対して償金を支払わなければならない（同条2項）。

（イ）人工流水

他の土地に貯水，排水または引水のために設けられた工作物の破壊または閉塞により，自己の土地に損害が及び，または及ぶおそれがある場合には，その土地の所有者は，別段の慣習がない限り，当該他の土地の所有者に，工作物の修繕もしくは障害の除去をさせ，または必要があるときは予防工事をさせることができる（216条・217条）。

高地の所有者は，その高地が浸水した場合にこれを乾かすため，または自家用もしくは農工業用の余水を排出するため，公の水流または下水道に至るまで，低地に水を通過させることができるが（**通水権**），低地のために損害が最も少ない場所および方法を選ばなければならない（220条）。また，土地の所有者は，その所有地の水を通過させるため，高地または低地の所有者が設けた工作物を使用することができる（221条1項）。しかし，その利益を受ける割合に応じて，工作物の設置および保存の費用を分担しなければならない（同条2項）。

（ｄ）境界の相隣関係

（ア）境界標の設置

　土地の所有者は，隣地の所有者と共同の費用で，境界標を設けることができる（**境界標設置権**）（223 条）。境界標の設置および保存の費用は，相隣者が等しい割合で負担するが，測量の費用は，その土地の広狭に応じて分担する（224 条）。

（イ）囲障の設置・保存

　2 棟の建物がその所有者を異にし，かつ，その間に空地があるときは，各所有者は，他の所有者と共同の費用で，その境界に囲障を設けることができる（**囲障設置権**）（225 条）。囲障の設置および保存の費用は，相隣者が等しい割合で負担する（226 条）。

（ウ）境界標等の共有の推定

　境界線上に設けた境界標，囲障，障壁，溝および堀は，相隣者の共有に属するものと推定される（229 条）。ただし，1 棟の建物の一部を構成する境界線上の障壁については，229 条の規定は適用されない（230 条 1 項）。高さの異なる 2 棟の隣接する建物を隔てる障壁の高さが，低い建物の高さを超えるときは，その障壁のうち低い建物を超える部分についても，同様である（同条 2 項本文）。ただし，防火障壁については，この限りでない（同項ただし書）。

（エ）共有の障壁の高さを増す工事

　相隣者の 1 人は，共有の障壁の高さを増すことができる（231 条 1 項本文）。ただし，その障壁がその工事に耐えないときは，自己の費用で，必要な工作を加え，またはその障壁を改築しなければならない（同項ただし書）。障壁の高さを増したときは，その高さを増した部分は，その工事をした者の単独の所有に属する（同条 2 項）。これらによって，隣人が損害を受けたときは，その償金を請求することができる（232 条）。

（ｅ）竹木の枝の切除および根の切取り

　隣地の竹木の枝が境界線を越えるときは，その竹木の所有者に，その枝を切除させることができる（233 条 1 項）。隣地の竹木の根が境界線を越えるときは，その根を切り取ることができる（同条 2 項）。

（ｆ）境界線付近の建築の制限

　建物を築造するには，境界線から50cm以上の距離を保たなければならない（234条1項）。これに違反して建築をしようとする者があるときは，隣地の所有者は，その建築を中止させ，または変更させることができる（同条2項本文）。ただし，建築に着手した時から1年を経過し，またはその建物が完成した後は，損害賠償の請求のみをすることができる（同項ただし書）。以上と異なる慣習があるときは，その慣習に従う（236条）。

　なお，234条1項に違反して建物が建築された場合に，隣地の所有者は，2項ただし書の1年の期間内に，廃止または変更の請求をしておけば，建物の除去を請求することができるかが問題となる。判例は，隣地の所有者は，2項ただし書の1年の期間内に，廃止または変更の請求を受けたにもかかわらず，建物を完成させた者は，後日廃止または変更をしなければならない危険を負担して建物を完成させているとして，建物の除去請求を肯定している（大判昭6・11・27民集10巻1113頁）。また，建築基準法63条は，「防火地域又は準防火地域内にある建築物で，外壁が耐火構造のものについては，その外壁を隣地境界線に接して設けることができる。」としているが，同条と234条1項との関係も問題となる。判例は，建築基準法65条は，耐火構造の外壁を設けることが防火上望ましいという見地や，防火地域または準防火地域における土地の合理的ないし効率的な利用を図るという見地に基づき，相隣関係を規律する趣旨で，右各地域内にある建物で外壁が耐火構造のものについては，その外壁を隣地境界線に接して設けることができることを規定したものと解すべきであるから，建築基準法65条は，同条所定の建築物に限り，その建築については民法234条1項の規定の適用が排除される旨を定めたものと解するのが相当であるとして，建築基準法の規定が優先するとしている（最判平元・9・19民集43巻8号955頁）。

（ｇ）目隠し

　境界線から1メートル未満の距離において他人の宅地を見通すことのできる窓または縁側（ベランダを含む。）を設ける者は，目隠しを付けなければならない（235条1項）。この距離は，窓または縁側の最も隣地に近い点から垂直線によって境界線に至るまでを測定して算出される（同条2項）。これと異なる慣習があるときは，その慣習に従う（236条）。

（ｈ）境界線付近の掘削の制限

井戸，用水だめ，下水だめまたは肥料だめを掘るには境界線から2メートル以上，池，穴蔵またはし尿だめを掘るには境界線から1メートル以上の距離を保たなければならない（237条1項）。導水管を埋め，または溝もしくは堀を掘るには，境界線からその深さの2分の1以上の距離を保たなければならない（同条2項）。ただし，1メートルを超えること

を要しない（同項ただし書）。境界線の付近においてこの工事をするときは，土砂の崩壊または水もしくは汚液の漏出を防ぐため必要な注意をしなければならない（238条）。

2.3　所有権の制限

　所有者は，その所有する物を自由に使用・収益・処分することができるが，それでもなお，それは無制限に許されるものではない。

> 【所有権が制限される場合】
> ①　法令による制限
> ②　利用利益による制限
> ③　権利濫用による制限
> ④　相隣関係による制限
> ⑤　共同所有
> ⑥　区分所有

2.3.1　法令による制限

　所有権に基づく使用・収益・処分は，法令によって制限される（206条）。特に，社会の安全（防災，衛星，公害防止等），公共施設（道路，鉄道，河川等）の建設・維持，自然環境や文化財の保護，経済政策の遂行，国土の合理的な利用や都市環境の形成から，主として行政法規による制限が行われている。また，民法上の相隣関係や共有に関する規定も，所有権の制限にかかわる。

　ここで注意すべきなのは，かりに所有権が法令によって制限されているとしても，その法令自体が違憲であるという場合がある。

> 【設例 2－2】
> 　X と Y は，2 分の 1 ずつの割合で森林 100ha を共有していたが，その管理をめぐって長年対立していた。あるとき Y が単独で立木を伐採したため，X は，Y との共同で森林経営することに疑問を感じ，Y に対して，256 条 1 項に基づいて共有森林の分割を請求した。認められるか。なお，森林法旧 186 条が存在するものとして考えよ。
>
> 【参考】
> 　森林法旧 186 条「民法第二百五十六条ノ規定ハ共有ノ森林ニ之ヲ適用セス但シ各共有者持分ノ価格ニ従ヒ其ノ過半数ヲ以テ分割ノ請求ヲ為スコトヲ妨ケス」

【図 1】

　　　　共有物（森林）分割請求
　　　X ───────▶　Y

【基礎知識】

　複数の者が共同である物を所有することを**共有**という（249条以下）。また，各権利者が共同所有物に対して持つ権利を**持分権**という。

　民法は，共有物の管理に障害が生じ，物の経済的価値が実現されない場合のために，各共有者に**共有物分割請求**を認めている（256条1項本文）。

【問題は何か？】

　256条1項本文によれば，XのYに対する分割請求は認められそうである（その要件は，①Xが本件森林の共有持分権者であること，②ＸＹ間の分割協議調わなかったことである。）。

　これに対し，Yは，反論として，森林法旧186条を援用し，分割請求を阻止することとなる。森林法旧186条は，「民法第二百五十六条ノ規定ハ共有ノ森林ニ之ヲ適用セス但シ各共有者持分ノ価格ニ従ヒ其ノ過半数ヲ以テ分割ノ請求ヲ為スコトヲ妨ケス」とし，共有森林について，持分価格が2分の1以下の共有者は，分割請求することができない旨規定していた（なお，下記の最高裁の違憲判決により，1987年改正により同条は削除された。）。これによれば，Xは，2分の1の持分しかないから，分割請求できないこととなる。

　そこで，Xから，森林法旧186条が憲法29条2項（「財産権の内容は，公共の福祉に適合するように，法律でこれを定める。」）に違反しているとの主張がなされた。つまり，森林法旧186条の規定が憲法29条2項に反して違憲であるとするならば，森林法旧186条は適用できず，その結果，256条1項に基づき共有物の分割請求が認められることとなるからである。

【参考判例】最大判昭62・4・22民集41巻3号408頁

　まず，最高裁は，「財産権に対して加えられる規制が憲法29条2項にいう公共の福祉に適合するものとして是認されるべきものであるかどうか」について，立法の規制目的が公共の福祉に合致しないことが明らかであるか，又は規制目的が公共の福祉に合致するものであっても規制手段が右目的を達成するための手段として必要性若しくは合理性に欠けていることが明らかであって，そのため立法府の判断が合理的裁量の範囲を超えるものとなる場合に限り，当該規制立法が憲法29条2項に違背するものとして，その効力を否定することができる」との基準を示した。

　そのうえで，最高裁は，まず立法目的については，「森林の細分化を防止することによって森林経営の安定を図り，ひいては森林の保続培養と森林の生産力の増進を図り，もって国民経済の発展に資することにあ」り，森林法旧186条の立法目的は，公共の福祉に合致しないことが明らかであるとはいえないとする。

　では，この目的を達成するために，持分価格2分の1以下の共有者に分割請求を禁ずることの必要性，合理性については，「森林法旧186条が共有森林につき持分価額2分の1以

下の共有者に民法 256 条 1 項所定の分割請求権を否定しているのは，森林法旧 186 条の立法目的との関係において，合理性と必要性のいずれをも肯定することのできないことが明らかであって，この点に関する立法府の判断は，その合理的裁量の範囲を超えるものであるといわなければならない」として，森林法旧 186 条の規定は，「憲法 29 条 2 項に違反し，無効というべきであるから，共有森林につき持分価額 2 分の 1 以下の共有者についても民法 256 条 1 項本文の適用があるものというべきである」とした。

その理由をまとめると以下の 4 点である。

①共有者間，ことに持分の価額が相等しい 2 名の共有者間において，共有物の管理又は変更等をめぐって意見の対立，紛争が生ずるに至ったときは，各共有者は，共有森林につき，管理又は変更の行為を適法にすることができず，その結果，当該森林の荒廃という事態を招来することとなり，そのような事態の永続化を招くだけであって，森林の経営の安定化に資することにはならず，森林法旧 186 条の立法目的と同条が共有森林につき持分価額 2 分の 1 以下の共有者に分割請求権を否定したこととの間に合理的関連性のない。

②森林の細分化を防止することによって森林経営の安定を図らなければならない社会的必要性が強く存すると認めるべき根拠を見出だすことができない。

③共有森林分割後の各森林面積が必要最小限度の面積を下回るか否かを問うことなく，一律に現物分割を認めないこと，また，当該森林の伐採期あるいは計画植林の完了時期等を何ら考慮することなく無期限に分割請求を禁止することも，同条の立法目的の点からは必要な限度を超えた不必要な規制というべきである。

④現物分割においても，当該共有物の性質等又は共有状態に応じた合理的な分割をすることが可能であるから，共有森林につき現物分割をしても直ちにその細分化を来すものとはいえない。

2.3.2　利用利益による制限

土地の所有権は，法令の制限内において，その土地の上下に及ぶ（207 条）。しかし，無益な権利の主張は許されないので，一般的には，土地の所有権は，土地の利用利益が存する限度に制限されると解されている。また，「大深度地下の公共的使用に関する特別措置法」は，東京，名古屋，大阪を中心とする三大都市圏において，国土交通大臣や知事の認可により，原則として，事前の補償なしで，公共性の高いインフラ事業（道路，河川，鉄道，電気通信，電気，水道，下水道など。大深度地下 4 条参照）のために大深度地下（地下 40 メートル以深，または，建築物の基礎杭の支持地盤上面から 10 メートル以深の地下）の利用を認めているが（大深度地下 10 条），例外として，補償の必要性がある場合には，使用権設定後に，補償が必要と考える土地所有者等からの請求を待って補償が行われる（大深度地下 37 条）。

2.3.3 権利の濫用の禁止による制限

また，所有権も，1つの権利として，その権利の行使の濫用は禁止される（1条3項。大判昭10・10・5民集14巻1965頁）。

【設例2−3】
　Yは，温泉を経営していたが，Aの土地の上に湯管を引いていた。それを知ったXは，Yに高値で土地を売りつけようとして，Aから右土地を買い受けた。そこで，Xは，Yに土地の売却を申し出たが，Yが断ったので，所有権に基づいて，湯管の撤去および立入禁止を求めた。Xの請求は認められるか。

【図2】

妨害排除請求

X ――――――――→ Y

（土地所有者）　　　（湯管所有者）

【前提問題】
　Xの妨害排除請求権の行使要件は，①Xが土地の所有者であること，②Yがその土地所有を妨害していることである。Xは，土地をAから買い受けているから，土地の所有者である。また，Xの土地上にYの湯管を引いている（Xの土地所有権を侵害している）ことも問題はない。
　これによれば，XのYに対する湯管の撤去請求は認められそうである。しかし，所有権の行使も権利の行使であるから，所有権の行使が濫用に当たる場合には，その行使は許されない（大判昭10・10・5民集14巻1965頁など）。

【参考判例】 大判昭10・10・5民集14巻1965頁（宇奈月温泉事件）
（判旨）所有権に対する侵害があったとしても，これによる損害の程度が軽微であり，しかも，侵害除去のために莫大な費用その他出費を生ずる場合において，第三者が不当な利益を企図し，別段の必要がないにもかかわらず侵害に係る物件を買収して所有者として侵害者に対して侵害状態の除去を迫ると同時に当該物件を不相当に巨額の代金で買い取ることを要求し，一切の協調に応じないと主張するという事情があるときは，当該侵害除去請求は，権利の濫用にほかならない。

2.3.4 相隣関係

　相隣関係においては，一方の土地所有権の内容は拡張されるが，他方の土地所有権の内容は，隣地所有者の利用を許容しなければならない点で制限される。
　たとえば，土地の所有者Aは，境界またはその付近において障壁または建物を築造し，ま

たは修繕するため必要な範囲内で，隣地（隣地所有者Ｂ）の使用を請求することができる（209
条 1 項本文）。ＡがＢに土地の使用を請求したときは，Ｂは，その使用を拒絶することができ
ない。この場合，Ａは，Ｂの土地を使用することができるが，Ｂは，Ａの土地利用を許容し
なければならない。この意味において，Ｂの土地所有権の行使は制限されることとなる。

2.3.5　共同所有

> 【到達目標】
> ○同一の目的物を複数の者が共同的に所有する法律関係について，共有のほか，どのよう
> な場合があるかを，具体例を挙げながら説明することができる。
> ○共有者が共有物についてどのような権利を（他の共有権者および第三者に対して）有す
> るかを説明することができる。

　物は，単独で所有することもできるが，複数人で物を所有することも可能である。もっ
とも，共同所有においては，ある物を複数人で所有するが故に，各権利者は，物の利用等
において，制限を受ける。

（1）共同所有の形態

　数人が共同で同一物を所有する（共同所有）形態には，共有，合有，総有の三つの形態
がある。**共有**は，各権利者は，所有権を数量的に分有し（持分権），持分権を自由に処分す
ることができ，また，原則として，いつでも共有物の分割を請求できる。相続財産がそ
の例である（898 条）[4]。また，**合有**は，各権利者が共同所有物に対して持分権を有する点
では，共有に類似するが，その持分を自由に処分したり，共同所有物の分割請求をしたり
することができない。組合財産がこれにあたる。さらに，**総有**は，団体的制約が最も強く，
各人は，持分を有さず，分割請求をすることができない。入会財産（最判昭 41・11・25
民集 20 巻 9 号 1921 頁，最判平 6・5・31 民集 48 巻 4 号 1065 頁）や権利能力なき社団の
財産（最判昭 32・11・14 民集 11 巻 2 号 1943 頁）がこれにあたる。

【表 1】

	共有	合有	総有
持分の有無	○	○	×
持分処分の自由	○	×	×
分割請求	○	×	×
具体例	相続財産	組合財産	入会財産，権利能力なき社団の財産

---

[4]　遺産分割前の相続財産の性質論については，争いがあるが，現在の判例・多数説は，共
有であると解している（最判昭 30・5・31 民集 9 巻 6 号 793 頁）。

（2） 共有の成立

（a） 意思表示による成立

　共有は，当事者の意思表示によって成立する。たとえば，数人が費用を出しあって 1 つの物を購入する場合（大判大 6・4・18 民録 23 輯 799 頁）や，共同出資者が 1 つの物を競売によって買い受けた場合（最判昭 51・10・26 金法 808 号 34 頁）などである。

（b） 法律による成立

　共有は，法律の規定によって成立することもある。共同相続人に属する遺産は，共有となる（898 条）。また，境界線上の設置物などもそうである（229 条）。

（3） 持分権

（a） 意義

　各共有者が共有物に対して有する権利を持分権という。各共有者の持分の割合は，共有者間の約定または法律によって定まる。それが明らかでないときは，相互に等しきものと推定される（250 条）[5]。
　持分権は，基本的には単独の所有権と同一の権利であり（大判大 8・11・3 民録 25 輯 1944 頁），共有物全体に及ぶ（249 条）。ただ，その権利者が複数いることによって相互に制約を受ける。

（b） 持分権の処分

　各共有者は，**自己の持分権を自由に処分（譲渡・担保権の設定・放棄等）**することができる。持分権は，所有権の本質を有することからである。

（c） 持分権の主張

　各共有者は，他の共有者および第三者に対して，持分権を主張することができる。具体的には，以下のとおりである[6]。

---

[5]　不動産につき共有の登記をする際には持分の割合を記載しなければならない（不登 59 条 4 項）。
[6]　なお，各請求の要件は，後述する所有権に基づく請求権に準じて考えればよい。

（ア）持分権確認請求

　各共有者は，他の共有者（大判大 13・5・19 民集 3 巻 211 頁など）および第三者（最判昭 40・5・20 民集 19 巻 9 号 859 頁など）に対して，単独で持分権の確認を求めることができる。

（イ）持分権に基づく妨害排除請求権

　各共有者は，他の共有者（大判大 8・9・27 民録 25 輯 1664 頁）および第三者（大判大 7・4・19 民録 24 輯 731 頁など）に対して，単独で持分権に基づく妨害排除請求権を行使することができる。

　ただし，その根拠については，判例は，252 条ただし書の保存行為を理由としているが（大判大 7・4・19 民録 24 輯 731 頁），学説は，持分権に基づく請求および 249 条を理由としている。

（ウ）持分権に基づく引渡（返還）請求

　共有物を第三者が不法に占有するときは，各共有者は，単独でその引渡（返還）を請求することができる（大判大 10・3・18 民録 27 輯 547 頁など）。

　ただし，その根拠については，252 条ただし書の保存行為を理由とするもの（大判大 10・6・13 民録 27 輯 1155 頁）と，共有権に基づく請求および不可分債権の類推を理由とするもの（大判大 10・3・18 民録 27 輯 547 頁，最判昭 42・8・25 民集 21 巻 7 号 1740 頁）とに分かれている。

（エ）持分権に基づく登記請求

　各共有者は，共有不動産が他の共有者の単独名義になっているとき，単独でその者に対して，自己との共有名義への変更を請求することができる（大判明 37・4・29 民録 10 輯 583 頁）。

　また，各共有者は，持分権の譲渡人に対して，単独で持分権移転の登記請求をすることができる（大判大 11・7・10 民集 1 巻 386 頁など）。

【設例 2−4】
① X・B・C は，甲土地を共有している。持分の割合は，各 3 分の 1 ずつである。この場合において，第三者 Y が何の権原もなく甲土地の登記をしている場合，X は，単独で登記の抹消を請求することができるか。
② X，Y1，B，C の 4 人の子の父である A は，Y2 に対する債務に窮していた Y1 らにより殺害され，Y1 は，A の死亡直後に，本件各土地につき，法定相続分に従い，上記 4 名の共同相続人の持分を各 4 分の 1 とする所有権移転登記を経由したうえで，自己の持分につき，代物弁済を原因とする Y2 への持分移転登記をした。そこで，X は，Y らに対して，持分登記の抹消を請求した。この請求は認められるか。
　なお，Y1 は，殺人・現住建造物放火被告事件で起訴されたが，有罪判決が確定したのは，本件控訴審判決後である。

【設例 2−4】①におけるように，第三者の無権原の登記により，自己の持分権が侵害されている場合，各共有者は，単独で妨害排除請求権の行使として，登記の抹消請求をすることができる（最判昭 31・5・10 民集 10 巻 5 号 487 頁，最判平 15・7・11 民集 57 巻 7 号 787 頁など）。

　【設例 2−4】①では，Y の無権限の登記により，X・A・B の持分権が侵害されている。そのため，X は，単独で，Y に対して，甲土地の登記の抹消を請求することができる。

【参考判例】最判昭 31・5・10 民集 10 巻 5 号 487 頁
　「ある不動産の共有権者の 1 人がその持分に基き当該不動産につき登記簿上所有名義者たるものに対してその登記の抹消を求めることは，妨害排除の請求に外ならずいわゆる保存行為に属するものというべく，従って，共同相続人の 1 人が単独で本件不動産に対する所有権移転登記の全部の抹消を求めうる旨の原判示は正当である」

【参考判例】最判平 15・7・11 民集 57 巻 7 号 787 頁
　「<u>不動産の共有者の 1 人は，その持分権に基づき，共有不動産に対して加えられた妨害を排除することができるところ，不実の持分移転登記がされている場合には，その登記によって共有不動産に対する妨害状態が生じているということができるから，共有不動産について全く実体上の権利を有しないのに持分移転登記を経由している者に対し，単独でその持分移転登記の抹消登記手続を請求することができる。</u>」

> 【平成 15 年判決の意義は？】
> 　昭和 31 年判決以来，判例により，<u>不実の登記により自己の持分が侵害されている場合には，その妨害を排除するため，各持分権者は，単独で妨害排除請求ができる</u>とされている。それでは，平成 15 年判決は，そうした判例の中でどのような意義を有しているのだろうか（事案に関しては，【設例 2−4】②を参照。）。
> 　ところで，【設例 2−4】②では，X の持分登記に関する限り，持分通りの登記がなされており，これまでの判例の考え方では，X の持分への侵害はなく，妨害はないこととなる。
> 　平成 15 年判決は，従来の判例の考え方を一歩進め，<u>X の持分それ自体の侵害がなくても，登記を全体としてみて不実の登記がなされている場合には，なお X の持分に対する妨害がある</u>とみてよい，その結果，その妨害を排除することができるということを認めたものと理解することができる。

（オ）持分権に基づく損害賠償請求権

> 【設例 2−5】
> 　X，B，C は，3 人でパソコン甲（30 万円）をシェア（共有）していたところ（持分各 3 分の 1），Y が甲を壊してしまい，甲は使用できなくなった。X は，Y にパソコンの代金を弁償してもらいたい。X は，Y にいくらの弁償を請求できるか。

　各共有者は，自己の持分の範囲において損害賠償を請求することができる（最判昭 41・

3・3判時443号32頁，最判昭51・9・7判時831号35頁）。

　そのため，【設例2−5】では，Xは，各持分3分の1に応じた10万円をYに対して賠償請求をすることができる（709条）。これに対して，甲の全体価値30万円に対する賠償請求は，X，B，Cの全員でのみすることができる（最判昭51・9・7判時831号35頁）（後述参照）。

（カ）持分権の放棄

　各共有者は，自己の持分を放棄することもできる。もっとも，共有者の1人がその持分を放棄したとき（または相続人なくして死亡したとき）は，他の共有者に帰属する（255条）（【図3】参照）。学説は，これを**共有の弾力性**を表したものであると説く。

【図3】

（4）　共有物の使用・変更・管理

（a）共有物の使用

> 【設例2−6】
> ①　A・B・Cは，3人でお金を出し合い，1軒の家屋を購入した。家屋は，3人の共有物とし，持分の割合は，各3分の1ずつとした。ところが，家屋は，Cがずっと使用しており，A・Bは，使用することができない。この場合に，AまたはBは，Cに対して家屋の明渡しを請求することができるか。
> ②　①において，家屋を使用しているのが，第三者Dであり，ただ，Dは，Cから使用の許諾を得て家屋を使用している場合に，AまたはBは，Dに対して，家屋の明渡しを請求することができるか。
> ③　①において，明渡請求が認められない場合，AまたはBは，Cに対して，いかなる請求をすることができるか。

（ア）全部使用

　各共有者は，共有物の全部についてその持分に応じた使用をすることができる（249条）。

（イ）他の共有者に対する明渡請求（【設例2−6】①）

　判例は，共有者の1人が目的物の全部を占有するような場合には，その共有者も自己の

持分に基づいて共有物の全部を占有使用する権原を有するから（249条），他の共有者は，その持分の価格が過半数であっても当然には共有物の明渡しを請求できず，さらに明渡しを求めるべき理由を主張・立証しなければならないとしている（最判昭41・5・19民集20巻5号947頁）。

【参考判例】最判昭41・5・19民集20巻5号947頁
　「共同相続に基づく共有者の1人であって，その持分の価格が共有物の価格の過半数に満たない者（以下単に少数持分権者という）は，他の共有者の協議を経ないで当然に共有物（本件建物）な単独で占有する権原を有するものでないことは，原判決の説示するとおりであるが，他方，他のすべての相続人らがその共有持分を合計すると，その価格が共有物の価格の過半数をこえるからといって（以下このような共有持分権者を多数持分権者という），共有物を現に占有する前記少数持分権者に対し，当然にその明渡を請求することができるものではない。けだし，このような場合，右の少数持分権者は自己の持分によって，共有物を使用収益する権原を有し，これに基づいて共有物を占有するものと認められるからである。従って，この場合，多数持分権者が少数持分権者に対して共有物の明渡を求めることができるためには，その明渡を求める理由を主張し立証しなければならないのである。」

> 【どのような場合に明渡しを請求できるのか？】
> 　判例によれば，各共有者は，持分の価格が過半数であっても，他の共有者に対して，当然には共有物の明渡しを請求できず，さらに明渡しを求めるべき理由を主張・立証しなければならない。それでは，明渡しが認められる場合とはいかなる場合か。
> 　1つの例としては，利用している共有者が他の共有者と共有物を利用しない旨の合意をしている場合などが考えられる。

> 【AのCに対する共有持分権に基づく共有物返還請求権としての建物明渡請求】
>
> 【請求原因】
> （1）Aが本件建物の共有持分権者であること
> （2）Cが本件建物を占有していること
>
> （占有権原）
> 【抗弁】
> 　Cが本件建物の共有持分権者であること[7]

（ウ）共有者から利用を許された者に対する明渡請求（【設例2-6】②）

　共有者の1人から共有者間の協議に基づかないで共有物の占有使用を承認された第三者

---

[7]　この問題では，Aからの明渡請求に対して，反論として，Cが自己の共有持分権を占有権原の抗弁をとして主張できるかが問題となる。判例は，それを肯定したこととなる。

に対して，その他の共有者が明渡しを請求する場合も，同様である（最判昭 57・6・17 判時 1054 号 85 頁）。

（エ）利用者に対する不当利得・損害賠償請求（【設例 2－6】③）

　判例は，不動産共有者の 1 人が単独で使用していることにより持分に応じた使用が妨げられている他の共有者は，占有している者に対して，持分の割合に応じて占有部分に係る地代相当額の不当利得金ないし損害賠償金の支払を請求できるとしている（最判平 12・4・7 判時 1713 号 50 頁）。

【共有物はみんなの物？】
　現在の共有の理解では，上記の判例に見られるように，共有持分権者は，共有物に対して直接的な支配を及ぼすことができると考えている。みんなの物なのだから，自分の物でもあるというわけだ。しかし，それが問題であるということは，【設例 2－6】を見れば明らかである。本来，共有とは，各共有者に共有物または共有財産に対して勝手を許さない，ということである（相続財産の共有を考えよ！）。

（b）変更行為

　変更行為とは，**共有関係を断絶させることなく，共有物の性質または形状を変更する行為**をいう。この種の行為については，共有者全員の同意を要する（251 条）。たとえば，畑を住宅地に変更する場合などがこれに当たる。
　また，共有物の処分（地上権の設定につき，最判昭 29・12・23 民集 8 巻 12 号 2235 頁），共有物の所有権確認請求（大判大 5・6・13 民録 22 輯 1200 頁）や共有物全体の損害賠償請求（最判昭 51・9・7 判時 831 号 35 頁）も，共有者全員でなければすることができない。

（c）共有物の管理

　共有物の管理とは，**共有物について管理行為をなすことをいう。**すなわち，**共有関係を持続しつつ，その利用，改良などの行為をなすこと**がこれである。この点について，民法は，保存行為およびそれ以外の管理行為にわけて規定を設けている。

（ア）保存行為を除く管理行為

　管理行為は，共有者の過半数をもってこれを決定する。ただし，その過半数は，共有者の頭数をもって決定するのではなく，持分の価格に従う（252 条本文）。この種の管理行為は，主として変更行為に属しない利用・改良行為である。共有者の 1 人への使用貸借や第三者への賃貸借を解除することも管理行為に当たり（最判昭 29・3・12 民集 8 巻 3 号 696

頁，最判昭 39・2・25 民集 18 巻 2 号 329 頁），かつ，この場合には 544 条 1 項の適用がない（判昭 39・2・25 民集 18 巻 2 号 329 頁）。

（イ）保存行為

　保存行為とは，**共有物の現状を維持する行為**をいう。
　この種の行為は共有者の全部のみに利益があって損害があるおそれがないので，各共有者において単独でこれをすることができるものとする（252 条ただし書）。目的物の修理などがこれにあたる。

（5）共有物の負担

　共有物の管理の費用その他の共有物の負担は，各共有者においてその持分に応じてこれを負担する（253 条 1 項）。共有物の費用とは，共有物の使用・改良のための必要費・有益費といい，共有物の負担とは，税金である。その費用負担について共有者間に特約があれば，これに従う。
　共有者の 1 人が共有物に関する費用の全部を支出するときは，他の共有者に対し償還請求権を有する。償還義務者が 1 年以内にこの義務を履行しないときは，他の共有者は，相当の償金を払ってその者の持分を取得することができる（同条 2 項）。

（6）共有物に関する債権

　共有者の 1 人が共有物について他の共有者に対して有する債権は，その特定承継人に対しても行使することができる（254 条）。また，共有物分割の場合には，分割によって義務者に帰属すべき部分をもって弁済をさせることができ，弁済を受けるために義務者に帰属すべき共有物の部分を売却する必要があるときは，その売却を請求することができる（259 条）。

（7）共有物の分割

　共有関係は，共有物の分割により終了する。

（a）共有物分割請求権

　各共有者は，原則として分割の請求権を有する（256 条 1 項本文）。ただし，共有の性質が分割を許さないときや，共有者が分割禁止の特約をした場合は分割請求をすることができない。この特約は，5 年を超えることができない（同項ただし書）。分割禁止の合意はこ

れを更新することができる（同条 2 項）。

（b）分割の手続・方法

　共有者間で協議が調うときは，それによる。

　協議が調わないときは，裁判所に請求をして分割する（258 条 1 項）[8]。この場合においては現物を分割することを原則として，もし現物分割が不可能であるとき，または分割によって著しく価格を損するおそれがあるときは，競売による（同条 2 項）。

　もっとも，判例は，共有者の 1 人が分割請求をしたが他の者が分割を欲していないような場合には，当該請求者に対してのみ持分の限度で現物分割をし，その余は，他の共有として残す方法も許されるとし（最大判昭 62・4・22 民集 41 巻 3 号 408 頁），さらに，共有物を共有者の 1 人の単独所有とし，この者から他の共有者に持分の価格を賠償させる**全面的価格賠償**の方法も認めている（最判平 8・10・31 民集 50 巻 9 号 2563 頁）。

【参考判例】最判平 8・10・31 民集 50 巻 9 号 2563 頁
　「民法 258 条 2 項は，共有物分割の方法として，現物分割を原則としつつも，共有物を現物で分割することが不可能であるか又は現物で分割することによって著しく価格を損じるおそれがあるときは，競売による分割をすることができる旨を規定している。ところで，この裁判所による共有物の分割は，民事訴訟上の訴えの手続により審理判断するものとされているが，その本質は非訟事件であって，法は，裁判所の適切な裁量権の行使により，共有者間の公平を保ちつつ，当該共有物の性質や共有状態の実状に合った妥当な分割が実現されることを期したものと考えられる。したがって，右の規定は，すべての場合にその分割方法を現物分割又は競売による分割のみに限定し，他の分割方法を一切否定した趣旨のものとは解されない。
　そうすると，共有物分割の申立てを受けた裁判所としては，現物分割をするに当たって，持分の価格以上の現物を取得する共有者に当該超過分の対価を支払わせ，過不足の調整をすることができるのみならず，当該共有物の性質及び形状，共有関係の発生原因，共有者の数及び持分の割合，共有物の利用状況及び分割された場合の経済的価値，分割方法についての共有者の希望及びその合理性の有無等の事情を総合的に考慮し，当該共有物を共有者のうちの特定の者に取得させるのが相当であると認められ，かつ，その価格が適正に評価され，当該共有物を取得する者に支払能力があって，他の共有者にはその持分の価格を取得させることとしても共有者間の実質的公平を害しないと認められる特段の事情が存するときは，共有物を共有者のうちの 1 人の単独所有又は数人の共有とし，これらの者から他の共有者に対して持分の価格を賠償させる方法，すなわち全面的価格賠償の方法による分割をすることも許されるものというべきである。」

---

[8]　他の共有者全員を被告とする固有必要的共同訴訟となる。

> 【XのYに対する共有持分権に基づく共有物分割請求権としての全面的価格賠償請求】
>
> 【請求原因】
> （1）XとYが本件土地（時価〇〇万円）を共有していること
> （2）本件土地をXに取得させるのが相当であり，その価格が適正に評価され，Xに支払能力があり，Yにその持分の対価を取得させても，X・Y間の実質的公平を害さないという特段の事情があること

（ｃ）分割の効果

　分割により共有関係は解消し，各共有者は，分割時から，各自が取得した部分または金銭の単独所有者となる。

　各共有者は，他の共有者が分割によって取得した物について，売主と同じく，その持分に応じて担保の責任を負う（261条・562条以下）。また，共有物に関する証書は，諸種の関係において権利を証明する必要があるので，分割の後においてもこれらを保存することを要する（262条）。

（ｄ）利害関係人の保護―分割への参加

　分割は，共有物について権利を有する者および各共有者の債権者に諸種の関係を生ずる。それゆえ，これらの権利者は少なくとも分割の結果を了知する利益を有する。そこで，民法は，これらの第三者に分割に参加して意見を述べる権利を与えている（260条1項）。

　参加の請求があるにもかかわらず，その参加を待たずになされた分割は，これをもってその第三者に対抗することができない（同条2項）。

2.3.6　建物区分所有権

> 【到達目標】
> 〇区分所有権とは，どのような概念であるかを説明することができる。

（1）意義

　区分所有権とは，集合分譲住宅やマンションの1室のように，**1棟の建物の一部に認められた独立の所有権**のことをいう（「建物の区分所有等に関する法律」〔以下，「区分所有法」という。〕2条1項）。区分所有権を有する者を区分所有者という（区分所有同条2項）。1棟の建物を構造上複数の部分に区分して，区分した各部分を1つの所有権の目的とするような建物を区分所有建物という[9]。

9　マンションとは，2以上の区分所有者が存する建物で人の居住の用に供する専有部分の

　区分所有権が成立するためには，1棟の建物に構造上区分された数個の部分で独立して住居，店舗，事務所または倉庫その他建物としての用途に供することができるものでなければならない（区分所有 1 条）。

（2）専有部分

　区分所有建物は，①専有部分（各マンションの部屋），②共用部分（廊下，階段，エレベーターなど）および③その敷地からなる。
　専有部分とは，区分所有権の目的たる建物の部分をいう（区分所有 2 条 3 項）。専有部分は，それ自体独立した 1 個の所有権の対象となり，譲渡および抵当権・賃借権の設定などにつき，通常の所有権と同じ扱いを受ける。したがって，専有部分は，構造上区分された独立の部分で，かつ，用途上独立性をもつことを要する（区分所有 1 条）。ただし，専有部分相互間には，単なる相隣関係以上の一層密接な利害関係が存するので，各区分所有者は，建物の保存および管理・使用に関し区分所有者の共同の利益に反する行為をしない義務を負う（区分所有 6 条 1 項)10。この義務に違反した場合または違反のおそれがある場合には，他の区分所有者の全員または管理組合法人は，違反行為の停止（区分所有 57 条），専有部分の使用禁止（区分所有 58 条）および区分所有権の競売（区分所有 59 条）の請求をすることができる。

（3）共用部分

　共用部分とは，専有部分以外の建物の部分，専有部分に属しない建物の附属物および第 4 条第 2 項の規定により共用部分とされた附属の建物をいう（区分所有 2 条 4 項）。構造上専有部分となり得ない建物の部分（廊下，階段，外壁）や建物の附属物（水道，ガス設備，以上を「法定共用部分」という）のほか，構造上は専有部分たりうる建物の部分（管理人室，共用の応接室，ロビー）または附属の建物で，規約によって共用部分とされたもの（「規約共用部分」という）が含まれる。ただし，後者は，その旨の登記をしないと第三者に対抗できない（区分所有 4 条 2 項）。
　共用部分は，各区分所有者の共有に属し（区分所有 11 条 1 項），その共有持分の割合は，専有部分の床面積の割合による（区分所有 14 条 1 項）。共有持分は，専有部分と切り離して処分することができない（区分所有 15 条）。

あるものをいう（マンションの管理の適正化の推進に関する法律 2 条 1 号，マンションの建替え等の円滑化に関する法律 2 条 1 号）。
10　なお，この規定は，専有部分の占有者（賃借人など）について準用される（区分所有 6 条 3 項）。

（4）建物の敷地（利用権）

　建物の敷地とは，建物が所在する土地および第5条第1項の規定により建物の敷地とされた土地をいう（区分所有2条5項）。建物の本来の敷地の他，それと一体として管理・使用する土地（庭・通路など）も規約で建物の敷地とすることができる（区分所有5条1項）。
　敷地利用権とは，専有部分を所有するための建物の敷地に関する権利をいう（区分所有2条6項）。その敷地利用権が区分所有者の共有または準共有にかかる所有権・地上権・賃借権などである場合には，区分所有者は，規約に別段の定めがない限り，その敷地利用権の持分を専有部分と分離して処分することができない（区分所有22条）。敷地に関する権利と建物に関する権利は，民法上では別個のものであるが，区分所有建物の特殊性にかんがみて，両者を一体として取り扱うことができるようにしている。

（5）建物・敷地などの管理

（a）管理組合

　区分所有者は，全員で，建物ならびにその敷地および附属施設の管理を行うための団体を構成し，区分所有法の定めるところにより，集会を開き，規約を定め，および管理者を置くことができる（区分所有3条前段）。
　区分所有者の団体は，区分所有者および議決権の各4分の3以上の多数による集会の決議により，法人となることができる（この法人を**管理組合**という。（区分所有47条1項）。

（b）管理者・規約・集会

　区分所有者は，規約に別段の定めがない限り，集会の決議によって，管理者を選任し，または解任することができる（区分所有25条）。管理者は，共用部分等を保存し，集会の決議を実行し，規約で定めた行為をする権利を有し，義務を負う（区分所有26条1項）。管理者は，その職務に関して，区分所有者を代理する（同条2項前段）。
　建物・敷地等の管理または使用に関する区分所有者相互間の事項は，規約で定めることができる（区分所有30条）。規約の設定，変更または廃止は，区分所有者および議決権の各4分の3以上の多数による集会の決議によってするが，規約の設定，変更または廃止が一部の区分所有者の権利に特別の影響を及ぼすときは，その承諾を得なければならない（建物区分31条1項）。
　集会は，原則として，管理者が招集する（区分所有34条1項）。集会の議事は，区分所有法または規約に別段の定めがない限り，区分所有者および議決権の各過半数で決する（区分所有39条1項）。議決権は，規約に別段の定めがない限り，各区分所有者の共用部分に

関する共有持分の割合（専有部分の床面積の割合）による（区分所有 38 条）。規約および集会の決議は，区分所有者の特定承継人に対してもその効力を生じ，また，この決議に基づく義務は，決議に反対した区分所有者や賃借人等の占有者も負う（区分所有 46 条）。

（6）復旧・建替え

　区分所有建物の一部が災害等によって滅失した場合については，法律は，二つの場合をわけて規定している[11]。

　建物の価格の 2 分の 1 以下に相当する部分が滅失（小規模一部滅失）したときは，各区分所有者は，滅失した共用部分および自己の専有部分を復旧することができる（区分所有 61 条 1 項本文）。共用部分を復旧した者は，他の区分所有者に対し，復旧に要した金額を持分の割合に応じて償還すべきことを請求することができる（同条 2 項）。また，共用部分の復旧が集会の普通決議（過半数決議）によって決定され，決議に反対した区分所有者もこれに拘束され復旧のための費用を負担する（区分所有同条 3 項）。

　これに対して，建物の価格の 2 分の 1 を超える部分が滅失（大規模一部滅失）したときは，その復旧は，集会の特別多数決議（区分所有者および議決権の各 4 分の 3 以上の特別決議）によって決せられ，決議に反対した区分所有者は，自己の区分所有権等を決議に賛成した区分所有者等に買い取らせることによって，復旧費用の負担を免れ，区分所有関係から離脱することができる（区分所有同条 5 項以下）。決議に賛成した区分所有者等に対するこの買取請求権は，形成権である。

　なお，買取請求の前に，決議賛成者全員の合意で「買取指定者」が指定されている場合には，復旧に参加しない者は，買取指定者に対してのみ買取請求できる（区分所有同条 8 項）。買取指定者の指定がないときは，決議賛成者の全員に対しても，その一部に対しても，買取請求することができる（区分所有同条 7 項）。

　建替え決議については，区分所有者および議決権の各 5 分の 4 以上の多数で，建物を取り壊し，かつ，当該建物の敷地もしくはその一部の土地または当該建物の敷地の全部もしくは一部を含む土地に新たに建物を建築する旨の決議（以下，建替え決議という。）をすることができる（区分所有 62 条 1 項）。

　建替え決議があったときは，集会を招集した者は，建替え決議に賛成しなかった区分所有者に対して，改めて建替えに参加するかどうかを催告しなければならない。そして，所定の期間経過後に，建替え参加者と不参加者が明らかになった時点で，建替え参加者等は，建替え不参加者に対して，その区分所有権および敷地利用権を時価で売り渡すことを請求することができる。この売渡請求権は，形成権であり，売渡請求権の行使時に建替え参加

11　阪神・淡路大震災後に制定された「被災区分所有建物の再建等に関する特別措置法」は，一定の要件のもとに区分所有法の建替えの規定を準用して，多数決議による建物の再建を認めている。

者に権利が移転する（区分所有 63 条）。

3　所有権に基づく請求権

【到達目標】
○所有権に基づく請求権の種類およびそれぞれの請求権がどのように利用されるかを説明することができる。
○所有権に基づく請求権の要件を挙げることができる。

　所有権は，**所有する目的物を自由に使用・収益・処分する権利**であり，他人の不当な干渉によりこれが実現できない場合には，所有権の効力として，その干渉を排除することができる（**所有権の排他性**）。

3.1　所有権に基づく請求権の種類

【所有権に基づく請求権の考え方】

①侵害行為の態様は？
　　　↓
②いかなる請求権を用いるか？

【設例3−1】
　以下の各場合において，Xは，Yに対して，どのような請求をすることができるか。
① 　Xは，その所有する貴金属類を留守中にYに盗まれた。
② 　Xは，甲土地を所有しているが，Yが甲土地上の一部に不法に自動車を駐車している。
③ 　Xは，Yの隣地に土地を所有するものであるが，Yの土地に設置されている塀が自己の土地に崩れそうになっている。

　所有権に基づく請求権は，侵害の態様に応じて，3つに分類することができる。所有権に基づく返還請求権，妨害排除請求権，妨害予防請求権である。そのため，所有権に基づく請求権を考えるためには，まず，**問題となっている侵害態様がいかなる態様であるかを考え**なければならない。そして，**侵害の態様に応じて，それに適した請求権を選び出さなければならない**からである。

3.1.1　所有権に基づく返還請求権

　所有権に基づく返還請求権は，**占有侵奪の形で所有権が侵害されている場合に，所有者が，侵害者に対して，占有の回復を請求する権利**である。
　【設例3—1】①では，Xの貴金属類がYに盗まれており，占有侵奪の方法で所有権の侵害が行われている。そのため，Xは，Yに対して，所有権に基づく返還請求権を行使して貴金属類の返還を請求することができる。

3.1.2 所有権に基づく妨害排除請求権

　所有権に基づく妨害排除請求権は，占有侵奪以外の方法（これを妨害という。）で所有権が侵害されている場合に，所有者が，侵害者に対して，妨害の停止・除去を請求する権利である。

　【設例3—1】②では，Xの土地の所有権が完全に侵害されているわけではない。そのため，占有侵奪以外の方法でXの土地所有権の侵害が行われているということができる。そのため，Xは，Yに対して，所有権に基づく妨害排除請求権を行使して土地の妨害の排除（自動車の撤去）を請求することができる。

　なお，<u>所有権に基づいて移転登記手続を請求したり，抹消登記手続を請求したりする場合には，所有権に基づく妨害排除請求権が用いられる。</u>

【所有権に基づく返還請求権と妨害排除請求権との使い分け】
　X所有の土地上にYが不法に建物を建築したり，物を不法に投棄したりしている場合，Xは，Yに対して，建物の収去や投棄物の排除を請求することができる。
　もっとも，その場合の請求権は，返還請求権になるのか，妨害排除請求権になるのか，という問題がある。
　実務では，土地の支配が全面的に侵害されている場合には，返還請求権，一部が侵害されている場合には，妨害排除請求権を用いるとされている。

3.1.3 所有権に基づく妨害予防請求権

　所有権に基づく妨害予防請求権は，所有権侵害のおそれがある場合に，所有者が，侵害行為を行う危険のある者に対して，侵害発生原因の停止・除去を請求する権利である。

　【設例3—1】③では，まだ塀は崩れていないから，YによるXの土地の所有権の侵害は発生していないが，将来的に発生する（塀が崩れる）おそれがある。このような場合，Xは，Yに対して，所有権に基づく妨害予防請求権を行使して将来発生するであろう妨害の予防を請求することができる。

【所有権に基づく請求権と所有権侵害の態様】

請求権の種類	侵害の態様
所有権に基づく返還請求権	占有侵奪の形で所有権が侵害されている場合
所有権に基づく妨害排除請求権	占有侵奪以外の方法で所有権が侵害されている場合
所有権に基づく妨害予防請求権	所有権侵害のおそれがある場合

【所有権に基づく訴えと物権的請求権との対応関係】
　　所有権に基づく返還請求権　　　　⇔　　　　物権的返還請求権
　　所有権に基づく妨害排除請求権　　⇔　　　　物権的妨害排除請求権
　　所有権に基づく妨害予防請求権　　⇔　　　　物権的妨害予防請求権

3.2　所有権に基づく請求権（物権的請求権）の根拠

　所有権に基づく請求権が認められること自体は，わが国では争いがないが，それでも，これらの請求権を認める明文上の規定は民法にはない。そこで，如何なる根拠からこれらの請求権が認められるのかについて，学説上争いがある。

3.2.1　条文上の根拠

　①占有訴権に関する規定（197 条〜201 条）の勿論解釈
　②「回復…請求」権や「回復者」という文言が存在すること（191 条，193 条〜195 条）
　③「本権の訴え」の文言（189 条，202 条）
　④353 条の反対解釈（353 条は，動産質権者は，占有回収の訴えによってのみ，質物の占有を回復することができるとしている。それゆえ，論者は，そうでない場合，つまり，所有権の侵害の場合には，所有権に基づく請求権が認められるとする。）

3.2.2　理論的根拠

　①物権の直接支配性
　②物権の絶対性
　③物権の排他性

3.3　所有権に基づく請求権（物権的請求権）の法的性質

A 説：債権説
　物権から独立した債権または債権類似の請求権であるとする説

B 説：物権派生説
　物権から派生する請求権であるとする説

C 説：物権効力説
　物権の効力で，独立した請求権ではないとする説

3.4 所有権に基づく請求権（物権的請求権）の要件

```
【所有権に基づく請求権の考え方】

①侵害行為の態様は？
        ↓
②いかなる請求権を用いるか？
        ↓
③参照条文は何条か？
        ↓
③要件は何か？
```

　3.2で述べたが，わが民法上，所有権に基づく請求権（物権的請求権）が認められること
は争いがないが，それを認める明文の規定はない。しかし，だからといって，問題の考え
方が変わるわけではない。所有権に基づく返還請求権や妨害排除請求権が認められるか否
かということは，結局，その効果が発生しているか否かが問題であるから，**その要件を充
足する必要がある**。そのため，**各請求権の要件は何かを常に考えておく必要がある**。

3.4.1　所有権に基づく返還請求権 （200 条参照1)

（1）原告が目的物を所有していたこと　＝　原告所有
（2）被告が目的物を占有していること　＝　被告占有

3.4.2　所有権に基づく妨害排除請求権 （198 条参照）

（1）原告が目的物を所有していたこと　＝　原告所有
（2）被告が原告の所有を妨害していること　＝被告妨害

3.4.3　所有権に基づく妨害予防請求権 （199 条参照）

（1）原告が目的物の所有権を有していたこと　＝　原告所有
（2）被告が原告の所有を妨害する危険があること　＝　被告の妨害の危険

　なお，いずれの請求権においても，**所有権の侵害や妨害状態が請求の相手方の故意また
は過失によって惹起されたことは要件とされない**。また，**侵害状態や妨害状態がその者の**

1　上述したように，所有権に基づく請求権について定める条文はないが，所有権に基づく
返還請求権については，占有回収の訴えに関する 200 条が，所有権に基づく妨害排除請求
権については，占有保持の訴えに関する 198 条が，また，所有権に基づく妨害予防請求権
については，占有保全の訴えに関する 199 条が参照条文とされている。

行為によって生じた場合であるかも問わない。そのため，所有権の妨害状態が自然力によって発生した場合，たとえば，台風によってY所有地の木の枝が折れ，それが飛ばされた枝がXの土地上に飛んできた場合であっても，Yは，木の除去義務を免れない。同じく，Yの自動車がAに盗まれ，Aがその自動車をXの所有土地上に放置した場合であっても，Yは，自動車の撤去義務を免れない。

3.5　所有権に基づく請求権（物権的請求権）と除去費用

> 【設例3−2】
>　台風がやってきて隣地Yの庭の木がXの土地に倒れた。この場合に，XがYに対して，倒れた木の除去を請求するとき，木の除去費用は，XとYのいずれが負担するのでしょうか。

【図1】

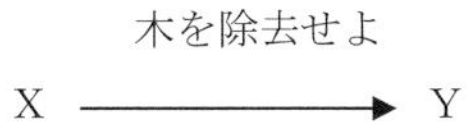

木を除去せよ

X ─────────→ Y

　所有権に基づく請求権（物権的請求権）が，相手方に対して妨害を排除するよう請求する権利なのか，あるいは，相手方に対して，請求者の行う回復行為を妨げないことを要求する権利なのかについて争いがある。この問題は，除去費用の負担者は誰かという問題として争われている。

A説：行為請求権説（大判昭5・10・31民集9巻1009頁など）
　物権的請求権とは，相手方に物の返還・妨害の排除・妨害の予防をしてもらう権利だとする考え方がある。この説に従えば，妨害排除請求権を行使したXは，Yに対し，その費用負担のもと，物の返還・妨害の排除・妨害の予防をしてもらうことになる。
　もっとも，たとえば，隣地Yの木がXの土地に倒れているという状況は，見方を変えると，Yの所有物（木）がXの庭にあるとみることもでき，YがXに対し，木について返還請求権を行使することも考えられる。この場合，この説に従うときは，Xが妨害排除請求権を行使するより先に返還請求権を行使したYは，Xの費用負担のもとクレーン車を呼んでもらうことになる。結果として，この説に従えば，X・Yのいずれか早く物権的請求権を行使した方が，相手に費用を押しつけることができる，いわば早い者勝ちとなる。
　そこで，今日学説には，原則は，行為請求権と理解しつつ，相手方がその意思によって占有を取得したのでない場合には，例外的に忍容請求権となるとする見解がある（行為請求権修正説）。

B説：忍容請求権説

　これに対して，物権的請求権とは，所有者自らが物の返還などを実現するとき，相手方に手出しをさせない権利にすぎないとの考え方がある。この説に従えば，返還や妨害排除請求権を行使するＸが自分の費用で物の返還や妨害の排除を実現することとなる。

4　所有権の取得

　3で述べたが，所有者がその所有物の侵奪者や妨害者に対して，その返還や妨害の排除を請求する場合，請求者が返還請求権や妨害排除請求権の対象たる目的物の所有者であることを要する。

　ところで，**請求者が所有者であるというためには，その者が返還請求権あるいは妨害排除請求権の対象となっている目的物の所有権を取得していなければならない。**そこで，どうすると，所有権を取得することができるかが問題となる。

【所有権に基づく請求権の考え方】

①侵害行為の態様は？
↓
②いかなる請求権を用いるか？
↓
③参照条文は何条か？
↓
③要件は何か？
↓
④原告は所有権を有しているか？
↓
⑤どうすると所有権を取得できるか？

4.1　所有権の取得原因

　民法は，第2編第2節に「所有権の取得」という節を置くが，所有権の取得原因は，それに限られない。現在の社会において，最も主要な所有権の取得原因は，売買その他の契約や相続である。

4.1.1　承継取得

　売買や相続のように，前主（売主・被相続人）の権利を後主（買主・相続人）が承継する場合をいう。

4.1.2　原始取得

　取得時効のように，他人の権利とは無関係に，つまり，法律の定めた要件が充足されることによって所有権を取得する場合をいう。

4.2　承継取得

【設例4－1】
　Xは，Yとの間で，Yが使っていたY所有のマウンテンバイクを10万円で購入する契約を締結した。もっとも，Xは，その場でのお金の持ち合わせがなかったので，代金は，後日支払うことにし，マウンテンバイクの引渡しも，代金の支払があった時に行われることとした。Xは，いつからマウンテンバイクの所有者になることができるか。

4.2.1　所有権の移転原因—所有権はどのような原因で移転するか？

（1）意思主義と形式主義

　所有権の移転の効果は，**当事者の意思（合意）のみで生ずるのか（意思主義）**，あるいは，**それ以外に何らかの行為**（たとえば，物の引渡し，代金の支払，登記の移転など）（**形式主義**）を要するか。

【意思主義　対　形式主義】
　意思主義（176条）　⇔　形式主義

　わが民法は，「物権の設定及び移転は，当事者の意思表示のみによって，その効力を生ずる。」とする（176条）。

（2）債権行為（契約）と物権行為（契約）—176条の合意とは？

　しかし，176条の合意とは何を意味するかについては，問題がある。すなわち，売買契約（**債権契約〔行為〕**〔債権・債務を生じさせる契約〕）のみで足りるのか，あるいは，売買契約（債権契約）とは別に，所有権移転の合意（**物権契約〔行為〕**〔物権の設定および移転を生じさせる契約〕）を要するのかという問題である。

　前者のように，債権契約のほかに，物権契約を観念しない考え方は，**物権行為の独自性**を否定する考え方である（【図1】参照）。他方，後者のように，債権契約のほかに，物権契約を観念する考え方は，物権行為の独自性を肯定する考え方である（【図2】参照）。

→**判例**（大判大 2・10・25 民録 20 輯 857 頁，最判昭 33・6・20 民集 12 巻 10 号 1585 頁）・**通説**は，一貫して**物権行為の独自性**を否定している。

【図 1】

```
┌─────────────────────────────────┐
│【物権行為の独自性を否定する見解】  │
│                                  │
│            売買契約               │
│  売主 ─────────────── 買主        │
│                                  │
└─────────────────────────────────┘
```

【図 2】

```
┌───────────────────────────────────┐
│【物権行為の独自性を肯定する見解】    │
│              売買契約               │
│  売主 ─────────────── 買主          │
│              物権契約               │
│           （所有権移転行為）          │
└───────────────────────────────────┘
```

```
┌──────────────────────────────────────────────────────────┐
│【考えてみよう！】                                            │
│  判例・通説のように，物権行為の独自性を否定する場合，次の点をどのように考えるべき │
│ かを考えてみよう。                                           │
│ ① 555 条によれば，売買契約は，「財産権を相手方に移転することを約」する契約である。│
│ かりに判例のように，売買契約で所有権が移転するとするならば，売主は，売買契約で何 │
│ についての移転義務を負うのか。                                 │
│ ② 所有権が売買契約の効果として移転する（555 条）ならば，なぜ民法は，物権の箇所に │
│ 176 条という規定を置いたのだろうか。                            │
│ ③ お金を借りる際に担保物権を設定する場合，お金を借りる契約（金銭消費貸借契約）（債 │
│ 権契約）のほかに，担保物権を設定する契約（物権契約）が必要である（争いなし）。それ │
│ では，売買契約における所有権の移転については，何故所有権の移転という物権契約は必 │
│ 要ないのであろうか。                                          │
└──────────────────────────────────────────────────────────┘
```

```
┌──────────────────────────────────────────────────────────┐
│【発展】有因主義と無因主義（詳しくは，手形法で勉強しよう！）          │
│  かりに物権行為の独自性を肯定する場合には，売買契約（債権契約）に瑕疵があったとき │
│ （たとえば，契約が錯誤，詐欺に基づいてなされた場合），物権契約は如何なる影響を受け │
│ るか，が問題となる。                                          │
│                                                            │
│  A 説：債権契約の効力を物権契約の効力に結びつける考え方→**有因主義**[2]         │
│    →売買契約が取り消されると，物権契約も消滅する。つまり，所有権移転の効果もな │
│     くなる。                                                 │
│                                                            │
│  B 説：債権契約の効力を物権契約の効力に結び付けない考え方→**無因主義**          │
│    →売買契約が取り消されても，物権契約の効力に影響がない。つまり，売買契約が取 │
│     り消されても，所有権は，買主に移転したままである。それゆえ，売主は，不当利得 │
│     返還請求権（703 条）でその返還を求めることとなる。             │
└──────────────────────────────────────────────────────────┘
```

4.2.2　所有権の移転時期—所有権はいつ移転するか？

判例・通説によると，所有権は，売買契約「で」移転するが，それでは，所有権はいつ移

2　わが国では，判例・通説は，物権行為の独自性を否定するのであるから，有因主義という問題は生じない。なぜなら，有因主義とは，物権行為の独自性を肯定する場合にはじめて問題となるものだからである。

転するのか。

A説：判例・通説

　判例は，売主の所有に属する**特定物を目的とする売買**においては，特にその**所有権の移転が将来なされるべき約旨に出たものでないかぎり**，買主に対し**直ちに所有権移転の効力を生ずる**とする（最判昭33・6・20 0民集12巻10号1585頁）。
　もっとも，当事者間に所有権の移転時期について別段の定めがある場合には，それに従う（最判昭35・3・22民集14巻4号501頁）。また，**不特定物の売買**については，原則として**目的物が特定した時に所有権は当然に買主に移転する**としている（最判昭35・6・24民集14巻8号1528頁）。さらに，他人物売買においては，特段の約定ないし意思表示がない限り，**他人物売主が所有権を取得すると同時に買主は所有権を取得する**としている（最判昭40・11・19民集19巻8号2003頁）。

【参考判例】最判昭33・6・20民集12巻10号1585頁
　「売主の所有に属する特定物を目的とする売買においては，特にその所有権の移転が将来なされるべき約旨に出たものでないかぎり，買主に対し直ちに所有権移転の効力を生ずるものと解するを相当とする。…中略…そして原審は，所論（丙）の建物については，売主（上告人）の引渡義務と買主（被上告人）の代金支払義務とは同時履行の関係にある旨を判示しているだけであって，右建物の所有権自体の移転が，代金の支払または登記と同時になさるべき約旨であったような事実を認めていないことは，原判文上明白である。」

> 【目的物の特定】
> 　A（買主）とB（売主）との間で，米10kg（種類と数量で定められたものを種類物〔不特定物〕という。）の売買契約を締結した。この時点では，Aは，米10kgの所有権を取得できない。
> 　401条2項によれば，①債務者が物の給付をするのに必要な行為を完了した場合，または，②債権者の同意を得てその給付すべき物を指定した場合に，目的物は特定する。
> 　前者について，**持参債務**（債権者の住所地が履行場所），**取立債務**（債務者の住所地が履行場所）および**送付債務**（債権者・債務者の住所以外の場所が履行場所）にわけ，持参債務では，**債権者の住所地で債務の履行をしたとき**，また，取立債務では，**債務者が履行の準備をして，債権者に取立てを通知し，債権者に引き渡す目的物を他の物から分離したとき**に，目的物は特定するとされている。さらに，送付債務では，好意的送付では，発送した時点で，義務的送付では，その場所へ到達した時点で，特定する。

B説：所有権の移転を外形的行為と結びつける考え方

B1説：物権行為の独自性を肯定する立場

66

　所有権の移転は，物権移転の意思表示がある場合に移転し，その意思は，目的物の登記，引渡または代金支払等の外形的行為に見出す。

B2説：物権行為の独自性を否定する立場

　売買契約は，有償契約であるから，所有権の移転と代金の支払との同時履行関係が重視されるべきであり，代金支払時に所有権が移転する。

C説：所有権の移転時期を確定しない立場

　所有権の移転時期に関しては，基本的には所有権の移転時期を決定しなくても，対抗問題，危険負担，果実取得等に関する個々の規定の適用で処理することができる。このことを【設例4−2】で考えてみよう。

【設例4−2】
①【設例4−1】でX・Y間でマウンテンバイクの所有権の帰属について争いが生じた。
②【設例4−1】で，Xは，まだ代金を支払わないうちに，Yに対して，マウンテンバイクの引渡しを求めることができるか。
③【設例4−1】で，売買契約後，Yがマウンテンバイクを自己の家屋で保管していたところ，大地震によりYの家屋が倒壊し，マウンテンバイクも壊れてしまった場合に，Xは，Yにマウンテンバイクの代金を支払わなければならないか。反対に，Yは，Xに代金の支払を請求できるか。
④【設例4−1】で，Yがマウンテンバイクを保管していることをいいことにそれを第三者Zに売却し，マウンテンバイクをZに渡してしまった。この場合にX・Zのいずれがマウンテンバイクの所有権を取得するか。

---

①所有権の帰属が争われた場合（【設例4−2】①）

【図3】

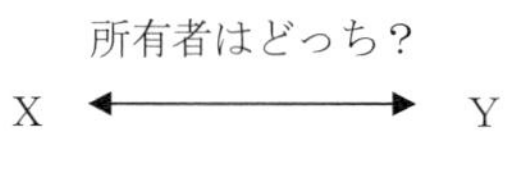

所有者はどっち？

X ◀━━━━━━▶ Y

　判例・通説によれば，特定物の売買においては，特段の合意がない限り，売買契約で所有権は移転し，他方，所有権移転時期について特段の合意がある場合には，その時点で移転する。【設例4−1】では，Yが使っていたマウンテンバイクが売買目的物であるから，特定物の売買である。そのため，X・Y間でマウンテンバイクの所有権の帰属が争われた場合には，**売買契約が締結されたか否か，および所有権移転時期について，特段の合意があったかどうかだけが問題**となる。

　そこで，問題は，代金支払時にマウンテンバイクを引き渡すという合意の意味は何か，

ということである。これが「所有権移転時期に関する合意」であるとすると,「代金支払」があったか否かが問題となる。特段の合意がなければ,「売買契約の締結」で所有権が移転する。

→いずれにせよ,所有権がいつ移転したかということを問題とする必要はない。

②マウンテンバイクの引渡請求（【設例4-2】②）

【図4】

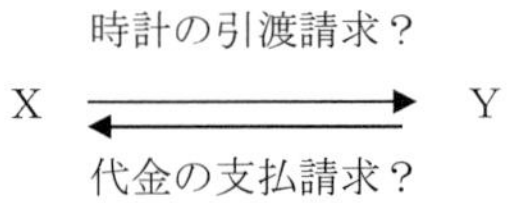

```
            時計の引渡請求？
  X ━━━━━━━━━━━━━━━━━▶ Y
  ◀───────────────
            代金の支払請求？
```

　買主のマウンテンバイクの引渡請求権あるいは売主の代金支払請求権の発生根拠は,いずれも売買契約の締結である（555条）。【設例4-1】では,ＸＹ間で売買契約が締結されているから,両請求権は発生している。

　もっとも,【設例4-1】では,マウンテンバイクの引渡しおよび代金の支払は,同時になされるという合意があるから,Ｙ（売主）は,代金の支払があるまでマウンテンバイクの引渡しを拒絶でき,同じく,Ｘ（買主）も,マウンテンバイクの引渡しがあるまで代金の支払を拒絶することができる。

　そのため,Ｘのマウンテンバイクの引渡請求あるいはＹの代金の支払請求が認められるためには,Ｘが代金の支払を,Ｙが時計の引渡しをしたかどうかが問題となる。

→所有権がいつ移転したかということを問題とする必要はない。

③引渡債務の履行不能と代金の支払義務（【設例4-2】③）

【図5】

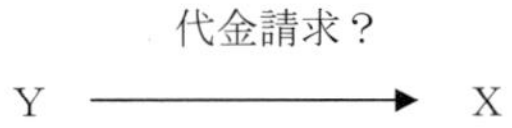

```
            代金請求？
  Y ━━━━━━━━━━━━━━━━▶ X
```

　これは,**危険負担の問題（536条）**または**契約の解除（542条1項1号）**の問題である。詳細は,契約法にゆずるが,Ｘが請求を拒絶できるか否か（危険負担）は,Ｙの引渡債務が履行不能になったかどうか,不能につきＸ・Ｙに帰責事由があったか否かが問題であり（536条）,また,解除については,Ｙの引渡債務が履行不能になったか,および解除の意思表示があったか否かが問題となる（542条1項1号・540条）。

→ここで代金請求の可否を判断するために,所有権がいつ移転したかを考える必要はない。

④二重譲渡・対抗問題（【設例4−2】④）

【図6】

　ここではマウンテンバイクの二重譲渡が問題であるから，ＸＺ間の優劣は，**178条の対抗**問題であり，ここでは引渡しを先に受けたほうが所有者となる（詳細は，動産の対抗要件を参照）。

→所有権の帰属を決定するのに，所有権がいつ移転したかを確定する必要はない。

> 【考えておこう】
> 　このように，実際の紛争の解決を考える場合には，所有権の移転時期を確定する必要がないという立場が言うように，請求や主張およびその要件を考えていけばよく，問題の解決にあたって，所有権の移転時期を問題とする必要はないように思われる。
> 　それでは，なぜ最判昭33・6・20民集12巻10号1585頁（不動産所有権移転登記手続等請求事件）は，所有権移転時期について言及したのだろうか。

4.3　原始取得

4.3.1　無主物先占

　たとえば，野生の鳥獣・海洋の魚介類などのように，**無主の動産**を所有の意思をもって占有する場合には，その所有権を取得することができる（239条1項）[3]。

　これに対して，**無主の不動産**は，国家に帰属する（同条2項）。

> 【ＸのＹに対する無主物先占による所有権の確認請求】
>
> 【請求原因】
> 　（1）Ｘが岩穴に野生のタヌキを追い込み捕獲したこと
> 　（2）Ｘがタヌキの捕獲当時，所有の意思を有していたこと
> 　（3）Ｙがタヌキの所有権を争っていること

---

[3]　野生のタヌキを岩穴に追い込み，石で入口を閉じた場合には，たとえ手でこれを捕獲するに至らなかった場合でも，この者は，239条1項に基づいてタヌキの所有権を取得する（大判大正14年6月9日刑集4巻378頁）。

4.3.2 遺失物の拾得

　遺失物とは，占有者の意思によらずに，その所持を離れた物で，盗品ではない物をいう。また，**拾得**とは，遺失物を占有することである。先占とは異なり，所有の意思は必要ない。

　遺失物の拾得者は，速やかに拾得した物件を遺失者に返還し，または警察署長に提出しなければならない（遺失4条1項）。警察署長は，遺失物法の定めるところに従って，公告をし（同法7条），遺失者が判明したときは，これに返還し（同法6条），遺失者は，拾得者に対して一定額の報労金を支払わなければならない（同法28条以下）。これに対して，公告した後3ヶ月内にその所有者が知れないときは，拾得者がその所有権を取得する（240条）。

【XのYに対する拾得による動産の所有権の確認請求】

【請求原因】
　（1）Xが遺失物を拾得したこと
　（2）Xが遺失物を警察署長に届け出たこと
　（3）警察署長が公告したこと
　（4）警察署長が公告してから3か月が経過したこと
　（5）YがXの所有権を争っていること

（届出）
【抗弁Ⅰ】
　Yが公告後3か月の期間が経過する前に自己の所有物であることを届け出たこと

（遺失36条）
【抗弁Ⅱ】
　（1）公告後3か月の期間の末日から2か月が経過したこと
　（2）Xが公告後3か月から2か月経過前に警察署長から遺失物を引き取らなかったこと

4.3.3 埋蔵物の発見

　埋蔵物とは，土地その他の物の中に埋蔵されていて，外部からは容易に目撃できず，かつ誰が所有者か判明しにくい物をいう。また，**発見**とは，物の存在を明確に認識することである。

　埋蔵物は，遺失物法の定めるとことに従って，公告をした後6ヶ月内に所有者がわからない場合には，発見者が所有権を取得する（241条本文）。

　ただし，他人の所有する物の中から発見された埋蔵物については，発見者とその他人が折半して埋蔵物の所有権を取得する（同条ただし書）。

　なお，埋蔵物が文化財に当たる場合には，文化財保護法が適用され，その所有者が知れないときは，埋蔵文化財の所有権は，国庫ないし当該文化財が発見された土地を管轄する

都道府県に帰属し，文化財の発見者・その発見された土地の所有者には，一定額の報償金が支給される（文化財 104 条，105 条）。

【XのYに対する動産の所有権の確認請求】

【請求原因】
　（1）　Xが埋蔵物を発見したこと
　（2）　Xが埋蔵物を警察署長に届け出たこと
　（3）　警察署長が公告したこと
　（4）　警察署長が公告してから 6 か月が経過したこと
　（5）　YがXの所有権を争っていること

（241 条ただし書）
【抗弁Ⅰ】
　埋蔵物がYの所有地内に存在したこと

（届出）
【抗弁Ⅱ】
　Yが公告後 6 か月の期間が経過する前に自己の所有物であることを届け出たこと

4.3.4　添付

（1）意義

　添付とは，付合物，混和物，加工物の総称である。
　添付をもって所有権取得原因とする根拠については，争いがあり，①所有者を異にする数個の物が結合した場合に，分離すれば損傷するか，または分離に過分の費用を要するというのは社会経済上の不利益だからとする考え方と，②取引秩序の維持・安定にその根拠を求める考え方がある。

【請求権構成からみた添付の役割】
　われわれは，いま所有権に基づく返還請求権を念頭に置き，請求要件としての所有権という観点から，所有権の取得原因を考えている。もっとも，添付は，添付によって所有権を失う者（A）から添付によって所有権を取得する者（B）への所有権の確認請求や引渡請求に対する者（B）の防御の手段（Aが添付により目的物の所有権を失ったことにより，当該請求は認められない。）として機能することに注意してほしい。

（2）付合

　付合は，さらに，不動産の付合と動産の付合に分けることができる。

（a）不動産の付合

【設例 4-3】
　Xは，Yから土地を借りて，農作物を栽培していた。ところが，ようやく成育した農作物をYが採取してしまった。Xは，Yに対して，所有権侵害を理由に損害賠償を請求することができるか（＝農作物の所有権は，XとYのいずれにあるか。）。

　【設例 4-3】で，XがYに対して，所有権侵害に基づく損害賠償を請求する（709 条）ためには，Yが採取した農作物の所有権がXに帰属することを要する。

　不動産の所有者は，不動産に従として付合した物の所有権を取得することができる（242 条）。これを**不動産の付合**という。**付合**とは，**それまで独立に所有権の対象となっていた物が不動産に付着して独立性を失い，社会経済上不動産そのものとみられるものとなること**をいう。

　これによれば，土地の所有者は，Yであるから，Yの土地に栽培された農作物は，Yの所有に属することとなる（大判大 10・6・1 民録 27 輯 1032 頁〔小麦の播種が権原のない者によって行われた場合に，小麦の所有権は土地所有者に帰属する。〕，最判昭 31・6・19 民集 10 巻 6 号 678 頁〔土地の返還義務を負う者が，小麦の栽培が許されていた場合にキュウリ苗を栽培した場合につき権原否定〕）。

　もっとも，**付合させた者に付合させる権原がある場合には，その者の権利を妨げない（付合させた者の所有となるという意味）**（同条ただし書）。**権原とは，付属させることを法律上正当とする根拠のことである。**

　それゆえ，【設例 4-3】では，Xに権原がない場合には，農作物は，土地に付合するが，Xに権原がある場合には，農作物の所有権は，Xが取得する[4]。

　もちろん，所有権を失ったXは，Yに対して，償金請求ができる（248 条）。

【設例 4-4】付合と増改築部分の所有権
　Xは，Yから建物を賃借していたが，Yの承諾を得て家屋を増築した。この増築部分の所有権は，XとYのいずれに帰属するか。

　まず，**建物の賃借権は，通常，増改築の権能を伴わないから，原則としてここに言う権原には当たらない。**そうすると，増改築部分は，Yの所有ということになろう。

　しかし，**家主の承諾があった場合には，その承諾が権原になる**と一般的に解されている（最判昭 38・10・29 民集 17 巻 9 号 1236 頁など）。それゆえ，少なくとも承諾を得た増改築部分は，常に借家人の所有物になりそうである。

　もっとも，判例は，一貫して，承諾を得た増改築であっても，その部分が構造上・取引上の独立性を有しない限り付合を生じ，242 条ただし書の適用はないとしている（最判昭

4　権原は，賃借権者使用借権等の債権であってもよく，かつ，それについて対抗要件を具備する必要もない（大判昭 17・2・24 民集 21 巻 151 頁）。

44・7・25 民集 23 巻 8 号 1627 頁)。通説もこのような判例の立場に従う。増改築部分の独立性の有無は，**物理的構造のほか，利用または取引上の独立性を考慮**して判断される（最判昭 43・6・13 民集 22 巻 6 号 1183 頁)。

・建物に付合するとされた例

　建物の賃借人が建物の賃貸人兼所有者の承諾を得て賃借建物である平家の上に 2 階部分を増築した場合に，右 2 階部分から外部への出入りが賃借建物内の部屋の中にある梯子段を使用するよりほかないときは，右 2 階部分につき独立の登記がされていても，右 2 階部分は，区分所有権の対象たる部分にはあたらない（最判昭 44・7・25 民集 23 巻 8 号 1627 頁)。

・建物に付合しないとされた例

　2 階建て木造建物の階下の一部を賃借した者が，賃貸人の承諾を得て賃借部分を取壊し，そのあとに自己の負担で店舗を作った場合に，右店舗部分が原家屋の 2 階が重なっており，既存の 2 本の通し柱および天井の梁を利用している事実があってもなお，賃借人が権原によって原家屋に付属させた独立の建物であって，他に特別の事情が存しないかぎり，賃借人の区分所有権の対象たるべきものといわなければならない（最判昭 38・10・29 民集 17 巻 9 号 1236 頁)。

【考えておこう】
　判例は，賃借人が賃貸人の承諾を得てした増改築部分の所有権が賃借人に帰属するためには，その増改築部分が構造上・取引上独立性があることを要求する。なぜそれが必要なのであろうか。

【XのYに対する増築部分に関する所有権の確認請求】

【請求原因】
　（1）Xが本件建物に増築したこと
　（2）Yが（1）の増築部分の所有権を争うこと

（付合）
【抗弁】
　（1）本件増築部分が本件建物に従として付合していること
　（2）本件建物はYの所有であること

（付属権原）
【再抗弁】
　（1）Xが本件増築部分を本件建物に付属させることに権原を有していること
　（2）本件増築部分が本件建物から独立性を有していること

（ｂ）動産の付合

　動産と動産とが毀損しなければ分離することができず，または，分離のために過分の費用を要する程度に接合した事実を**動産の付合**という。

　動産付合の効果は，付合物間に主従の別があるか否かにより異なる。主従の別があるときは，主物の所有者が合成物の所有権を取得し，さもなければ，付合の当時における各動産の価格に応じて合成物を共有する（243条・244条）。その主従の意義については，社会通念によって定まる。

　所有権を失った者は，付合により所有権を取得した者に対して，償金請求ができる（248条）。

（３）混和

　混和とは，数人に属する動産が混合，融和してそのいずれの部分が何人の所有に属するかを識別することができない状態に至ることをいう。

　また，穀物と穀物が混同するように，固体が混同する場合を**混合**といい，液体と液体が混同する場合を**和合**という。

　混和の効力については，付合の規定が準用される（245条）。すなわち，2つの物の間に主従の区別があるときは，主物の所有者が全部の所有権を取得し，さもなければ，共有を生ずる。

　所有権を失った者は，付合により所有権を取得した者に対して，償金請求ができる（248条）。

（４）加工

　加工とは，他人の動産に工作を加えて，新たなものを成立させる行為をいう。

【設例4−5】
① Yは，X所有の山林から勝手に木を切り出して，それを加工して工芸品を作った。この工芸品の所有権は，XとYのいずれに帰属するか。
② Yは，X所有の山林から勝手に木を切り出して，その木材と自己が所有していた木材およびその他の材料を用いてたんすを作った。このたんすの所有権は，XとYのいずれに帰属するか。
③ Xは，着物の仕立屋Yに依頼して，自己が持ち込んだ反物を着物に仕立ててもらうことにした。出来上がった着物の所有権は，XとYのいずれに帰属するか。

（ａ）加工者が工作のみを加えた場合（【設例4−5】①）

　他人の動産に工作を加えて，新たな物ができた場合には，その加工物の所有権は，材料の所有者が取得する（246条1項）。
　ただし，工作によって生じた価格が材料の価値を著しく超えるときは，加工者がその加工物の所有権を取得する（同項ただし書）。

	加工物の所有権
工作によって生じた価格が材料の価値を著しく超える場合　→	加工者
それ以外の場合　　　　　　　　　　　　　　　　　　→	材料の所有者

　【設例4−5】①では，XがYの木材に工作のみを加えて，工芸品を完成させている。そのため，Xの工作によって生じた価格がYの木の価値を著しく超えるときは，加工者Xが工芸品の所有権を取得し，さもなければ，木の所有者Yが工芸品の所有権を取得する。

【XのYに対する本件木材所有権に基づく所有物返還請求】

【請求原因】
　（1）Xが本件木材を所有していたこと
　（2）Yが本件木材を占有していること

（加工による所有権喪失）
【抗弁】
　（1）Yが本件木材を工芸品にしたこと
　（2）本件工芸品の価格が本件木材の価格に比して著しく高額であること

（b）加工者が工作だけでなく材料の一部も提供した場合（【設例4−5】②）

　加工者が労力だけでなく自己の材料を使用した場合には，工作によって生じた価格と自己の材料の価格との和が他人の材料の価格を超えるときに限り，加工者は，加工物の所有権を取得する（246条2項）。

	加工物の所有権
工作によって生じた価格+加工者の材料の価格　＞　他人の材料の価格　→	加工者
それ以外の場合　　　　　　　　　　　　　　　　　　　　　→	材料の所有者

　【設例4−5】②では，XがYの木材に工作および自己も材料を提供して，たんすを完成させている。そのため，Xの工作によって生じた価格とXの材料の価格との和がYの木の価格を超えるときは，加工者Xがたんすの所有権を取得し，さもなければ，木の所有者Yがたんすの所有権を取得する。

（c）加工者と他人との間に契約が存在する場合

　【設例4−5】③では，**X・Y間に請負契約が存在する**。この場合には，所有権の帰属は，加工規定によってではなく，請負契約に関する法理によって決定される（最判昭 45・4・8 判時 590 号 91 頁）。つまり，この場合に加工の規定が適用される余地はない。

【建物建築請負契約における完成建物の所有権帰属】

　建物建築請負契約において，完成建物の所有権帰属はどのように決定されるか。

A説：請負人帰属説（判例）
① 注文者が材料の全部または主要な部分を提供した場合には，所有権は原始的に注文者に帰属する（大判昭 7・5・9 民集 11 巻 824 頁）。
② 請負人が材料の全部または主要な部分を提供した場合には，請負人が所有権を取得し，引渡しによって注文者に移転する（大判大 3・12・26 民録 20 輯 1208 頁）。
③ 請負人が材料を供給している場合であっても，特約（注文者に所有権が帰属）があれば，竣工と同時に注文者に所有権が帰属する（大判大 5・12・13 民録 22 輯 2417 頁）。
④ 注文者が代金の全部または大部分を支払っている場合には，右特約の存在が推認され，特段の事情がない限り，建物の所有権は完成と同時に原始的に注文者に帰属する（最判昭 46・3・5 判時 628 号 48 頁）。

B説：注文者帰属説（有力説）
　請負人に建物の所有権を認めても，土地は，注文者のものであり，収去を余儀なくされる。問題の本質は，請負人の請負代金の支払の確保である。それゆえ，完成目的物の所有権は，初めから注文者に帰属する。

【設例4−5】建築途中の建物への工事と所有権の帰属
　注文者Yは，請負人Aに自己所有の土地上に建物の建築工事を依頼し，Aは，さらにそれをXに一括下請けさせた。Xは，自ら材料を提供し，建築工事を進めていた。しかし，Xが棟上げを終え，屋根下地板を張ったところで，Aが約定の請負報酬を支払わなかったため，工事を中止し，そのまま放置していた。Y・A間でトラブルが生じ，Y・A間の請負契約は合意解除された。Yが他の建築業者であるBに対して続行工事を請け負わせて未完成ながら独立の不動産である建物になったときに引渡しを受けた。
　そこで，Xは，本件建前は，Xの所有にかかる動産であり，Bがこれに続行工事を施して屋根瓦を葺き，荒壁を塗って法律上独立の不動産である建物になったときに，Xは，民法の付合（243 条）の理論により右建物の所有権を取得したと主張して，Yに対し，建物の明渡しを求めた。
　なお，Y・B間には完成建物の所有権は，Yに帰属させる旨の合意がある。

【図7】

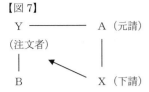

【問題の整理】

Xの主張の意味を考えよう！

Xは，自分に建物の所有権があると主張してYに対して明渡しを請求している。
では，Xは，いかなる理由から建物の所有権が自己に帰属していると考えているのだろうか？

【Xの主張の分析】

建前はXの所有　→　これに対してBが残工事を行い，建物を完成させた
→　243条により完成建物はX所有

【問題1】建前の法的性質—建物はいつから不動産となるか？
　まず，Xの主張の前提は，建前は，Xの所有にかかる動産であるということである。この主張は適切か。
　建物は，不動産であるが，その材料たる木材等は，動産である。そうすると，この動産を組み立てることによって，動産が不動産に変わることになる。
　それでは，動産たる建前は，いつから不動産たる建物になるのであろうか。
　判例は，**木造の居宅につき，工事中の建物であっても，屋根瓦を葺き，荒壁を塗り終え土地に定着する状態であれば，まだ床および天井を具えていなくても不動産たる住宅用建物といってよい**とする（大判昭10・10・1民集14巻1671頁）。なお，建物がまだ不動産にならない状態のものを**建前**といい，**建前は，法律上動産である**とされる。

【問題2】建前はXの所有か？

　建前は，動産であるとして，それでは，それは，Xの所有に属するのだろうか。
　【設例4−5】では，YとA，AとXとの間には，それぞれ請負契約が存在するが，XとYとの間には契約関係は存在しない。しかし，Xは，Aとの間の請負契約に基づき，また，Aは，Xに請負代金を支払っていないから，前述した判例の建物建築請負契約における完成建物の所有権帰属理論によれば，建前の所有権は，Aに帰属することとなる。

【問題3】　付合か加工か？

　Xは，243条に基づき，建前の所有者たる自分に完成建物の所有権が帰属すると主張している。その点については，どのように考えられるか。

　判例は，246条2項によって所有者を決定するとしている（最判昭54・1・25民集33巻1号26頁）。なぜなら，建物の建築においては，材料に対して施される工作が特段の価値を有しているからである。

【参考判例】最判昭54・1・25民集33巻1号26頁
　「建物の建築工事請負人が建築途上において未だ独立の不動産に至らない建前を築造したままの状態で放置していたのに，第三者がこれに材料を供して工事を施し，独立の不動産である建物に仕上げた場合においての右建物の所有権が何びとに帰属するかは，民法243条の規定によるのではなく，むしろ，同法246条2項の規定に基づいて決定すべきものと解する。けだし，このような場合には，動産に動産を単純に附合させるだけでそこに施される工作の価値を無視してもよい場合とは異なり，右建物の建築のように，材料に対して施される工作が特段の価値を有し，仕上げられた建物の価格が原材料のそれよりも相当程度増加するような場合には，むしろ民法の加工の規定に基づいて所有権の帰属を決定するのが相当であるからである。」

　それでは，結論は，判例によると，どうなるのか？
　判例は，Bが施した工事および材料の価格とXが建築した建前のそれとを比較して，前者が後者を遥かに超えるのであるから，本件建物の所有権は，Xにではなく，加工者であるBに帰属するものというべきであるとした。そして，BとYとの間には，所有権の帰属に関する特約が存するのであるから，右特約により，本件建物の所有権は，結局，Yに帰属するとしている。つまり，XのYに対する明渡請求は認められない。

┌───┐
│【しっかり理解しておこう！】
│　判例における付合と加工の使い分けの基準をしっかり理解しよう！
└───┘

（5）添付の効果

　添付により損失を受けた者は，不当利得の規定（703条・704条）に従って，償金を請求することができる（248条）。

【XのYに対する不当利得返還請求】

【請求原因】
　（1）Xが本件建前を所有していたこと
　（2）Yが本件建前に対し，材料を提供し，建物を完成させたこと
　（3）本件建前の価格は，〇〇万円相当であること

　添付の結果として所有権が消滅した場合には，その物について存した他の権利もまた消滅する（247条1項）。

　しかし，右の物の所有者が合成物，混和物または加工物の単独所有者となり，または共有者となったときは，右の物の上に存した権利は，その単独所有物または共有持ち分の上に存続する（同条2項）。

　他方，従物の所有者である場合については，その所有者は，単独所有者となることはなく，また，共有者となることもないので，これについて質権などの物権を有した第三者も，先に述べた原則に従い，その権利を喪失する。しかし，これらの場合には，従物の所有者は，付合物，混和物または加工物の所有者に対して償金請求権を取得するので（248条），第三者の権利は，この債権について存続する（304条・350条・372条）。

【さらに進めて】
　添付により損失を受けた者は，不当利得の規定（703条・704条）に従って，償金を請求することができる（248条）。
　もっとも，償金請求権について考えておくべき問題が2つある。
　第1に，**請求権競合の問題**である。たとえば，【設例4-4】で，建物の賃借人Xの増築部分が賃貸人Yの建物に付合した場合，Xは，Yに対し，248条に基づき，償金請求をすることができる。もっとも，X・Y間には建物の賃貸借契約が存在するから，Xは，Yに対し，608条2項に基づき，有益費の償還を請求することができる。一般的に言えば，これらの請求権のうち，248条によるほうが608条2項によるよりもXにとっては有利である（それについて詳しくは，契約法にゆずる。）。そのため，これらの請求権の関係をどのように考えるかということが問題となる。
　第2に，**押し付け利得の問題**である。たとえば，【設例4-5】①，②で，木の所有者Xが出来上がった工芸品やたんすの所有権を取得するとするならば，Xは，Yの償金請求にさらされることとなる。もちろん，このような問題は，賃借人の賃借人に対する費用償還に関する608条や占有者の回復者に対する費用償還に関する196条2項においても起こりうる。もっとも，後者の場合には，権利行使に一定の歯止めがかかるのに対して（この点について詳しくは，契約法および占有の箇所を参照。），前者にはそのような限定がない。この問題をどう考えるかという問題がある。

5　所有権に基づく返還請求権の要件としての占有

【到達目標】
○占有とは，どのような概念であり，また，いかなる場合に占有を取得することができるかを説明することができる。
○所有権に基づく返還請求権の相手方について，具体例を挙げて説明することができる。

【所有権に基づく請求権の考え方】

①侵害行為の態様は？
↓
②いかなる請求権を用いるか？
↓
③参照条文は何条か？
↓
③要件は何か？
↓
④原告は所有権を有しているか？
↓
⑤どうすると所有権を取得できるか？
↓
⑥被告は占有を有しているか？あるいは，それ以外の占有侵奪（妨害）か？
↓
⑦占有とは何か，占有はどうすると取得できるか？

　所有権に基づく返還請求権が認められるためには，原告が物の所有者であることに加え，**被告が原告の所有物を占有していること**が必要である。被告に占有がない場合には，その者に対する所有権に基づく返還請求は認められない。そこで，被告が占有を有しているかを検討するために，占有とは何か，あるいは，どうすると占有を取得できるのかを理解しておく必要がある。
　また，所有権に基づく妨害排除請求権の要件である「妨害」とは，「占有侵奪以外の方法での所有権の侵害」であるから，その意味でもまずは占有について理解することが重要となる。
　そこで，本章では，所有権に基づく返還請求における占有とは何か，あるいはその占有

はどのように取得されるかについて見ていくことにする。

> 【深める！】
>
> 　現在の訴訟実務においては，所有権に基づく返還請求権を考える際，原告に所有権があるということがまず問題とされる。しかし，本来，所有権に基づく返還請求権の行使において重要なのは，**占有者が被告になるということ**である。たとえば，XとYがある物について所有権を争っている場合を考えよ。この場合，どちらがどちらを訴えるのかが問題となるが，所有権は，それを決める決め手とはならない。
>
> 　こうした所有権の返還請求権の要件をめぐる議論を見ても，現在，占有をめぐる理解には，かなり誤解が見られるが（被告は，占有者なのか？占有侵奪者なのか？），こうした問題については，後に占有保護の問題として改めて触れることとする。

5.1　意義

　占有は，占有者が「自己のためにする意思」をもって物を「所持」することによって成立する（180条）[1]。

5.1.1　自己のためにする意思

　占有が成立するために，所持のほか，占有意思が必要かどうかについては，ドイツ普通法時代から論争があり，立法例も分かれている。わが民法は，占有の成立に自己のためにする意思を必要とするという立場を採用した[2]。

　自己のためにする意思とは，所有者として所持する意思までは必要はなく，**自分が当該物より事実上の利益を受ける意思**をもって所持すれば足り，この意思は，**占有の取得原因から客観的に判断される**（最判昭 58・3・24 民集 37 巻 2 号 131 頁）。そのため，所有者，賃借人，質権者，盗人などは，その地位から当然に「自己のためにする意思」があるとされる。

　また，この意思は，**潜在的・一般的であってもよい**。そのため，郵便受に投入された郵便物についても占有意思があるとされる。

　さらに，占有意思は，**自分の責任において物を所持する者**にも認められる。たとえば，

---

[1]　占有が単なる事実なのか，それとも権利なのかについては，争いがある。わが民法の起草者は，占有が法律または訴訟上保護を受けることから，占有を単なる事実ではなく，権利として規定した。そのため，民法は，占有権という。

[2]　それにもかかわらず，占有意思をめぐっては，なお議論があり，学説では，占有意思を不要とすべきという見解も有力に主張されている。実務では，占有について，「所持」は，占有の発生要件であるが，それが証明されれば，「自己のためにする意思」が推定され，そのため，「自己のためにする意思」は，その不存在が占有発生の障害事由であるとされている。

受寄者，請負人，遺言執行者，事務管理者などは，その有償・無償であるとを問わず，占有意思が認められるとされる。

【ちょっと一言】
　判例は，占有者の「自己のためにする意思」は，占有の取得原因から客観的に判断されるとする。しかし，これは，占有判断と占有権原の判断との明らかな混同である。

5.1.2　所持

所持とは，物を事実上支配している客観的な状況をいう。もちろん，所持者が物を物理的に把握している場合はもちろん，そうでない場合でも，所持が認められる場合がある。たとえば，物を倉庫にいれてその鍵を持っている場合，家屋の中に置いて外出した場合には，物を直接把握していなくてもなお所持がある。また，家屋の所有権者が隣家に居住し，その建物への出入りを日常的に監視できる状況にあるときは，表札や施錠がなくても占有があるとされる（最判昭27・2・19民集6巻2号95頁）。

5.1.3　代理占有

Aが自己所有の家屋をBに賃貸した場合，Aは，家屋の所持をしていない。しかし，Aは，家屋の賃借人であるBを介して間接的にではあるが家屋に対する支配をしていると解される。このような場合には，他人の所持によって，本人が保護を受けるものとする必要がある。そこで，民法は，Aは，Bの所持を介して占有を取得できるものとした。このような関係を**代理占有**（181条）という。これに対して，占有者自らが所持する場合を**自己占有**という。

この場合のAを本人，Bを**占有代理人**という。また，本人を**間接占有者**，占有代理人を**直接占有者**ということもある。

代理占有が成立するためには，①占有代理人が所持を有すること，②占有代理人が本人のためにする意思をすること，③占有代理関係があることを要する（204条参照）。③は，賃貸借や寄託など，占有代理人が本人に返還義務を負う関係があることである。

5.2　占有の取得

5.2.1　一般

占有は，占有者が「自己のためにする意思」をもって物を「所持」することによって成立する（180条）。そのため，自己のためにする意思をもって物を所持することで占有を取

得することができる。

5.2.2　占有（権）の承継取得

　民法は，占有（権）が承継取得されることを認めている。

（1）占有（権）の譲渡

（a）現実の引渡し

　占有権の譲渡は，占有物の引渡しによってすることができる（182条1項）。これを**現実の引渡し**という。

（b）簡易の引渡し

【図1】

```
                          合意
        A ─────────────────── B      物
    （もと所有者・売主）        （買主）
    （賃貸人）                 （賃借人）
```

　譲受人またはその代理人が現に占有物を所持する場合には，占有権の譲渡は，当事者の意思表示のみによってすることができる（182条2条）。これを**簡易の引渡し**という。たとえば，BがAから借りていた動産を後日Aから購入したような場合，Bは，Aにいったん物を返却したうえで，改めてAから物を引渡してもらう必要はなく，A・B間の意思表示のみによって引渡しをしたことにすることができる（【図1】参照）。

（c）占有改定

【図2】

```
        A ─────────────────── B
    （売主）  物              （買主）
```

　代理人が自己の占有物を以後本人のために占有する意思を表示したときは，本人は，これによって占有権を取得する（183条）。これを**占有改定**という。AがBの占有代理人となって引き続き所持する場合であっても，Aが以後Bの占有代理人として所持すべき旨の意

思表示をすれば，Bは，占有を取得することができる（【図2】参照）。

（d）指図による占有移転

【図3】

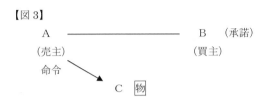

A ——————————— B （承諾）
（売主）   （買主）
命令
　　　C 物

　代理人によって占有をする場合において，本人がその代理人に対して以後第三者のため
にその物を占有することを命じ，その第三者がこれを承諾したときは，その第三者は，占
有権を取得する（184条）。これを**指図による占有移転**という。Aの占有代理人Cが占有を
している目的物につきBも引き続きCによって代理占有をしようとする場合に行われ，A
からCに対して以後Bのために占有すべき旨を命じ，Bがこれを承諾すればよい（【図3】
参照）。占有代理人Cの承諾を要しない。

（2）占有（権）の相続

　相続は，包括承継であるから，かつての判例（大判大4・6・23民録21輯1005頁など）・
学説は，相続によって相続人は，被相続人の人格をそのまま承継するので，相続人固有の
占有を取得することはないとしていた。しかし，現在の判例（最判昭44・10・30民集23
巻10号1881頁）・通説は，相続による占有（権）の承継を肯定している。

【参考判例】最判昭44・10・30民集23巻10号1881頁
　「被相続人の事実的支配の中にあった物は，原則として，当然に，相続人の支配の中に
承継されるとみるべきであるから，その結果として，<u>占有権も承継され，被相続人が死亡
して相続が開始するときは，特別の事情のないかぎり，従前その占有に属したものは，当
然相続人の占有に移ると解すべきである。</u>」

5.3　所有権に基づく返還請求権の相手方

　所有権に基づく返還請求権の相手方は，物の占有者である。この問題は，一見するとそ
れほど難しい問題ではないが，場合によっては，それが問題となることがある。そこで，
以下では，いくつかの問題を取り上げておくこととする。

5.3.1　直接占有者・間接占有者に対する返還請求

【設例 5−1】
　A所有の土地上にBが無権原で建物を建築・所有しているが，Bは，その建物をCに賃貸し，現在，Cが建物に住んでいる。この場合において，AがBまたはCに対して所有権に基づく請求（より正確に言えば，Bに対しては，建物収去土地明渡請求，Cに対しては，建物退去土地明渡請求）をした場合，それぞれの請求は認められるだろうか。

（1）直接占有・間接占有

　すでに述べたが（5.1.3 参照），【設例 5−1】における賃借人Cは，物を直接占有する直接占有者である。他方，Bは，物を直接占有しているわけではないが，Cの占有を介して占有を取得する間接占有者である（181 条）。

（2）請求の相手方

　それでは，自己の土地の所有権を侵害されているAとしては，B，Cのいずれを相手として，所有権に基づく返還請求をすればよいか。
　判例・通説は，**直接占有者（C），間接占有者（B）のいずれについても返還請求の相手方となる**としている（最判昭 34・4・15 集民 36 号 61 頁）。

【参考判例】最判昭 34・4・15 集民 36 号 61 頁
　<u>「建物は，その敷地を離れて存在し得ないのであるから，建物を占有使用する者は，おのづからこれを通じてその敷地をも占有するものと解すべきである。本件において，原判示郵政用地は，訴外社団法人土木建築材料協会が，その上に原判示建築資材展示場を建築してこれを占有し，右建物の中，上告人等（賃借人―括弧内，筆者）が占有使用する部分に該る敷地は，上告人等も亦これを占有して居るものとなさざるを得ない。</u>したがって，原判決が訴外協会において右郵政用地の使用権を喪失した旨判示している以上，原判示建物の中所論部分に該る敷地も亦，上告人等の不法に占有するものとなすべきは当然である。」

5.3.2　占有補助者に対する明渡請求

【設例 5−2】
　Aは，その所有家屋をBに賃貸していたが，Bの賃料不払により賃貸借契約は解除された。もっとも，Bは建物に居住しておらず，その使用人であるCが居住している。この場合において，Aは，Cに対して，建物の明渡しを請求できるか。

（1）占有補助者・占有機関

【設例5−2】における使用人のように，占有者の単なる手足（機関）として物を所持する者を**占有補助者（あるいは占有機関）**という。家族，使用人（最判昭 35・4・7 民集 14巻 5 号 751 頁），法人の機関（最判昭 32・2・15 民集 11 巻 2 号 270 頁〔法人の代表者〕，最判昭 31・12・27 集民 24 号 661 頁〔組合の理事〕）などがこれに当たるとされる。

（2）請求の相手方

それでは，自己の建物所有権を侵害されているAは，Cを相手として，明渡しを請求することができるか。

判例・通説によれば，**占有補助者には独立の占有がない**とされ，本人であるBのみが占有を有しているとされる。

そのため，【設例5−2】では，Cは，返還請求権の相手方とはならず（最判昭 35・4・7民集 14 巻 5 号 751 頁），Bのみが返還請求権の相手方となる（なお，35 年判決によれば，Cは，賃料相当額の損害賠償請求の相手方にもならない。）。

【参考判例】最判昭 35・4・7 民集 14 巻 5 号 751 頁

「使用人が雇主と対等の地位において，共同してその居住家屋を占有しているものというのには，他に特段の事情があることを要し，ただ単に使用人としてその家屋に居住するに過ぎない場合においては，その占有は雇主の占有の範囲内で行われているものと解するのが相当であり，反証がないからといって，雇主と共同し，独立の占有をなすものと解すべきではない。

されば，原判決は当事者間に争いのある事実につき自白の成立を認めたことに帰するのであり，他に特段の事情あることにつき何ら説示せず，たやすく上告人Cの不法占有を認め，家屋明渡のほかに賃料相当の損害金支払の義務までも認めた原判決は，他人の使用人の占有および不法行為に関する法の解釈を誤まり，ひいては審理不尽，理由不備の違法に陥ったものというべく，この部分に関する論旨は結局理由あるに帰し，原判決中上告人Cに対する部分は破棄を免れない。」

5.3.3 実質的所有者・登記名義人に対する明渡請求権

【設例5−3】
A所有土地上にBが建物を無権原で建築した。その後，Bは，この建物をCに譲渡した。しかし，登記名義は，B名義のままであった。この場合に，Aは，建物の登記名義人Bを相手方として建物収去土地明渡しを請求した。この請求は認められるだろうか。

（1）平成6年判決以前の判例・学説

A説：実質的所有者説（判例・通説）

　現実に建物を所有することによって，その土地を占有し，土地所有権を侵害している者のみが明渡請求の相手方となる（最判昭和35・6・17民集14巻8号1396頁〔登記名義人への請求否定〕，最判昭47・12・7民集26巻10号1829頁〔登記名義人への請求否定〕）。

【参考判例】最判昭和35・6・17民集14巻8号1396頁

　「本件においては被上告人（B）は，かつて右家屋の所有者ではあったが，上告人（A）が本件土地を買い取る以前に…中略…右家屋を未登記のまま第三者（C）に譲渡し現在は家屋の所有者でないことは原判決の確定するところである。すなわち被上告人（B）は現在においては右家屋に対しては何等管理処分等の権能もなければ，事実上これを支配しているものでもなく，また，登記ある地上家屋の所有者というにもあたらない。…中略…従って，被上告人（B）は現実に上告人（A）の土地を占拠して上告人（A）の土地の所有権を侵害しているものということはできないのであって，かかる被上告人（B）に対して，物上請求権を行使して地上建物の収去をもとめることは許されないものと解すべきであ」る。

B説：登記名義人説

　実質的所有者説によると，建物所有者は，譲渡契約による建物所有権の喪失を主張して容易に建物収去等の義務を免れることができ，土地所有者は，建物登記簿からはその存在を知ることができない実質的所有権者を捜し出す困難を強いられることになると批判し，実質的所有者と建物名義人のいずれを相手方としてもよいとする。

（2）平成6年判決

　このような判例・学説の状況において，最高裁は，一定の条件の下で，建物の登記名義人に対する建物収去土地明渡請求を認めた（最判平6・2・8民集48巻2号373頁）。

【参考判例】最判平6・2・8民集48巻2号373頁

　「土地所有権に基づく物上請求権を行使して建物収去・土地明渡しを請求するには，現実に建物を所有することによってその土地を占拠し，土地所有権を侵害している者を相手方とすべきである。…中略…

　もっとも，他人の土地上の建物の所有権を取得した者が自らの意思に基づいて所有権取得の登記を経由した場合には，たとい建物を他に譲渡したとしても，引き続き右登記名義を保有する限り，土地所有者に対し，右譲渡による建物所有権の喪失を主張して建物収去・

土地明渡しの義務を免れることはできないものと解するのが相当である。けだし，建物は土地を離れては存立し得ず，建物の所有は必然的に土地の占有を伴うものであるから，土地所有者としては，地上建物の所有権の帰属につき重大な利害関係を有するのであって，土地所有者が建物譲渡人に対して所有権に基づき建物収去・土地明渡しを請求する場合の両者の関係は，土地所有者が地上建物の譲渡による所有権の喪失を否定してその帰属を争う点で，あたかも建物についての物権変動における対抗関係にも似た関係というべく，建物所有者は，自らの意思に基づいて自己所有の登記を経由し，これを保有する以上，右土地所有者との関係においては，建物所有権の喪失を主張できないというべきであるからである。もし，これを，登記に関わりなく建物の「実質的所有者」をもって建物収去・土地明渡しの義務者を決すべきものとするならば，土地所有者は，その探求の困難を強いられることになり，また，相手方において，たやすく建物の所有権の移転を主張して明渡しの義務を免れることが可能になるという不合理を生ずるおそれがある。他方，建物所有者が真実その所有権を他に譲渡したのであれば，その旨の登記を行うことは通常はさほど困難なこととはいえず，不動産取引に関する社会の慣行にも合致するから，登記を自己名義にしておきながら自らの所有権の喪失を主張し，その建物の収去義務を否定することは，信義にもとり，公平の見地に照らして許されないものといわなければならない。

　これを本件についてみるのに，原審の認定に係る前示事実関係によれば，本件建物の所有者であるBはCとの間で本件建物についての売買契約を締結したにとどまり，その旨の所有権移転登記手続を了していないというのであるから，Bは，Aに対して本件建物の所有権の喪失を主張することができず，したがって，本件建物収去・土地明渡しの義務を免れないものというべきである。」

（3）判例の理解

　昭和35年判決，47年判決と平成6年判決の関係をどのように理解すべきか。

　平成6年判決は，最も通常と考えられる事案において，登記名義人が明渡義務を負うことを認めている。

　昭和35年判決の事案は，Bが建物を未登記のままCに譲渡した後，Aの仮処分申請に基づいてB名義の保存登記がなされた事案である。また，昭和47年判決の事案は，B・Cが夫婦で，Bが建物の所有者であったが，C名義で登記した事案である。

→実質的判例変更か？

【考え方の手がかり】

　建物を所有することによって土地を占有し，土地所有権を侵害しているのは，建物所有者である。また，単に登記名義のみを有する者は，建物に対する処分権限を喪失しており，建物を取り壊す権限のないものに建物収去義務を負わせることはできないであろう。それゆえ，実質的所有者説は適切である。

　昭和35年判決および昭和47年判決は，Cが所有者であることに争いがない事案であった。それに対して，平成6年判決では，たしかにB・C間で建物の売買契約がなされたとは言われているものの，Cは，実際には訴訟に現れていない。つまり，平成6年判決では，Cが建物の所有者であるか疑わしい事案であり，そこで，最高裁は，建物の所有者は実質的に判断すること，そして，その判断にあたっては，まず登記が判断要素となるとしたものと考えることができる。

【しっかり理解しよう！】

　平成6年判決は，【設例5−3】における土地所有者と建物譲渡人との関係を「物権変動における対抗関係にも似た関係」と述べている。

　しかし，【設例5−3】における土地所有者と建物譲渡人との関係は，対抗関係とはまったく関係のないことを次章以下でしっかり理解しよう。

　なお，注意すべきなのは，平成6年判決は，登記名義人が明渡義務を免れないとしただけ，つまり，登記名義人も明渡請求の相手にしてもよいというだけで，実質的所有者を相手にしてはならないということではない。

　→【設例5−3】で，Cに対する請求は認められる。

【ちょっと疑問】

　平成6年判決の第1審および原審は，Aの請求を「棄却」している。しかし，「占有」は，請求の被告適格の問題である。そのため，裁判所は，Aの訴えを「棄却」ではなく，「却下」しなければならなかったのではなかろうか。

6 不動産物権変動の対抗要件

【到達目標】
○公示の原則とは，どのような原則であり，なぜそのような原則を認める必要があるのかを説明することができる。

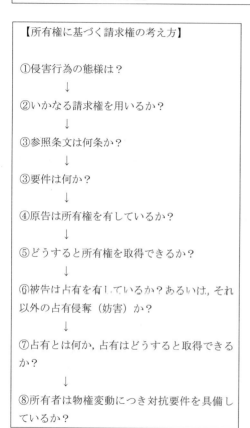

【所有権に基づく請求権の考え方】

①侵害行為の態様は？
　　　↓
②いかなる請求権を用いるか？
　　　↓
③参照条文は何条か？
　　　↓
③要件は何か？
　　　↓
④原告は所有権を有しているか？
　　　↓
⑤どうすると所有権を取得できるか？
　　　↓
⑥被告は占有を有しているか？あるいは，それ以外の占有侵奪（妨害）か？
　　　↓
⑦占有とは何か，占有はどうすると取得できるか？
　　　↓
⑧所有者は物権変動につき対抗要件を具備しているか？

6.1　公示の原則

【図 1】

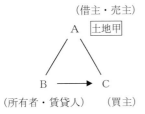

Aが自己所有の土地甲をCに売却し，引渡しをした。ところが，ある日，Bという人物がCのもとにやってきて，甲土地は自分の土地であるから返してほしいと主張している。実は，甲土地は，AがBから借りていたものにすぎなかった（【図 1】参照）。

　この場合，Aは，Bから甲土地を借りているにすぎないから，Aは，甲土地の所有権を有しない。そうすると，Aは，甲について無権利者であるから，無権利者から甲を購入したCも無権利者である。ならば，Bの主張は認められ，Cは，甲土地をBに返還しなければならない。

　このように，**所有権は，権利であるから，外部から認識することができないにもかかわらず，排他性という強い効力を有する。そのため，第三者が不測の損害を被ることがある。**

　そこで，近世の法律は，物権の所在やその内容を何らかの方法によって第三者に公示させる主義を採っている。つまり，誰がその物の所有者かを外部から見てわかるようにさせるのである。これを**公示の原則(Prinzip der Publizität)**という。わが民法も，物権変動について，この公示の原則をとっている（177 条，178 条）。

6.2　公示とその効力

　このように，近世の法律は，公示の原則を採用するが，公示に如何なる効果を持たせるかは，各国の法制度によって違いがある。大別すると，**公示を物権変動（たとえば，所有権の取得）の成立要件とするもの（成立要件主義）**と，**公示を対抗要件とするもの（対抗要件主義）**がある。

> 【公示の機能】
> 　　物権変動の成立要件　　⇔　　物権変動の対抗要件
> 　　（成立要件主義）　　　　　　（対抗要件主義）

成立要件主義は，公示をしなければ，そもそも物権変動の効力を生じないとするもので

あり，ドイツ民法は，この主義をとる。すなわち，ドイツ民法は，公示（登記，引渡の完了）を物権変動の成立要件とする。この主義によれば，公示手段をとらなければ，そもそも所有権を取得できない。

　これに対して，対抗要件主義は，公示を対抗要件とするものであり，物権変動（所有権の取得）は，公示と関係なく生じるが，公示がなければ，物権変動（所有権の取得）を第三者に主張できないとするものである。フランス民法は，公示を，物権変動を第三者に対抗するための要件とする。

　わが民法は，公示を，物権変動を第三者に対抗するための要件としている（177 条，178 条）。この主義によれば，たとえば，売買契約では，売買契約それ自体で買主は所有権を取得することができるが，**買主は，対抗要件を具備しなければ，所有権を取得したということを第三者に対抗する（主張する）ことができない**こととなる。

【超難問】これを理解しないと対抗問題を理解したことにはならない

　公示を成立要件とする主義も，公示を対抗要件とする主義も，所有権の取得者が公示をしなければ，自分が所有者であることを第三者に主張できないのであるから，結論的には，それほど違いはない。

　それでは，公示を物権変動の成立要件とする主義と対抗要件とする主義では何が違うのであろうか。

　たとえば，次の例を考えてみよう。Xの土地上に建物甲が建っている。Xは，甲が邪魔なので，甲の所有者をつかまえて，どけさせたい。甲の登記名義人は，Yとなっている。ところが，Yは，甲は，Zに売却したという（第 5 章【設例 5−3】）。

　すでに述べたように，Xは，甲の所有者をつかまえ（相手にし）て建物収去土地明渡しを請求しなければならない（5.3.3 参照）。

　この場合に，公示を物権変動の成立要件とする主義によれば，甲の所有者は，Zは請求の相手方にはならない。なぜなら，Zの所有権取得について公示がなされていない以上，Zは，建物甲の所有者ではないからである。

　他方，公示を対抗要件とする主義では，公示をしておかなければ，Zが所有権の取得をXに主張できないというだけで，甲のY・Z間の売買契約で甲の所有権は，Zに移転しており，X（第三者）が甲の所有者はZであるということは何ら妨げられない（公示の問題にはならない）から，Xは，Zを相手として建物収去土地明渡を請求することができる。

　これと類似した状況は，717 条の工作物責任の土地工作物の所有者についても生じる。

6.3　対抗要件

　わが民法は，物権変動の公示手段として，不動産と動産をわけ[1]，不動産については，**登記（177 条）**を対抗要件とし，動産については，**引渡し（178 条）**または登記（動産債権譲渡特例法 3 条）を対抗要件としている。

---

[1] **不動産**とは，土地またはその定着物をいう（86 条 1 項）。また，**動産**とは，不動産以外のすべての物をいう（同条 2 項）。

このように，法律は，不動産と動産とで対抗要件をわけて規定しているため，以下では，不動産と動産とにわけて話を進めることとする。

```
【対抗要件】
    不動産      登記（177 条）
    動産        引渡し（178 条）
                登記（動産債権譲渡特例法 3 条）
```

6.4　不動産登記

土地や建物の売買契約によって，その所有権が移転した場合のように，不動産に関する物権変動は，登記をしなければ，第三者に対抗することができない（177 条）。

そこで，不動産物権変動と登記の具体的な問題に入る前に，以下の問題を考えるのに必要な範囲で，不動産登記について簡単に見ておこう。なお，不動産登記をめぐる問題の詳細については，後に改めて論ずることとする。

6.4.1　不動産登記とは

不動産登記とは，不動産に関する権利関係について，国家機関が所定の手続に従って公簿（登記簿）に記載すること，または，このようにして公簿（登記簿）にされた記載のことをいう（不登 11 条参照）。

登記簿とは，登記記録が記載された電磁的帳簿のことである（不登 2 条 9 号）。なお，平成 16 年（2004 年）のオンライン申請の原則化に伴い，登記記録は，磁気ディスク上に記録されることとなるとともに，土地登記簿・建物登記簿の区別がなくなった。

登記事務は，国の機関がつかさどる。この機関を**登記所**という。登記所は，法務局・地方法務局もしくはこれらの支局またはこれらの出張所に置かれており（不登 6 条），登記に関する事務を行う法務事務官を**登記官**という（不登 9 条）。

登記できる権利は，所有権，地上権，永小作権，地役権，先取特権，質権，抵当権，賃借権，配偶者居住権，採石権である（不登 3 条）。

登記官は，申請書の形式的な要件が整っているかだけを審査し，実体的な法律関係については審査しない（**形式的審査主義**）。

6.4.2　登記簿の編成

登記簿は，個々の物ごとに編成される（**物的編制主義**）[2]。登記簿は，表題部と権利部と

---

[2]　これに対して，物の所有者ごとに編成する立場を**人的編制主義**という。

にわかれる。

　表題部とは，「表示に関する登記」が記録される部分であり（不登2条7号），その不動産と他の不動産とを識別するための情報が記載されている（不登27条）。具体的には，所在・地番・地目・地積・家屋番号・種類・床面積などが記載される（不登34条，44条）。表示に関する登記は，177条の登記にあたらない[3]。

　権利部とは，権利に関する登記が記載される部分であり（不登2条8号），この権利部への記載によって，177条の対抗要件としての効力が生ずる。

　権利部には，さらに，**所有権に関する事項（甲区）**と所有権以外の権利（用益物権，担保物権など）**に関する事項（乙区）**がある。

【参照】

〇〇県〇〇市〇〇町〇〇〇〇－〇		全部事項証明書	（土地）
【表題部】（土地の表示）	調製　平成〇〇年〇月〇日	地図番号	余白
【不動産番号】1234567890123			
【所在】〇〇県〇〇市〇〇町〇〇		余白	

【①地番】	【②地目】	【③地積】㎡	【原因及びその日付】	【登記の日付】
9999番3	宅地	100:00	9999番1から分筆	平成〇〇年〇月〇日

【権利部（甲区）】（所有権に関する事項）			
【順位番号】	【登記の目的】	【受付年月日・受付番号】	【原因】	【権利者その他の事項】
1	所有権移転	平成〇〇年〇月〇日第〇〇〇〇号	平成〇〇年〇月〇日売買	所有者　〇〇市〇〇丁目〇番〇号　　　〇〇　〇〇

【権利部（乙区）】（所有権以外の権利に関する事項）			
【順位番号】	【登記の目的】	【受付年月日・受付番号】	【原因】	【権利者その他の事項】
1	抵当権設定	平成〇〇年〇月〇日第〇〇〇〇号	平成〇〇年〇月〇日金銭消費貸借同日設定	債権額　金〇〇〇〇万円利息　年〇％損害金　年〇〇％　年365日日割計算債務者　〇〇市〇〇丁目〇番〇号　　　〇〇　〇〇抵当権者　〇〇県〇〇市〇〇〇丁目〇番〇号　　　株式会社　〇〇〇〇〇〇〇

法務省ＨＰより（http://www.moj.go.jp/MINJI/minji02.htm）

6.4.3　登記の分類

　登記には，その効力に応じた分類として，対抗要件としての効力を有する**本登記**と，予備登記としての**仮登記**がある。登記の本来の効力である対抗力が認められる終局的な登記を本登記という。これに対して，仮登記は，本登記をする準備としてなされる（不登105

---

[3]　ただし，借地関係において，建物の表示に関する登記は，借地権の対抗要件としての登記になる（借地借家10条1項）。

条）。

　また，登記原因に応じた分類として，移転登記，設定登記，保存登記（建物を建築した場合など初めてする所有権の登記），抹消登記，更生登記などがある。

6.4.4　登記手続

　権利に関する登記は，原則として，**登記権利者**（権利に関する登記をすることにより，登記上，直接に利益を受ける者をいう〔不登 2 条 12 号〕。）と**登記義務者**（権利に関する登記をすることにより，登記上，直接に不利益を受ける登記名義人をいう〔不登 2 条 13 号〕。）の申請によって行われる（**共同申請の原則**）（不登 60 条）。

　表示に関する登記は職権ですることができる（不登 28 条）。また，相続または法人の合併による権利の移転登記（不登 63 条 2 項）や，判決による登記（同条 1 項）は，単独で申請することができる。

　なお，旧不動産登記法では，申請当事者が登記所に出頭しなければならなかったが，現在は，オンラインで申請することができる。

6.5　不動産物権変動と第三者

【到達目標】
○177 条の対抗要件主義において，判例・学説の基本的な考え方を踏まえて，第三者（転得者を含む）の主観的要件について，どのような議論があるかを説明することができる。

　ところで，177 条は，「不動産に関する物権の得喪及び変更（これを**物権変動**という。）は，不動産登記法その他の登記に関する法律の定めるところに従いその登記をしなければ，第三者に対抗することができない」としている。

　同条には，2 つの問題がある。まず，『「**物権変動**」は，・・・その登記をしなければ，・・・対抗することができない』。つまり，物権変動は，登記をしないと主張できないというわけである。それでは，すべての**物権変動**について登記がないと**物権変動**を対抗することができないのか，かりにそうではないとするならば，如何なる**物権変動**については，登記がないと**物権変動**を対抗することができないのか，如何なる**物権変動**については，登記がなくても**物権変動**を主張することができるのか，ということが問題となる。

　次に，『物権変動は，・・・「**第三者**」に対抗することができない』。つまり，登記がないと，第三者に対抗することができないというわけである。それでは，**第三者とは，あらゆる第三者をいうのか，かりにそうではないとするのであれば，如何なる第三者に対しては，登記がないと物権変動を主張することができないのか，あるいは，如何なる第三者に対しては，登記がなくても，物権変動を主張することができるのか**，ということが問題となる

以下では，便宜上，第二の問題から取り上げていくこととする。

【物権変動の問題の検討が先か第三者性の問題の検討が先か】

　不動産物権変動と登記の問題に関して，しばしばされる質問に，物権変動の問題を先に考えたほうがよいのか，それとも，第三者性の問題を先に考えたほうがよいのか，ということがある。なお，以下の点については，不動産物権変動と登記の問題を一通り学修してから読み返してほしい。

　さしあたり，訴訟におけるのと同様の考え方をするのであれば，第三者性の問題から検討すべきである。なぜなら，訴訟においては，第三者の第三者性が肯定された場合に，第三者から登記欠缺の抗弁（登記をしていないと不動産物権変動を自分に主張できないという反論）が出されるからである。ただし，答案内での検討順序となると話は別である。

　まず，**背信的悪意者を除き，第三者の第三者性が否定される場合**には，物権変動の問題を先に叙述を進めるべきである。なぜなら，この場合，物権変動と登記の問題を考えなくても，物権変動主張者は，物権変動を主張できることとなるが，この物権変動に登記が必要かどうかが問われている場合があるからである。

　これに対して，**第三者の第三者性が肯定される場合**には，第三者性の問題から叙述を進めるべきである。なぜなら，この場合には，第三者性が肯定されることにより，第三者から登記欠缺の抗弁（登記をしていないと不動産物権変動を自分に主張できないという反論）が出されるからである。そして，この中で，物権変動に登記が必要かどうかが検討されるからである。

　なお，**第三者が背信的悪意者にあたる場合**は，第三者の第三者性が肯定される場合に準じて考えてよく，第三者からの登記欠缺の抗弁に対して，それに対する再反論として，物権変動主張者側から，第三者が背信的悪意者であるとの主張がなされ，そこで，第三者が背信的悪意者か否かが検討されることとなる。

　本章では，以上の点に加え，物権変動と登記の問題を考える際に，無権利者法理の問題が出てくるので，第三者性の問題から触れることとした。

【対抗要件に関する問題検討の進め方】

①不動産物権変動につき登記が必要な第三者か？
　　　　　↓
②登記が必要な物権変動か？
　　　　　↓
③第三者は背信的悪意者ではないか？

6.5.1　177条の第三者

177条は，不動産物権変動は，登記をしなければ，「第三者」に対抗することができないと規定している。

それでは，物権変動を主張する者は，登記をしていないと，あらゆる第三者に対して，物権変動を主張することができないのだろうか。

【設例6－1】
　Xは，AよりA所有の甲土地を買い受けたが，登記はまだ移転していなかった。ところが，Yが甲土地を不法占拠している。Xは，Yに対して，自己がAより右土地を買い受けたことを主張して，土地の明渡しを求めることができるか。

A説：無制限説

あらゆる第三者に対して，登記がなければ，物権変動を主張することができない。

B説：制限説

判例は，177条の第三者を，**当事者もしくはその包括承継人以外の者であって，不動産に関する物権の得喪，変更の登記の欠缺（登記を欠いていること）を主張する正当の利益を有する者**をいうとしている（大判明41・12・15民録14輯1276頁）（制限説）。

この見解によるときは，登記の欠缺を主張する正当の利益を有する者に対しては，登記をしていないと，物権変動を主張することができないが，登記の欠缺を主張する正当の利益を有しない者に対しては，登記がなくても物権変動を主張することができる。

→もっとも，判例の見解によるときは，如何なる者が不動産物権変動に関する登記の欠缺を主張する正当の利益を有する者に当たるかを検討しなければならない。

6.5.2　登記をしないと対抗できない第三者―登記の欠缺を主張する正当の利益を有する者

それでは，いかなる者が登記をしないと対抗できない第三者，すなわち，登記の欠缺を主張する正当の利益を有する者なのであろうか。

（1）物権取得者

【設例6―2】
　Xは，Aから，A所有の甲土地を1,000万円で購入し甲土地の引渡しを受けたが，登記は後日移転する旨を合意した。その後，Yも甲土地を取得したいと考え，Aと交渉したところ，1,200万円で購入する旨合意した。その際，Aは，甲土地をXに賃貸しているので，甲土地の引渡しは後日行うこととし，さしあたり登記のみをYに移転し，代金の支払を受けた。甲土地の登記がY名義になっていることを知ったXは，自己が最初に甲土地をAから購入したとして，Yに対して，登記の抹消を求めることができるか。

【図2】

抹消登記手続請求

　【設例6-2】では，XがYに対して登記の抹消を求める契約法上の請求権はないから所有権に基づきその抹消を求める（妨害排除請求権）こととなる。そこで，Xが甲土地の所有者であることが必要であるが，Xは，X・A間の甲土地の売買契約によって甲土地の所有者になったことをいうことになる。そこで，Yのように，Aから甲土地の所有権を取得した者に対して，Xが，登記がなくても，XA間の売買契約で自分が甲土地の所有者になったと主張することができるかが問題となる。

　　物権取得者に対しては，原則として，登記がないと，物権変動を対抗することができない（最判昭33・10・14民集12巻14号3111頁）。

（2）差押債権者等

【設例6—3】
　Aは，Xに自己所有の土地を売却する契約を締結したが，移転登記は未了であった。そうしたところ，Aの債権者Yが，Aに対する債務名義を取得して土地を差し押さえた。この場合に，Xは，第三者異議の訴え（民執38条）によってYの差押えを排除することができるか。

【図3】

第三者異議の訴え

　判例は，**差押債権者**[4]は第三者に含まれるとしている（最判昭39・3・6民集18巻4号437頁）。

---

[4]　金銭債権の債務者が債務の履行，つまり，金銭の支払をしないとき，金銭債権の債権者は，強制執行（執行機関の強制力によって債務者の財産を差し押さえて，換価し，配当を得ること。）で，債権を回収する。この**強制執行などの申立て**により，**債務者の財産を差し押さえた債権者**のことを**差押債権者**という。

　また，未登記不動産の譲受人は，仮差押債権者，仮処分債権者に対しても，登記がなければ，物権変動を対抗することができない（大判昭9・5・11新聞3702号11頁，大判昭10・11・22判決全集2巻1250頁）。

　さらに，配当加入申立債権者に対しても，登記がなければ，物権変動を対抗することができない（大判明41・12・15民録14輯1276頁）。

【参考判例】最判昭39・3・6民集18巻4号437頁

　「本件不動産につき遺贈による移転登記のなされない間に，亡Aと法律上同一の地位にあるC（【設例6―3】では，A）に対する強制執行として，C（A）の前記持分に対する強制競売申立が登記簿に記入された前記認定の事実関係のもとにおいては，<u>競売申立てをした被上告人（【設例6―3】では，Y）は，前記C（A）の本件不動産持分に対する差押債権者として民法177条にいう第三者に該当し，受遺者（【設例6―3】では，X）は登記がなければ自己の所有権取得をもって被上告人（Y）に対抗できないものと解すべきであ</u>」る。

（3）賃借人

（1）原則―売買は賃貸借を破る

【設例6―4】
　Yは，A所有の土地を借りて建物を建て居住していた。その後，Aは，Xに土地を売却したが，移転登記は未了であった。この場合において，Xは，登記なくしてYに対して賃料を請求したり，あるいは賃料の不払を理由に賃貸借契約を解除したりすることができるか。

【図4】

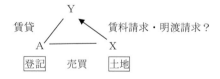

　賃貸借は，賃貸人・賃借人間の相対的な関係であるため，賃借人は，甲土地の新所有者に対して，本来，<u>賃借権を対抗することができない</u>。

（2）例外
（a）不動産賃借権の登記

　不動産の賃貸借は，これを登記したときは，その不動産について物権を取得した者その

他の第三者に対抗することができる（605条）[5]。

（ｂ）借地借家法

借地の場合，土地上の建物の登記をしておけば（借地借家 10 条），また，借家の場合，目的物の引渡しを受けておけば（同 31 条），Ｂは，Ｃに賃借権を対抗することができる。

（3）不動産所有権の譲渡と賃貸人の地位の移転

（ａ）不動産賃貸借が対抗要件を備えている場合

不動産賃借権が対抗力を有する場合，賃貸借関係は，どうなるだろうか。
不動産の賃貸人が当該不動産の譲受人に対抗することができるときは，その不動産の賃貸人たる地位は，その譲受人に移転する（605条の2第1項）。
この場合，賃借人の同意は必要ない。

（ｂ）賃貸人の地位の移転と登記

新賃貸人であるＸが賃借人Ｙに対して賃料を請求し，あるいは賃料の不払を理由に契約を解除するために登記を要するかが問題とされる。
この点につき，605 条の 2 第 3 項は，「第 1 項又は前項後段の規定による賃貸人たる地位の移転は，賃貸物である不動産について所有権の移転の登記をしなければ，賃借人に対抗することができない。」としている。
そのため，土地の所有権を取得した者は，その旨の登記をしていなければ，賃貸人たる地位を土地の賃借人に対して主張することができない（賃料請求について，大判昭 8・5・9 民集 12 巻 1123 頁，解約申入について，最判昭 25・11・30 民集 4 巻 11 号 607 頁，賃料不払による解除について，最判昭 49・3・19 民集 28 巻 2 号 325 頁参照）。

【参考判例】最判昭 49・3・19 民集 28 巻 2 号 325 頁
　「本件宅地の賃借人としてその賃借地上に登記ある建物を所有する上告人は本件宅地の所有権の得喪につき利害関係を有する第三者であるから，民法 177 条の規定上，被上告人としては上告人に対し本件宅地の所有権の移転につきその登記を経由しなければこれを上告人に対抗することができず，したがってまた，賃貸人たる地位を主張することができないものと解するのが，相当である。」

---

[5]　判例によれば，賃借人に賃貸人に対する登記請求権はない（大判大 10・7・11 民録 27 輯 1378 頁）。そのため，賃借権の登記がなされることは，実際上，ほとんどない。

6.5.3　登記がなくても対抗できる第三者—登記の欠缺を主張する正当の利益を有しない者

（１）無権利者

同一不動産上に何ら実質的な権利を持たない者には登記なくして対抗できる（最判昭 34・2・12 民集 13 巻 2 号 91 頁）。

たとえば，冒用登記・仮装登記など無効な登記名義人，物権取得原因たる契約の無効・取消によって権利を取得していないとされる者あるいは前主が無権利者であるため，権利を取得できなかった者である。

（２）不法行為者・不法占拠者

A所有の建物を譲り受けたBが未登記の間にCが不法にそれを壊した場合（大判明 41・12・15 民録 14 輯 1276 頁），あるいは，不法にそれを占拠する場合に（最判昭 25・12・19 民集 4 巻 12 号 660 頁），Cに損害賠償を請求し，あるいは，明渡しを請求するために，Bは，登記なくしてCに対抗することができる。

（３）転々移転した場合の前主または後主

不動産がAからB，BからCへと転々移転した場合に，Cからの登記請求に対して，Aは，Cの登記の欠缺を主張できないし，Cは，A・B間の移転につきその登記の欠缺を主張することができない（最判昭 43・11・19 日民集 22 巻 12 号 2692 頁）。

（４）一般債権者

判例は，一般債権者は，いまだ不動産上に物権的支配を相争う関係にないことを理由に第三者に当たらないとする（大判大 4・7・12 民録 21 輯 1126 頁）。

（５）不動産登記法 5 条にあたる者

不動産登記法 5 条に当たる者も，177 条の第三者にあたらない。詐欺または強迫によって登記の申請を妨げた者(不登 5 条 1 項)，または他人のために登記を申請する義務のある者，たとえば，法定代理人，破産管財人，受任者など（同条 2 項）がそれにあたる。

（6）背信的悪意者

【設例 6−5】
① 【設例 6−2】（二重売買）において，ＹがＸＡの売買契約を知っていた場合，Ｘは，Ｘは，Ｙに対して，土地の引渡しおよび登記の抹消を請求することができるか。
② 【設例 6−2】（二重売買）において，ＹがＸに土地を高値で売り付けようと考え，Ａから 800 万円で土地を購入し，土地の引渡しおよび登記も完了した（Ａは，Ｙに多額の借金をしており，断れなかった。）。この場合に，Ｘは，Ｙに対して，土地の引渡しおよび登記の抹消を請求することができるか。

【図 5】

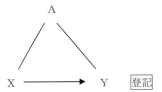

　すでに述べたように，物権変動を主張する者は，登記をしていなければ，物権変動を第三者に対抗することができない（177 条）。

　それでは，第三者ＹがＸＡ間の物権変動を知っていたり，あるいは積極的に物権変動を主張する者Ｘを害する目的で，所有権を取得したりしたような場合にも，Ｘは，登記をしていなければ，Ｙには物権変動を主張することができないのであろうか。

（ａ）第三者の主観的要件

　【設例 6−5】①では，Ｙは，Ａ・Ｘ間の売買を知りながら（悪意），Ａから土地を購入している。それに対して，【設例 6−5】②では，Ｙは，単にＡ・Ｘ間の売買を知っているというだけでなく，Ｘに高値で売り付けるためにＡから安く土地を購入している。

Ａ説：悪意者排除説
　学説の一部は，登記制度が取引の安全を保護することを目的とするもので，悪意の第三者まで保護する必要はないとして，悪意者に対しては登記がなくても対抗できるとしている。

Ｂ説：背信的悪意者排除説（判例・通説）
　判例・通説は，悪意の第三者も自由競争の範囲内にある限り，177 条の第三者に含まれるが，不動産登記法 5 条に匹敵するような自由競争の枠を超える「背信的悪意者」は，第三

者から除外されるとしている。

→判例・通説によれば，【設例 6−5】①では，Y は，単なる悪意者にすぎないから，177 条の第三者にあたる。そのため，X は，登記をしていなければ，Y に対して，自分が土地の所有権を取得したことを主張することができない。

（ｂ）背信的悪意者とは

　判例・通説によれば，Y が背信的悪意者にあたる場合には，X は，登記をしていなくても，自分が土地の所有権を取得したことを Y に主張することができる。それでは，背信的悪意者とは，如何なる者をいうのであろうか。

　背信的悪意者とは，**悪意であり，かつ，登記欠缺の主張が信義則に反する者**をいう。

（ｃ）具体例6

（ア）当該物権変動を前提として行動した者またはそれに協力し，もしくはその実現に協力すべき立場に立った者（最判昭 31・4・24 民集 10 巻 4 号 417 頁，最判昭 35・3・31 民集 14 巻 4 号 663 頁，最判昭 43・11・15 民集 22 巻 12 号 2671 頁，最判昭 44・1・16 民集 23 巻 1 号 18 頁）。

【最判昭 43・11・15 民集 22 巻 12 号 2671 頁】
　A は，B に山林を贈与したが，数年後に権利関係に関して争いが生じた。その後，B が所有権者と確認し，A は，B に移転登記をする旨の和解が成立した。この和解の立会人 C は，共有林の配当金を A に払いすぎたとして，A に対し不当利得返還の訴えを提起し，勝訴するや否や，A 名義になっていた右山林を差し押さえた。B が第三者異議の訴えを提起した。

（イ）当該権利取得者に対する害意ないし権利取得の対抗要件の欠如に付け込んで寄生者的利益を目指した者（最判昭 36・4・27 民集 15 巻 4 号 901 頁，最判昭 43・8・2 民集 22 巻 8 号 1571 頁）。

【最判昭 43・8・2 民集 22 巻 8 号 1571 頁】
　A は，B に山林を売却した。その後，C は，すでにこれを B が買い受けているが未登記であるのを奇化として，B に高値で売却しようと A から安値で買いうけた。C は，いったん D にこれを売却したが，D が B に対して所有権確認の訴えを提起すると，D から買い受けて訴訟に参加した。

（ウ）自己が当該物権に法律上の利害関係をもつに至る際の行為の態様に背信性を認められる者（最判昭 44・4・25 民集 23 巻 4 号 904 頁）。

6　悪意者排除論の論者は，具体的な事実関係においては悪意者と背信的悪意者との区別が曖昧で，判例は，悪意者も背信的悪意者として扱っているとしている。

【最判昭44・4・25民集23巻4号904頁】
土地建物がAからBに贈与されたが，登記はAのままだった。BがAに対し，処分禁止仮処分をしている間にA・Bと長年交際している不動産斡旋業者Cが係争中であることを知り，Bを欺罔して仮処分を取り下げさせ，Bの登記経由を妨げるのに協力したうえ，Aから右不動産を譲り受けた。

（エ）譲渡人と密接な特殊関係（夫婦，兄弟など）にあり，利害一体とみなされる者（最判昭48・4・12金判369号8頁）。

（オ）そのほか

第一買主が不動産を占有している事情，第二買主がさしあたり不動産を使用する必要性がない事情，第一買主が代金を支払済みであるか大部分支払済みである事情などが判断要素となる。

6.5.4 背信的悪意者からの転得者

【設例6−6】
① 【設例6−5】②において，Yが土地をさらに事情を知らないZに転売した場合に，Xは，Zに対して，土地の引渡しおよび登記の抹消を請求することができるか。
② 上記①とは反対に，Yが善意であり，Zが背信的悪意者である場合に，XのZに対する土地の引渡しおよび登記の抹消請求は認められるか。

【図6】

【設例6−6】①　　【設例6−6】②

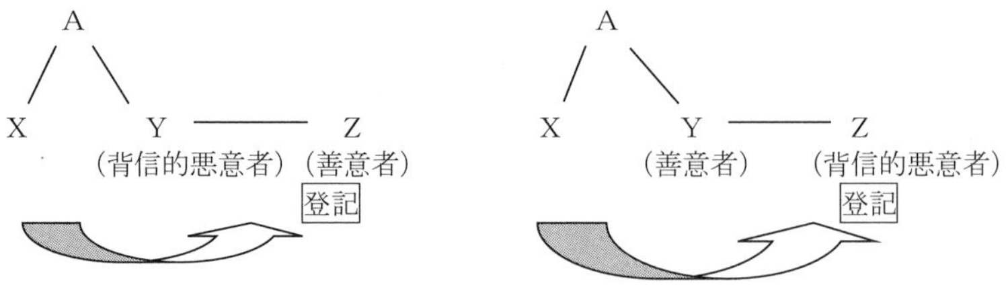

（1）学説

A説：絶対的構成
Cの所有権取得は，確定的（絶対的）で，後に背信的悪意者が登場しても自体は変わらない。

B説：相対的構成
所有権取得の効力は，取得者各々について個別的（相対的）に判断する。

（2）判例

　判例は，【設例 6－6】①において，D が B に対する関係で背信的悪意者と評価されない限り，177 条にいう第三者に含まれるとしている（最判平 8・10・29 民集 50 巻 9 号 2506 頁）。

【参考判例】最判平 8・10・29 民集 50 巻 9 号 2506 頁
　「ところで，所有者甲から乙が不動産を買い受け，その登記が未了の間に，丙が当該不動産を甲から二重に買い受け，更に丙から転得者丁が買い受けて登記を完了した場合に，たとい丙が背信的悪意者に当たるとしても，丁は，乙に対する関係で丁自身が背信的悪意者と評価されるのでない限り，当該不動産の所有権取得をもって乙に対抗することができるものと解するのが相当である。けだし，（1）丙が背信的悪意者であるがゆえに登記の欠缺を主張する正当な利益を有する第三者に当たらないとされる場合であっても，乙は，丙が登記を経由した権利を乙に対抗することができないことの反面として，登記なくして所有権取得を丙に対抗することができるというにとどまり，甲丙間の売買自体の無効を来すものではなく，したがって，丁は無権利者から当該不動産を買い受けたことにはならないのであって，また，（2）背信的悪意者が正当な利益を有する第三者に当たらないとして民法 177 条の「第三者」から排除される所以は，第一譲受人の売買等に遅れて不動産を取得し登記を経由した者が登記を経ていない第一譲受人に対してその登記の欠缺を主張することがその取得の経緯等に照らし信義則に反して許されないということにあるのであって，登記を経由した者がこの法理によって「第三者」から排除されるかどうかは，その者と第一譲受人との間で相対的に判断されるべき事柄であるからである。」

　また，下級審裁判例であるが，【設例 6－6】②のケースで相対的構成をとったものがある。
　事案を簡略化して述べると，次のとおりである。本件土地は，もと A の所有であった。Y は，X 会社の営業課長であり，用地取得業務の責任者であった。本件土地は，A から B 会社，B 会社から C 会社，C 会社から X 会社に売却された。ところが，所有権移転登記は，A から B になされただけで，B は，D に，D は，Y に移転登記を行った。なお，B 会社は，X が土地を買収する際に，地主との間に右会社を介在させて，本来の買収価格に上乗せした価格で X 会社に買収させることにして，その差額をマージンとして取得することをもくろんで Y が成立した会社である。
　東京高判昭 57・8・31 下民集 33 巻 5＝8 号 968 頁は，Y が，X 会社の実質上の主宰者として本件土地の取引に深く関与し，右土地につき X 会社へ所有権移転登記をしなければならないことを十分に知悉しながら，B をして右土地を D に譲渡させて右義務の履行を不能ならしめ，しかも自ら D から所有権の譲渡を受けたものである等の事情があるときは，Y は，いわゆる背信的悪意者に当たり，たとえ中間に善意の第三取得者が介在するとしても，その悪意は遮断されることなく，X 会社の所有権取得について登記の欠缺を主張する正当

な利益を有する第三者に当たらないとした。

【参考裁判例】東京高判昭57・8・31下民集33巻5=8号968頁

「YはX及びBにおける前述の地位，役割において，本件土地がBからCへ次いでXへ順次その所有権移転登記がなされるべき関係を自ら作出しておきながら，他方，Bをして本件土地をDへ譲渡させて右義務の履行を不能ならしめ，しかも自らDから所有権の譲渡を受けてその旨の登記を経由した者であるから，信義則に照らし，Xの本件土地の所有権取得につきその旨の登記の欠缺を主張する正当の利益を有する者と認めるのは相当ではない（いわゆる背信的悪意者）。…中略…しかし，背信的悪意論は，Yの主張するように，信義則の理念に基づいて背信的悪意者を登記制度の庇護の下から排斥せんとする法であるから，登記欠缺者と当該背信的悪意者間の法律関係について相対的に適用されるべきものであり，善意の中間取得者の介在によって，その適用が左右される性質のものではないと解するのが相当である。蓋し，斯く解したからとて，その適用の結果が中間に介在する善意の第三取得者の法律関係，法的地位に影響を及ぼすものでもなく，又反面，Xの主張するような，悪意の遮断を認めると，善意の第三者を介在させることにより背信的悪意者が免責されるという不当な結果を認めることになるからである。」

【考えておこう！】
　平成8年判決の事案において，Yは，本当に善意だったのか。判例集を読んで事案を確認しておこう。また，平成8年判決の理由づけが【設例6-6】②のケースにもあてはまるだろうか。さらに，【設例6-6】②のケースで，相対的構成をとった場合に，如何なる問題が生ずるかを検討せよ。

6.5.5　通行地役権

【設例6-7】
　Xは，A所有の甲土地上を通行するために通行地役権を設定し，日ごろ通行していた。なお，右通行地役権は登記されていなかった。ところが，甲土地は，後日，Yに売却された。Xは，Yに対して，通行地役権を主張することができるか。

地役権[7]の取得は，登記をしなければ，第三者に対抗することができない（177条）。
　もっとも，判例は，通行地役権の承役地[8]が譲渡された場合に，「譲渡の時に，右承役地が

---

[7]　**地役権**とは，設定行為で定めた目的に従い，他人の土地を自己の土地の便益に供する権利である（280条）。**通行地役権**とは，他人の土地を通行するための地役権をいう。
[8]　地役権において，便益を要する土地を**承役地**，便益を受ける土地を**要役地**という。たとえば，A土地の所有者がBの土地を通行する場合，Aの土地が要役地，Bの土地が承役地となる。

要役地の所有者によって継続的に通路として使用されていることがその位置，形状，構造等の物理的状況から客観的に明らかであり，かつ，譲受人がそのことを認識していたか又は認識することが可能であったときは，譲受人は，通行地役権が設定されていることを知らなかったとしても，特段の事情がない限り，地役権設定登記の欠缺を主張するについて正当な利益を有する第三者に当たらない」とし，通行地役権者は，承役地の譲受人に対して，登記なしに通行地役権を対抗できるとしている（最判平 10・2・13 民集 52 巻 1 号 65 頁）[9]。また，通行地役権の承役地が**担保不動産競売により売却された場合**にも，最先順位の抵当権の設定時に，同様の要件を充足していれば，特段の事情がない限り，登記がなくとも，通行地役権は売却によって消滅せず，通行地役権者は，買受人に対して，通行地役権を主張することができるとしている（最判平 25・2・26 民集 67 巻 2 号 297 頁）。

【平成 10 年判決をどう読むか？】

　平成 10 年判決（最判平 10・2・13）は，その一般論だけを見ると，悪意者および過失ある第三者も 177 条の第三者にあたらないとしているように読むこともできる。そうすると，物権取得者は，悪意・有過失の第三者にも登記なくして，物権変動を主張することができることとなる。

　しかし，学説の多くは，通行地役権は，登記されることが少ないこと，また，現地見分をすれば，その存在はすぐにわかること，さらに，地役権を認めても承役地の所有者の負担は小さいが，それを認めないと要役地の所有者の損失は大きいことなどの理由から，通行地役権についてのみ背信的悪意者以外の第三者に対して，登記なくして，その対抗を認めたものであるとして，この判例の射程を通行地役権に限定している。

---

[9]　通行地役権の承役地の譲受人が地役権設定登記の欠缺を主張するについて正当な利益を有する第三者に当たらず，通行地役権者が譲受人に対し登記なくして通行地役権を対抗できる場合には，通行地役権者は，譲受人に対して，同権利に基づいて地役権設定登記手続を請求することができ，譲受人は，これに応ずる義務を負う（最判平 10・12・18 民集 52 巻 9 号 1975 頁）。

6.6 登記を必要とする物権変動

【到達目標】
○177条がどのような原因に基づく物権変動に適用されるかについて，判例や学説の考え方を説明することができる。

6.6.1 登記が必要な物権変動の範囲

【設例6−8】
　Aが隠居してXが家督を相続したが，相続財産に含まれる土地について，Xは，登記を経由していなかった。その後，Aは，Yに右土地を売却し，移転登記も済ませた。この場合において，Xは，家督相続により土地の所有権を取得したことを根拠として，Yに対して，登記の抹消を請求することができるか。

【図7】

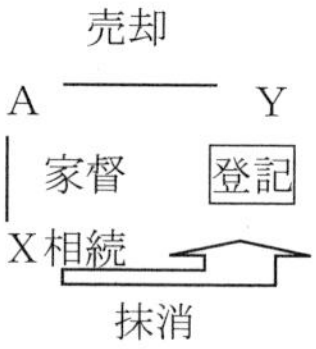

```
       売却
      ┌───────── Y
  A ──┤
      │  家督   ┌登記┐
      │
  X 相続    ⬆
      └─────────
       抹消
```

　177条は，「不動産に関する物権の得喪及び変更は，…中略…その登記をしなければ，第三者に対抗することができない」とする。これによれば，物権変動があった場合には，常に登記がなければ，第三者に物権変動を対抗できないと考えることもできる。しかし，判例・学説は，古くは，177条は，176条との関係で存在するから，177条の適用は意思表示による物権変動に限定されると理解していた（**制限説**）（大判明38・12・11民録11輯1736頁）。ところが，その後，判例は，177条は，不動産に関する物権の得喪・変更が意思表示により生じた場合だけでなく，家督相続[10]のように法律の規定により生じた場合にも適用されるとした（大連判明41・12・15民録14輯1301頁）（【設例6—8】参照）。

【参考判例】大連判明41・12・15民録14輯1301頁
　「第百七十七条ノ規定即チ物権ノ得喪及ヒ変更ニ付テノ対抗条件ノ規定カ前顕第百七十

---

[10]　**家督相続**とは，家制度を前提とする民法旧規定において，戸主の地位を承継する身分相続のことである。家督相続は，戸主の死亡，隠居などによって開始される。第二次大戦後の民法改正により廃止された。そのため，現行法のもとでは，【設例6—8】のような問題は起こらない。

六条ノ規定ノ次条ニ在ルトノ一事ヲ以テ第百七十七条ノ規定ハ独リ第百七十六条ノ意思表
示ノミニ因ル物権ノ設定及ヒ移転ノ場合ノミニ限リ之ヲ適用スヘキモノニシテ其他ノ場合
即チ意思表示ニ因ラスシテ物権ヲ移転スル場合ニ於テ之ヲ適用スヘカラサルモノトスルヲ
得ス何トナレハ第百七十七条ノ規定ハ同一ノ不動産ニ関シテ正当ノ権利若クハ利益ヲ有ス
ル第三者ヲシテ登記ニ依リテ物権ノ得喪及ヒ変更ノ事状ヲ知悉シ以テ不慮ノ損害ヲ免ルル
コトヲ得セシメンカ為メニ存スルモノニシテ畢竟第三者保護ノ規定ナルコトハ其法意ニ徴
シテ毫モ疑ヲ容レス而シテ右第三者ニ在リテハ物権ノ得喪及ヒ変更カ当事者ノ意思表示ニ
因リ生シタルト将タ之ニ因ラスシテ家督相続ノ如キ法律ノ規定ニ因リ生シタルトハ毫モ異
ナル所ナキカ故ニ其間区別ヲ設ケ前者ノ場合ニ於テハ之ニ対抗スルニハ登記ヲ要スルモノ
トシ後者ノ場合ニ於テハ登記ヲ要セサルモノトスル理由ナケレハナリ加之家督相続ノ如キ
法律ノ規定ニ因リ物権ヲ取得シタル者ニ於テハ意思表示ニ因リ物権ヲ取得シタル者ト均シ
ク登記法ノ定ムル所ニ従ヒ登記ヲ為シ以テ自ラ其権利ヲ自衛シ第三者ヲモ害セサル手続ヲ
為シ得ヘキハ言ヲ俟タサル所ナレハ其間敢テ区別ヲ設ケ前者ハ登記ヲ為サスシテ其権利ヲ
第三者ニ対抗シ得ルモノトシ後者ノミ登記ナクシテ其権利ヲ第三者ニ対抗シ得サルモノト
スルノ必要ヲ認ムルニ由ナケレハナリ故ニ原院ニ於テ本件ノ如キ隠居ニ因ル不動産ノ取得
モ亦民法第百七十七条ノ適用ヲ受ケ其登記ヲ為スニ非サレハ第三者ニ対抗スルヲ得サルモ
ノト判定シタルハ結局其当ヲ得タルモノニシテ本上告論旨ハ其理由ナキモノトス

　判例によれば，一方で，登記の必要な物権変動は，意思表示による物権変動に限られな
いが，他方で，登記の要不要を判断する理由は，第三者の保護（取引の安全）や物権取得
者の帰責性によることとなる。もっとも，第三者保護の必要性や物権取得者などの帰責性
は，事案によって，その程度が異なるため，登記の要不要の問題は，個別具体的に考えて
いくしかないということとなる。

6.6.2　法律行為による物権変動[11]

（1）契約による物権変動

【設例6−9】
　Xは，AからA所有の甲土地を1,000万円で購入し，甲土地の引渡しを受けたが，登記
は，後日移転することにした。ところが，その後，Yが甲土地を1,200万円で購入したい
というので，Aは，Xに甲土地を売却したことを秘して，Yに甲土地を売却し，その旨の
登記を済ませた。そこで，Xは，甲土地を購入したことにより，自己が甲土地の所有者に
なったことを根拠として，Yに対して，登記の抹消を請求することができるか。

11　法律行為とは，一定の法律効果を発生させようとする意思を表示する行為である。契約
がその典型例である。

【図8】

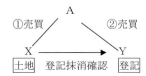

（a）請求権から考えると？

　【設例6—9】では，Ｘ・Ｙ間に契約はないから，ＸがＹに対して，契約上の請求権によって甲土地の抹消登記手続を請求することはできない。

　そこで，Ｘは，Ａから甲土地を購入したことにより，自分（＝Ｘ）が甲土地の所有者であることを根拠として，Ｙに対して，抹消登記手続を請求することになる。

　ＸがＹに対して，所有権に基づいて甲土地の抹消登記手続（妨害排除）を請求するためには，①Ｘが甲土地の所有者であること，および②Ｙが登記を有していることが必要である。

　そして，要件①について，Ｘは，Ｘ・Ａ間の甲土地の売買契約によって，所有者になったと主張することになる。

　もっとも，このことは，Ｙに対して，Ｘ・Ａ間の物権変動（売買による所有権の移転）を主張していることになる。また，Ｙは，すでに見たように，Ａから甲土地を購入した者あるであるから，登記の欠缺を主張する正当な利益を有する第三者である。そのため，Ｘは，本来，登記をしていないと，Ｙに対して，Ｘ・Ａ間の物権変動を主張できないはずである。ただ，Ｘ・Ａ間の物権変動が登記がなくても対抗できる物権変動であるならば，Ｘは，登記なくして，Ｙに物権変動を対抗できるから，Ｘ・Ａ間の売買契約による所有権の移転が登記を要する物権変動であるか否かが問題となる。

（b）登記の要不要

　この点につき，【設例6—9】におけるように，**売買契約や贈与による所有権の移転や，抵当権の設定など，法律行為によって物権変動が生じた場合に登記が必要であることは疑いがない。**

　その結果，ＸがＹよりも先に土地を購入したとしても，Ｘが売買契約につき対抗要件を具備していない以上，売買契約による所有権の移転をＹに対抗（主張）することはできない。

　なお，譲受人のいずれもが登記を具備していないときは，互いに相手方に対し，物権変動を主張することができない（大判昭9・5・1民集13巻734頁）。

【ＸのＹに対する所有権に基づく妨害排除請求権としての抹消登記手続請求】

【請求原因】
　　（1）甲土地の売買契約当時，Ａは，甲土地の所有者であったこと
　　（2）Ｘ・Ａ間で甲土地の売買契約が締結されたこと
　　（3）甲土地の登記名義がＹ名義になっていること

（対抗要件）

【抗弁Ⅰ】

　　（1）A・Y間で甲土地の売買契約が締結されたこと

　　（2）Xが登記を具備するまでXを権利者と認めないとの権利主張

【再抗弁Ⅰ】

　　Xが対抗要件を具備していること

【再抗弁Ⅱ】

　　Yが登記の欠缺を主張する正当な利益を有する第三者ではないこと

（2）契約の取消し

【設例6—10】

① Xは，Aに騙されて自己所有の土地（甲）をAに売却した。Aは，甲土地をただちにAの詐欺について善意・無過失のYに転売した。なお，登記はまだAのもとにある。その後，Xは，詐欺を知り，XA間の契約を取り消した。この場合に，Xは，詐欺取消によって所有権が自分に戻ってきたことを理由に，Yに対して，甲土地の明渡しを請求することができるか。

② ①において，XがAとの契約を取消したのちに，AがYに甲土地を売却して，移転登記を行った場合はどうか。

（a）取消前の第三者（【設例6—10】①）

【図9】

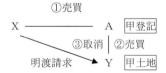

（ア）Xによる取消の主張

　XY間には契約はないため，XがYに対して，契約に基づき甲土地の明渡しを求めることはできない。

　そこで，Xは，Aとの契約を詐欺に基づき取り消したことを根拠として，自己に所有権

が戻ってきたとして，所有権に基づきその明渡しを請求することとなる[12]。

　もっとも，Ｘは，詐欺取消により所有権が戻ってきたことを根拠としてＹに甲土地の明渡しを請求するのであるから，Ｘが，詐欺取消により所有権が戻ってきたことを主張するために，登記をしている必要があるか否かが問題となる。

　判例・通説は，このようにＸがＡとの契約を取り消す前に第三者が利害関係を有するに至った場合には，Ｘは，登記なくして第三者に詐欺による取消しあるいはそれによる物権変動を主張できるとする（大判昭4・2・20民集8巻59頁）。なぜなら，さもなければ，法律が詐欺・強迫された者に取消しを認めた意味がなくなるし，また，実際上，詐欺・強迫された者に取消前に登記をしておくことを要求することは，不可能を強いることとなるからである（取消した者は，契約を取り消して初めて登記の返還を要求することができる。）。

　これによれば，Ｘは，甲の登記を有さなくても，甲の返還を請求することができそうである。

（イ）第三者の保護

【登記欠缺の抗弁と第三者保護との関係】
　Ｘの請求に対して，Ｙからの反論として，登記欠缺の抗弁と96条3項による保護が考えられる。この場合，いずれの反論から検討するかが問題となる。
　この場合には，**登記欠缺の抗弁から検討すべきである**。なぜなら，登記欠缺の抗弁は，Ｘの請求にかかわる反論だからである。かりに物権変動につき登記が必要であるとするならば，請求者が登記をしていない場合には，その請求自体認められず，それで第三者は保護されるのであるから，第三者が，積極的に自己が保護される理由を主張しなくてもよいからである。

　ところで，96条3項によれば，詐欺取消は，善意・無過失の第三者に対抗することができない[13]。

　そこで，Ｙが善意の第三者として保護されないかという問題が生じる。

（ⅰ）96条3項の「第三者」

　Ｙは，96条3項の第三者たりうるか？

　判例は，96条3項の第三者を**取消前にその行為の効力につき利害関係を有する者**として

---

[12]　表意者が錯誤によって意思表示をした場合や相手方もしくは第三者の詐欺・強迫によって契約が締結された場合など，意思表示に瑕疵があるとき，表意者は，契約（意思表示）を取り消すことができる（95条・96条1項）。契約（意思表示）が取り消された場合には，契約（意思表示）は，遡及的に消滅する（121条）。言い換えれば，初めから契約（意思表示）が締結されなかったのと同じ状態に置かれる。

[13]　このような規定のない強迫取消については，以下の問題は生じない。

いる（大判昭 17・9・30 民集 21 巻 911 頁）。
　→本件でYは，XがX・A間の売買契約を取り消す以前にAから甲を購入しているのであるから，Yは，96 条 3 項の第三者足りうる。

（ⅱ）善意・無過失

　それでは，善意・無過失の第三者とは，如何なる者をいうのであろうか。判例・通説によれば，**善意**とは，**詐欺について知らないこと**をいう。また，**無過失**とは，**知らないことについて過失がないこと**をいう。なお，**善意・無過失の判定基準時は，第三者がＸＡ間の契約につき利害関係を有するに至った時点**である。
　→本件では，Yは，Aの詐欺について善意・無過失であるならば，96 条 3 項の第三者として保護される。

（ⅲ）96 条 3 項の第三者と登記

　ところで，96 条 3 項によれば，Yはこれで保護されるように思われるが，判例・学説は，Yが保護されるために，さらにYが登記をしていることを要するか，ということを問題とする。

A説：登記不要説（判例）
　判例は，96 条 3 項は，意思表示の有効なことを信頼して新たに利害関係を有するに至った者の地位を保護しようとする趣旨の規定であるから，必ずしも，所有権その他の物権の転得者で，かつ，これにつき対抗要件を備えた者に限定しなければならない理由は見出し難いとして，登記不要説の立場をとっている（最判昭 49・9・26 民集 28 巻 6 号 1213 頁）。

【参考判例】最判昭 49・9・26 民集 28 巻 6 号 1213 頁
　「民法 96 条 1 項，3 項は，詐欺による意思表示をした者に対し，その意思表示の取消権を与えることによって詐欺被害者の救済をはかるとともに，他方その取消の効果を『善意の第三者』との関係において制限することにより，当該意思表示の有効なことを信頼して新たに利害関係を有するに至った者の地位を保護しようとする趣旨の規定であるから，右の第三者の範囲は，同条のかような立法趣旨に照らして合理的に画定されるべきであって，必ずしも，所有権その他の物権の転得者で，かつ，これにつき対抗要件を備えた者に限定しなければならない理由は，見出し難い」

B説：登記必要説
　第三者は，対抗要件としての登記ではなく，権利保護要件として登記を要する。第三者は，真の権利者の不利益のもとで不動産の権利を取得する。それゆえ，第三者としても取

引上できる限りのことはやるべきであり，それゆえ，不動産取引においては，登記を得ておくべきである。

【昭和49年判決の事案を確認しておこう！】
　昭和49年判決の事案においては，Aが仮登記を受けた農地について，Yは，付記登記を経由していた。そのため，登記必要説の立場でも説明しうる事案であった。それゆえ，昭和49年判決が登記不要説をとったとまで言い切れるかは疑問もある。

（ｂ）取消後の第三者（【設例6－10】②）

【図10】

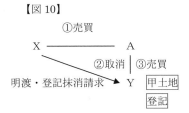

　X・Y間には契約はないため，XがYに対して，契約に基づき甲土地の明渡しを求めることはできない。

　そこで，Xは，Aとの契約を詐欺に基づき取り消したことを根拠として，自己に所有権が戻ってきたとして，所有権に基づきその明渡しを請求することとなる。

　もっとも，Xは，詐欺取消により所有権が戻ってきたことを根拠として，Yに対して，甲土地の明渡しを請求するのであるから，Xが，詐欺取消により所有権が戻ってきたことを主張するために，登記をしている必要があるか否かが問題となる。

A説：登記必要説（判例）

　判例は，取消後に第三者が利害関係を有するに至った場合には，取消しによる物権変動を主張する者は，登記をしなければ第三者に対抗することができないとする（大判昭17・9・30民集21巻911頁）。なぜなら，取消によるAからXへの所有権の復帰（**復帰的物権変動**）とAからYへの譲渡による所有権の移転が二重譲渡と同様の関係になるからである。

【参考判例】大判昭17・9・30民集21巻911頁

　「本件売買カ…中略…詐欺ニ因リ取消シ得ヘキモノナリトセハ本件売買ノ取消ニ依リ土地所有権ハX先代ニ復帰シ初ヨリYニ移転サリシモノト為ルモ此ノ物権変動ハ民法第百七十七条ニ依リ登記ヲ為スニ非サレハ之ヲ以テ第三者ニ対抗スルコトヲ得サルヲ本則ト為スヲ以テ取消後Aトノ契約ニ依リ権利取得ノ登記ヲ為シタルYニ之ヲ対抗シ得ルモノト為ス

ニハ取消ニ因ル右権利変動ノ登記ナキコト明カナル本件ニ於テハ其ノ登記ナキモ之ヲYニ
対抗シ得ヘキ理由ヲ説明セサルヘカラス」

B説：登記不要説

取消しによる遡及効を前提とする限り，X・A間の売買契約は，遡及的に無効となっている
のであり，そこでは対抗問題はそもそも生じない。しかしながら，この見解によれば，第三者
の保護の問題が生ずる。そこで，この見解の論者は，第三者の保護を94条2項の類推適用に
委ねる。この見解によれば，第三者は，善意（無過失）である場合に保護されることとなる。

【復帰的物権変動と取消しの遡及効】

判例は，取消しの効果として，取消しによって欺罔者Aから被欺罔者Xに戻る物権変動
があるとする。しかし，取消しによって，意思表示は，遡及的に無効となるとされる。こ
れは，通常，はじめから何もなかったのと同じ状況になる，つまり，Xのもとから所有権
は移転しなかったこととなると説明される。そうすると，復帰的物権変動論は，取消しの
遡及効と整合的ではないとも考えられる。

しかし，判例は，もし取消しの効果を右のごとくはじめから何もなかったのと同じにな
るとすると，第三者保護規定により保護されたときに，何故第三者が権利を取得できるか
を説明できなくなるため，取消しは，無効の場合と異なって，物権の変動があることを認
めながら，ただそれが初めから生じなかったように扱われるにすぎないと考えている。

【確認】

なお，すでに述べたように，判例・通説は，96条3項の第三者を取消前に当該法律行
為につき利害関係を有するに至った第三者としているから，Yのように，取消後に利害関
係を有するに至った第三者は，そもそも96条3項の第三者にあたらないから，Yにつき，
第三者保護の問題は生じない。

【判例における登記の要否の実質的判断基準】

取消後の第三者につき，取消の効果は，法律行為の効力を遡及的に無効にすると考えられて
いるにもかかわらず，判例は，復帰的物権変動なる概念を用いて登記必要説の立場を採用した。

この考え方の当否は，ひとまず措くとして，判例は，物権変動を第三者に対抗するため
に登記を要するか否かを判断するための基準として，変動物権変動理論そのものよりも，
当該事案類型において，物権変動を主張している者が登記をできたか否かを重要な判断基
準としていると考えられる。

（3）契約の解除

【設例6-11】
① Xは，自己所有の土地（甲）をAに売却した。Aは，甲土地をただちにYに転売した。
なお，登記はまだAのもとにある。その後，Xは，Aの代金不払を理由に，X・A間の契
約を解除した。この場合に，Xは，解除によって所有権が自分に戻ってきたことを理由に，
Yに対して，甲土地の明渡しを請求することができるか。
② ①において，XがAとの契約を解除したのちに，AがYに甲土地を売却して，移転登
記を行った場合はどうか。

（a）解除前の第三者（【設例6−11】①）

【図11】

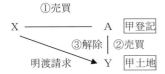

（ア）　Xによる解除の主張

　XY間には契約はないため，XがYに対して，契約に基づき甲土地の明渡しを求めることはできない。

　そこで，Xは，Aとの契約を解除したことを根拠として，自己に所有権が戻ってきたとして，所有権に基づきその明渡しを請求することとなる[14]。

　もっとも，Xは，解除によって所有権が戻ってきたことを根拠として，Yに対して，甲土地の明渡しを請求するのであるから，Xが，解除によって所有権が戻ってきたことを主張するために，登記をしている必要があるか否かが問題となる。

　この点に関しては，取消の場合と異なり，判例はない。もっとも，先に述べた取消の場合の判例の理由づけは，ここでもあてはまるから（解除を認めた趣旨および解除権者は解除して初めて登記の返還を請求できる。），Xは，解除によって所有権が戻ってきたことを登記なしてYに主張できると解される。

　これによれば，Xは，甲土地の登記を有さなくても，甲土地の返還を請求することができそうである。

（イ）第三者の保護

　もっとも，取消の場合と同じく，545条1項ただし書によれば，第三者は保護される可能性がある[15]。

（i）545条1項ただし書の「第三者」

　判例は，同条項ただし書の第三者を**解除の対象となった契約により給付された物につき**

---

[14]　相手方が契約上の義務を履行しない場合やできない場合，他方当事者は，契約を解除することができる（541条，542条）。契約が解除された場合，契約は遡及的に消滅し（大判大6・12・27民録23輯2262頁），契約当事者は，原状回復義務を負う（545条1項）。
[15]　ここでも登記欠缺の抗弁と第三者保護のいずれの反論から検討するかが問題となる。すでに述べたように，**登記欠缺の抗弁から検討すべき**である。

権利を取得した者をいうとしている（大判明 42・5・14 民録 15 輯 490 頁）。

　具体的には，①物または権利の譲受人，②抵当権者，③質権者，④給付の目的物の賃借人（大判大 10・5・17 民録 27 輯 929 頁など）などが 545 条 1 項ただし書の第三者にあたるとされる。

　他方，①解除によって消滅する債権そのものの譲受人（大判明 42・5・14 民録 15 輯 490 頁など），②転付債権者（大判昭 9・5・16 民集 13 巻 894 頁），③差押債権者（大判明 34・12・7 民録 7 輯 16 頁）などは，第三者にはあたらないとされる。

【超重要】

　96 条 3 項と 545 条 1 項ただし書における第三者の定義の違いに注意せよ。

　この問題を考えるために，差押債権者は第三者にあたるかを考えてみよう。判例は，差押債権者は，94 条 2 項や 96 条 3 項の第三者にあたるとする（94 条 2 項につき，最判昭 48・6・28 民集 27 巻 6 号 724 頁）。これに対して，判例によれば，差押債権者は，545 条 1 項ただし書の第三者にはあたらないとする（大判明 34・12・7 民録 7 輯 16 頁）。

　この理解の違いは，それぞれの条文の理解に由来する。94 条 2 項や 96 条 3 項の第三者は，利害関係を有する者ですから，差押債権者も同条項の第三者にあたる。しかし，545 条 1 項ただし書の第三者は，権利を取得した者であり，差押債権者は，差し押さえた物につき権利を取得するわけではないので，差押債権者は，同条項ただし書の第三者にはあたらないとされる。

　また，こうした違いは，条文の文言からも正当化される。94 条 2 項・96 条 3 項は，単に意思表示の無効・取消しは善意の，あるいは，善意でかつ過失がない「『第三者』に対抗することができない。」と規定している。しかし，545 条 1 項ただし書は，「『第三者の権利』を害することはできない。」と規定し，第三者が権利を取得していることを前提としている。つまり，判例は，こうした条文の文言の違いから上記のような違いを導き出している。

（ⅱ）第三者の主観要件の要否

　善意・悪意を問わない。

（ⅲ）545 条 1 項ただし書の第三者と登記

　第三者が 545 条 1 項ただし書の第三者として保護されるために，第三者が登記をしている必要があるか。

　学説は，対抗要件として登記を要求するか，権利保護要件として登記を要求するかの違いはあるが，登記を要するとしている。

判例も，545条1項ただし書の第三者を177条の第三者の範囲から除外しこれを特に別異に遇すべき何らの理由もないから，第三者が不動産の所有権を取得した場合には，その所有権について不動産登記の経由されていることを必要とするとしている（最判昭33・6・14民集12巻9号1449頁）。

【参考判例】最判昭33・6・14民集12巻9号1449頁

「思うに，いわゆる遡及効を有する契約の解除が第三者の権利を害することを得ないものであることは民法545条1項但書の明定するところである。合意解約は右にいう契約の解除ではないが，それが契約の時に遡って効力を有する趣旨であるときは右契約解除の場合と別異に考うべき何らの理由もないから，右合意解約についても第三者の権利を害することを得ないものと解するを相当とする。しかしながら，右いずれの場合においてもその第三者が本件のように不動産の所有権を取得した場合はその所有権について不動産登記の経由されていることを必要とするものであって，もし右登記を経由していないときは第三者として保護するを得ないものと解すべきである。けだし右第三者を民法177条にいわゆる第三者の範囲から除外しこれを特に別異に遇すべき何らの理由もないからである。」

→この立場によれば，【設例6−11】①では，甲土地につき登記をしていないYは，545条1項ただし書の第三者としては保護されないこととなる。

【超重要】

96条3項と545条1項ただし書では，なぜ第三者保護に違いがでてくるのか。

取消に関する昭和40年判決は，96条3項を意思表示の有効なことを信頼した第三者を保護する規定であるとする。これによれば，同条項による保護にとって重要なのは，第三者が詐欺に基づいて締結された契約を有効である（取り消されることのない契約である）と信頼したか否かということになる。そのため，第三者が不動産の所有権を取得したか否かは重要ではないということになる。そうすると，登記は，所有権を取得した場合に必要とされるから，96条3項による保護のために，所有権の取得が問題とならない以上，第三者が登記をしたか否かも問題にならないということになる。

これに対して，判例は，545条1項ただし書を解除された契約に基づき給付された物につき権利を取得した者をいうとする。ここではさしあたり不動産の所有権が問題であるから，それに限定していうと，判例によれば，同条項ただし書は，不動産の所有権を取得した者を保護する規定であるということになる。これによれば，第三者が同条項ただし書によって保護されるということは，第三者が不動産の所有権取得者だから保護されるということになる。そうすると，第三者が所有権を取得したというのであれば，第三者は，177条により登記をしていなければならないというのが昭和33年判決の論理である。

このように，第三者保護における登記の要否の違いは，両規定の制度趣旨の違いに基づいている。

【騙される人には帰責性がある？】

　96条3項と545条1項ただし書における第三者の登記の要否に関して，解除の場合には，解除権者には帰責性がないので，それとのバランスで，第三者が保護される要件は重くなり，第三者保護には登記が要求されるが，詐欺の場合には，騙された者に帰責性があるので，第三者が保護される要件は軽くなり，第三者保護に登記は要求されない，という説明を耳にすることがある。

　まず，これが判例の考え方ではないということは，判例を見れば明らかである。また，たしかに，96条3項において，なぜ詐欺の場合には，第三者は保護されるのに，強迫の場合には，保護されないのか，ということの説明として，被欺罔者の帰責性ということが言われる。しかし，上記の判例から明らかなように，これは，96条3項の第三者保護における登記の要否に関する判例の考え方ではない。さらに，第三者保護における登記の要否に関して，表意者の帰責性を問題にする最判昭44・5・27民集23巻6号998頁があるが，この判例は，通謀虚偽表示（表意者に虚偽の外観の作出に帰責性がある）の事案に関するものである。

（b）解除後の第三者（【設例6-11】②）

【図12】

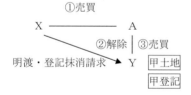

　ＸＹ間には契約はないため，ＸがＹに対して，契約に基づき甲土地の明渡しを求めることはできない。

　そこで，Ｘは，Ａとの契約を解除したことを根拠として，自己に所有権が戻ってきたとして，所有権に基づきその明渡しを請求することとなる。

　もっとも，Ｘは，解除によって所有権が戻ってきたことを根拠として，Ｙに対して，甲土地の明渡しを請求するのであるから，Ｘが，解除によって所有権が戻ってきたことを主張するために，登記をしている必要があるか否かが問題となる。

　判例は，この場合には，不動産を目的とする売買契約に基づき買主のために所有権移転登記があった後，右売買契約が解除され，不動産の所有権が売主に復帰した場合でも，**売主は，その所有権取得の登記を了しなければ，右契約解除後において買主から不動産を取得した第三者に対し，所有権の復帰を第三者に対抗することができない**としている（大判昭14・7・7民集18巻748頁，最判昭35・11・29民集14巻13号2869頁）。

【参考判例】最判昭 35・11・29 民集 14 巻 13 号 2869 頁
　「不動産を目的とする売買契約に基き買主のため所有権移転登記があった後，右売買契約が解除せられ，不動産の所有権が買主に復帰した場合でも，売主は，その所有権取得の登記を了しなければ，右契約解除後において買主から不動産を取得した第三者に対し，所有権の復帰を以って対抗し得ないのであって，その場合，第三者が善意であると否と，右不動産につき予告登記がなされて居たと否とに拘らない」。

　なお，学説には，解除の直接効果説を前提に，契約の遡及的消滅を肯定しながら，第三者との関係では，これが及ばない（相対的遡及効）とする考え方や，解除の効果を非遡及的に捉える考え方も提唱されている。

【確認】
　なお，取消後の第三者と同じく，Ｙは，そもそも 545 条 1 項ただし書にいう「第三者」にあたらないから，Ｙにつき，第三者保護の問題は生じない。

【取消解除と登記に関する判例の立場のまとめ】

	取消	解除
前	登記不要 （96 条 3 項による保護を受けるために，第三者は登記不要）	？ （545 条 1 項ただし書による保護を受けるために，第三者は登記必要）
後	登記必要	登記必要

6.6.3　取得時効による物権変動

（1）取得時効

> **【設例 6−12】**
> 　Yは，Aから甲土地を買い受け，甲土地上に建物を建て 10 年以上居住していた。そうしたところ，XがYのもとにやってきて，それは自分（＝X）の土地であると主張して，建物の収去・土地の明渡しを請求してきた。なお，甲土地は，Xの所有土地であり，AがXのもとから書類などを盗み出し，登記を自己名義に変更したものであった。Yは，Xの請求に応じなければならないか。

【図 13】

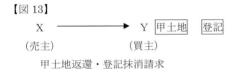

甲土地返還・登記抹消請求

　【設例 6−12】では，Aは，甲土地の所有権を有しないから，Aから甲土地を購入したYは，甲土地の所有権を取得することはできず，甲土地の所有権は，Xに帰属する。そのため，原則から言えば，Yは，Xの明渡請求を甘受せざるをえない。

　しかし，これでは不動産などを取得した第三者が不測の損害を被るおそれがあり，取引の安全を図ることはできない。そこで，法律は，一定の要件のもとで，無権利者から権利を取得した者に対しても権利を取得することができることを認めている。それが**即時取得**あるいは**時効取得**である[16]。

　時効取得とは，一定の期間の**占有を継続**することによって**占有者**が所有権を取得する制度である（162 条）。

（2）取得時効の要件

　取得時効の要件は，下記のとおりである。

　（1）「他人の物」を占有していること
　（2）自主占有であること
　（3）20 年間（悪意・有過失の場合）または 10 年間（善意・無過失の場合）占有していること
　（4）平穏・公然に占有していること
　（5）（10 年の取得時効）善意・無過失で占有していること
　（6）取得時効の援用の意思表示がなされたこと

---

[16] 94 条 2 項類推適用もある。なお，即時取得も，時効取得も，本来，占有にかかわる制度であり，占有によって，所有権者からの訴えをシャットアウトする制度である。

なお，取得時効の詳細は，占有の保護の箇所で改めて触れる。

（3）原所有者と時効取得者

【設例6−13】
　Xは，YからY所有の甲土地を購入したが（登記は移転していない。），その売買契約は，意思の不一致で成立していなかった。ところが，Xは，そのことを知らずに10年以上その土地に建物を建て居住してきた（短期〔10年の〕取得時効は完成したものとする。）。そこで，Xは，Yに対し，時効による土地所有権の取得を主張して，移転登記手続を請求することができるか。

【図14】

（a）前提

　売買契約があると，売主は，買主に対して，登記の移転義務を負う（560条）。しかし，【設例6−13】では，売買契約は不成立であるから，Xは売買契約に基づく移転登記手続請求権を持たない。
　そこで，Xは，甲土地の所有権を時効取得したことによって，所有権に基づき，甲土地の移転登記手続を請求することとなる。

（b）時効取得と登記

　ただし，それは，Xが時効によって甲土地の所有権を取得したことをYに対して主張することを意味するから，そこで，Xが時効によって甲土地の所有権を取得したことをYに主張するために，Xが登記をしている必要があるかが問題となる。
　判例は，時効完成の時において所有者に対する関係は，承継取得における当事者と同様の地位に立つので，時効取得者は，時効完成時に所有者であった者に対しては完全に所有権を取得し，登記を必要としないとしている（大判大7・3・2民録24輯423頁）。

【参考判例】大判大7・3・2民録24輯423頁
　「不動産物権ノ得喪及ヒ変更ノ登記ハ当事者以外ノ第三者ニ対抗スルノ方法ニ過キスシテ当事者並ニ其一般承継人トノ間ニ於テハ登記ナクシテ其効力ヲ生スルモノナルコトハ民法第百七十六条及ヒ第百七十七条ノ規定ニ徴シ明カナリ故ニ民法第百七十七条ヲ適用スルニハ其対抗ヲ受クル者カ所謂第三者ニ該当スルヤ否ヤヲ確定セサルヘカラス而シテ時効ニ因ル不動産所有権ノ取得ハ原始取得ナルヲ以テ法律行為ニ於ケル意義ノ当事者ナルモノナ

シト雖モ時効ニ因リ不動産ノ占有者カ其所有権ヲ取得スルハ其時効完成ノ時期ニ在リテ一
方ニ占有者カ所有権ヲ取得スルノ結果其時期ニ於テ目的タル不動産ノ所有者タリシ者ノ所
有権消滅スルモノナルヲ以テ<u>時効完成当時ノ所有者ハ其取得者ニ対スル関係ニ於テハ恰モ
伝来取得ニ於ケル当事者タル地位ニ在ルモノト看做スヘキモノトス</u>従テ時効ニ因ル不動産
ノ所有権ノ取得ニ付キ之ヲ第三者ニ対抗スルカ為メニ登記ヲ必要ナルモノトスルモ<u>時効完
成ノ時期ニ於ケル所有者タリシモノニ対シテハ完全ニ所有権ヲ取得スルモノニシテ敢テ登
記ヲ必要トスルコトナキモノトス</u>」

（4）時効取得と第三者

> 【設例 6−14】
>   Xは，AからA所有の土地を購入したが，登記は移転していなかった。ところで，その売
> 買は意思表示の不一致により成立していなかった。ところが，Xは，そのことを知らずに 13
> 年間その土地に建物を建て居住してきた（短期〔10 年の〕取得時効は完成したものとする。）。
> ①　AがXへの土地の売却後 7 年目に同土地をYに売却し，その旨の移転登記を済ませた。
> その後，取得時効が完成したので，Xは，Yに対し，時効による土地所有権の取得を主張
> して移転登記手続を請求することができるか。
> ②　AがXへの土地の売却後 15 年目に同土地をYに売却し，その旨の移転登記を済ませた。
> そこで，Xは，Yに対し，時効による土地所有権の取得を主張して移転登記手続を請求す
> ることができるか。

【図 15】

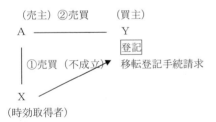

（a）時効完成前の第三者（【設例 6−14】①）

　X・Y間には契約はないから，Xは，契約に基づき移転登記手続を請求することはでき
ない。そこで，Xは，甲土地の所有権を時効取得したことによって，所有権に基づき，甲
土地の移転登記手続を請求することとなる。
　ただし，それは，Xが時効によって甲土地の所有権を取得したことをYに対して主張す
ることを意味するから，そこで，Xが時効によって甲土地の所有権を取得したことをYに
主張するために，Xが登記をしている必要があるかが問題となる。
　判例は，**Y（時効完成前の第三者）は，真正な所有権者であり，X（時効取得者）にと
って第三者ではなく当事者なので，登記を必要としない**としている（大判大 13・10・29
新聞 2331 号 21 頁，最判昭 41・11・22 民集 20 巻 9 号 1901 頁）。

なお，Y・A間の譲渡がXの時効完成前であれば，Yへの登記の移転が時効完成後であっても同様であり，Xは，Yに対し登記なしに対抗することができる（大判大13・10・29新聞2331号21頁，最判昭42・7・21民集21巻6号1653頁）。

【参考判例】大判大13・10・29新聞2331号21頁
　「時効ニ因ル不動産所有権ノ取得ハ之ヲ以テ第三者ニ対抗スルニハ登記ヲ必要ナリトスルコト論ナシト雖<u>時効完成ノ時期ニ於ケル所有者タリシ者ニ対シテハ完全ニ所有権ヲ取得スヘク之ニ対シテ所有権ノ取得ヲ主張スルニハ敢テ登記ヲ必要トスヘキニ非ス</u>…中略…本件ニ於テ原審ハ被上告人カ本件土地ノ所有権ヲ取得シ其ノ登記ヲ為シタルハ大正六年九月二十九日ナルコトヲ確定シタルモノナレハ若上告人主張ノ時効完成期日カ同日以前ナリトセハ上告人ハ時効ニ因ル不動産所有権ノ取得ヲ以テ被上告人ニ対抗スルニハ登記ヲ必要トスヘキコト洵ニ原判決説示ノ如クナリト雖<u>若上告人主張ノ時効ノ完成期カ同日以後ナリトセンカ上告人ハ時効ニ因リテ完全ニ所有権ヲ取得スヘク敢テ登記ヲ要スルコトナクシテ之ヲ以テ被上告人ニ対抗スルヲ妨ケサルヘシ</u>」

（b）時効完成後の第三者（【設例6—14】②）

　【設例6—14】②におけるように，時効完成後に第三者が登場した場合には，判例は，二重譲渡と同視し，**Xは，登記がなければYに対抗できない**とする（最判昭33・8・28民集12巻12号1936頁）。もっとも，この場合においても，背信的悪意者は第三者に当たらない（最判平18・1・17民集60巻1号27頁）。

【参考判例】最判昭33・8・28民集12巻12号1936頁
　「<u>取得時効による不動産の所有権の取得についても，登記なくしては，時効完成後当該不動産につき旧所有者から所有権を取得し登記を経た第三者に対して，その善意たると否とを問わず，時効による所有権の取得を対抗し得ないと解するを相当とする</u>」

　もっとも，判例は，Xが**Yの登記の時から引き続き時効期間を占有すれば**，Xは，時効取得することができるとしている（**再取得時効**）（最判昭36・7・20民集15巻7号1903頁）。なお，再取得時効と抵当権の問題に関しては，後述する。

（5）判例の問題点

【問題点1】
　判例の考え方によると，時効取得した者が時効取得完成後直ちに登記しておかないと保護を打ち切られるおそれがある。もっとも，時効取得者は，多くの場合，善意であるから，いつ時効が開始したのか，したがって，いつ時効が完成したのかを知らないであろう。それゆえ，時効完成後ただちに登記せよというのは無理である。
→この見解に対しては，<u>起算点をずらす期間逆算説（あるいは任意起算説）</u>が主張されて

いるが，判例は否定している（最判昭 35・7・27 民集 14 巻 10 号 1871 頁）。

【参考判例】最判昭 35・7・27 民集 14 巻 10 号 1871 頁
　「元来時効の制度は，長期間継続した事実状態に法的価値を認め，これを正当なものとして，そのまま法律上の秩序たらしめることを期するものであって，これにより社会生活における法的安定性を保持することを目的とする。・・・そして時効が完成しても，その登記がなければ，その後に登記を経由した第三者に対しては時効による権利の取得を対抗しえない（民法 177 条）のに反し，第三者のなした登記後に時効が完成した場合においてはその第三者に対しては，登記を経由しなくとも時効取得をもってこれに対抗しうることとなると解すべきである。しからば，結局取得時効完成の時期を定めるにあたっては，取得時効の基礎たる事実が法律に定めた時効期間以上に継続した場合においても，必らず時効の基礎たる事実の開始した時を起算点として時効完成の時期を決定すべきものであって，取得時効を援用する者において任意にその起算点を選択し，時効完成の時期を或いは早め或いは遅らせることはできないものと解すべきである。」

【問題点 2】
　悪意占有者の方が善意占有者よりも時効完成が遅れるから有利になることがあって不当である。
　たとえば，【設例 6−14】②では，物権変動につき登記をしていない善意の X は，Y に対して，取得時効による物権変動を主張することができない。しかし，かりに X が悪意で，不動産の占有開始より 20 年が経過した場合には，Y は，X との関係で，時効完成前の第三者ということになる。そのため，判例によれば，X は，登記をしていなくても，Y に対して，取得時効による物権変動を主張することができることとなる。

【図 16】
X が善意占有者の場合（【設例 6−14】②）　　　　X が悪意占有者の場合

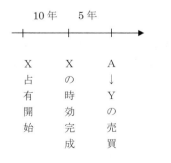

→X は，登記なしに Y に勝てない　　　　→X は，登記がなくても Y に勝てる

（6）学説

　判例の上記のような問題を受け，時効取得と登記をめぐる学説は争いがある。

A説：登記尊重説
　不動産の真正所有権者から利害関係を取得した者が登記を経由した場合，占有者が時効取得を主張するためにはその登記時を起算点としてさらに時効完成に必要な期間の占有を必要とする。
　→登記の移転は，時効の中断原因ではない。

B説：占有尊重説
　自主占有の継続という事実のみを要件とする現行民法の取得時効制度の趣旨から，時効取得者は，常に登記なしにその取得した権利を何人にも主張できる。
　→登記と関係なく，常に占有者が勝つことになる。

C説：対抗問題否定説
　取得時効の場合には対抗問題を生じない。それゆえ，時効による原始取得は登記なくして第三者に対抗できる。
　→判例は，本来対抗問題とならない場合にも，対抗問題と捉えている（たとえば，取消解除後の第三者，遺産分割後の第三者）。

D説：類型論
　時効取得の問題となるケースを分析し，それぞれの類型にわけて問題を処理する。類型論によれば，時効取得が問題となる多くは，二重譲渡型と境界紛争型である。
　まず，有効未登記型に属する**二重譲渡の類型**では，**177条の趣旨から登記の有無によって優劣を決定する。**したがって，未登記の第一譲受人たる占有者は登記を経由した第二譲受人に時効取得を対抗できない。ただし，第二譲受人の登記後さらに占有を継続した第一譲受人は，第二譲受人が出現して登記経由によって自己の権利が第二譲受人に対抗できなくなったことを第二譲渡の登記時に知っていたか否かに従って10年または20年後に，時効取得を第二譲受人に対して主張することができる。
　しかし，**境界紛争型**においては，事後的に裁判所によって他人所有の一部であると判断される土地を自己の所有地の一部だと信じて占有し続けている者に登記の懈怠を責めるのは不可能を強いることになり，他方で第三者の側でも当該土地部分が買受地に含まれるとの信頼もないのが普通であるから，**原則として自主占有者は，当該土地部分が他人の所有であることにつき善意・無過失か否かによって，10年または20年の時効期間の完成によって第三者に対して登記なくして時効取得を対抗できる。**

（7）抵当権と再取得時効【発展】

　時効完成後の第三者で見たが，判例は，XがYの登記の時から引き続き時効期間を占有すれば，Xは，時効取得することができるとしている（最判昭36・7・20民集15巻7号

1903頁）。

それでは，同じ物権として，抵当権の再取得時効は認められるか。

【設例6-15】

① Xは，昭和37年2月17日からA所有の甲土地を善意・無過失で占有している。昭和58年12月13日，Aは，甲土地にBのために抵当権を設定した（以下，「本件抵当権設定」という。）。その後，YがBの被担保債権とともに抵当権を譲り受けた。本件抵当権設定から10年以上が経過した後，Xは，Aに対して取得時効を援用し，甲土地につき所有権移転登記手続を行った。さらにその後，Xは，甲土地について再度，本件抵当権設定時から10年間の取得時効を援用し，抵当権の消滅を主張してYに対して抵当権の抹消登記手続を請求した。

② Xは，A所有の甲土地を買い受け，善意・無過失で占有している。本件売買から10年以上経過した後，Aは，甲土地にYのために抵当権を設定した（以下，「本件抵当権設定」という。）。本件抵当権設定から20年以上が経過した後，Xは，本件抵当権設定登記時を起算点として甲土地を時効取得したと主張して，Yに対して抵当権の抹消登記手続を請求した。

所有権の再取得時効に関する最判昭36・7・20民集15巻7号1903頁によれば，【設例6-15】の両事案とも，Xの再取得時効が認められるから，Xの抹消登記手続請求は認められるはずである。

しかし，最高裁は，【設例6-15】①の事案において，Xが，再度，取得時効の完成を主張し，援用することは許されないとした（最判平15・10・31判時1350号298頁）。

他方，最高裁は，【設例6-15】②の事案において，不動産の再取得事項が完成した場合には，占有者が抵当権の存在を容認していたなど抵当権の消滅を妨げる特段の事情がない限り，占有者は，不動産を時効取得するとしている（最判平24・3・16民集66巻5号2321頁）。

【考えてみよう】

平成15年判決と平成24年判決の結論に違いはどのような理由から生ずるのだろうか。平成15年判決と平成24年判決の事案の違いを比較してみよう。

平成24年の判決の事案では，抵当権の設定登記時を起算点とする再度の取得時効完成後に取得時効の援用がされているが，これより前に取得時効の援用がされたことはなく，平成15年判決とは事案を異にする。

【参考判例】最判平15・10・31判時1350号298頁

「Xは，前記1（5）の時効の援用により，占有開始時の昭和37年2月17日にさかのぼって本件土地を原始取得し，その旨の登記を有している。Xは，上記時効の援用により確定的に本件土地の所有権を取得したのであるから，このような場合に，起算点を後の時点にずらせて，再度，取得時効の完成を主張し，これを援用することはできないものというべきである。そうすると，Xは，上記時効の完成後に設定された本件抵当権を譲り受けたYに対し，本件抵当権の設定登記の抹消登記手続を請求することはできない。」

【参考判例】最判平 24・3・16 民集 66 巻 5 号 2321 頁

「不動産の取得時効の完成後，所有権移転登記がされることのないまま，第三者が原所有者から抵当権の設定を受けて抵当権設定登記を了した場合において，上記不動産の時効取得者である占有者が，その後引き続き時効取得に必要な期間占有を継続したときは，上記占有者が上記抵当権の存在を容認していたなど抵当権の消滅を妨げる特段の事情がない限り，上記占有者は，上記不動産を時効取得し，その結果，上記抵当権は消滅すると解するのが相当である。その理由は，以下のとおりである。

　ア　取得時効の完成後，所有権移転登記がされないうちに，第三者が原所有者から抵当権の設定を受けて抵当権設定登記を了したならば，占有者がその後にいかに長期間占有を継続しても抵当権の負担のない所有権を取得することができないと解することは，長期間にわたる継続的な占有を占有の態様に応じて保護すべきものとする時効制度の趣旨に鑑みれば，是認し難いというべきである。

　イ　そして，不動産の取得時効の完成後所有権移転登記を了する前に，第三者に上記不動産が譲渡され，その旨の登記がされた場合において，占有者が，上記登記後に，なお引き続き時効取得に要する期間占有を継続したときは，占有者は，上記第三者に対し，登記なくして時効取得を対抗し得るものと解されるところ・・・，不動産の取得時効の完成後所有権移転登記を了する前に，第三者が上記不動産につき抵当権の設定を受け，その登記がされた場合には，占有者は，自らが時効取得した不動産につき抵当権による制限を受け，これが実行されると自らの所有権の取得自体を買受人に対抗することができない地位に立たされるのであって，上記登記がされた時から占有者と抵当権者との間に上記のような権利の対立関係が生ずるものと解され，かかる事態は，上記不動産が第三者に譲渡され，その旨の登記がされた場合に比肩するということができる。また，上記判例によれば，取得時効の完成後に所有権を得た第三者は，占有者が引き続き占有を継続した場合に，所有権を失うことがあり，それと比べて，取得時効の完成後に抵当権の設定を受けた第三者が上記の場合に保護されることとなるのは，不均衡である。」

【時効取得と登記に関する判例の立場のまとめ】

	登記の要否等
第 1 原則（時効当事者）	不要
第 2 原則（時効完成前の第三者）	登記不要
第 3 原則（時効完成後の第三者）	登記必要
第 4 原則	起算点をずらしたり，逆算することは不可
第 5 原則	再度の取得時効可能

6.6.4　相続による物権変動

　相続とは，死者の生前に持っていた財産上の権利義務を他の者が包括的に承継することである（896 条）。相続によって物権を取得した場合にも，その旨の登記がないと第三者にそれを対抗できないのであろうか。

（1）単独相続

【設例 6 −16】
　Aは，自己所有の土地をXに売却したが，登記はまだ移転していなかった。その後，A
が死亡し，Aの息子で，唯一の相続人であるYがAを相続した。そこで，XがYに対して
登記の移転を請求してきた。この場合に，Xが，Yに対して，自己が土地の所有者である
ことを主張するために，登記をしていることを要するか。

【図 17】

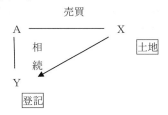

（a）単独相続と共同相続

　相続においては，相続人が 1 人しかいない場合と複数人いる場合とがある。1 人の相続人
が遺産を単独で相続する場合を**単独相続**といい，複数の相続人が共同で相続する場合を**共
同相続**という。

（b）単独相続と登記

　【設例 6 −16】では，Aの単独相続人であるYは，Aの権利義務を包括的に承継するため，
Yは，Xに対して登記の移転義務を負う。そのため，**Xは，Yに対して，登記をしていな
くても登記の移転を請求することができる**（大判大 15・4・30 民集 5 巻 344 頁）。
　もっとも，Yがさらに第三者Zに土地を譲渡した場合には，Zは，177 条の第三者に該当
し，Xは，登記がなければ，Zに対して，所有権取得を主張することはできない（大連判
大 15・2・1 民集 5 巻 44 頁，最判昭 33・10・14 民集 12 巻 14 号 3111 頁）。

（2）共同相続と登記

【設例 6 −17】
　Aが死亡し，XおよびBが各 2 分の 1 ずつの割合で共同相続した。ところが，相続財産に
含まれている土地について，Bは，単独で相続したかのように登記をし，これをYに売却し，
登記を移転した。そこで，XがYに対して相続分（持分）に基づき登記の抹消を請求した。
この場合に，Xが，Yに対して，登記なしに相続分（持分）を主張することができるか。

【図 18】

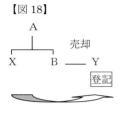

（a）相続分とは？

　共同相続においては，相続財産は，相続人の**共有**に属する（898 条）。そして，共同相続において，各相続人が相続すべき権利義務の割合を**相続分**という[17]。

（b）問題の所在

　XがYに抹消登記手続を請求する契約上の根拠はない。そこで，Xは，自己の相続分（持分）に基づき，Yに対して，抹消登記手続を請求することになる。要件は，①Xが相続分（持分）を有していること，②Yの妨害（登記）があることである。
　そこで，共同相続の相続人が相続により取得した相続分（持分）を登記なくして第三者に対抗することができるかが問題となる

（c）共同相続と登記

A説：登記不要説（判例・通説）
　判例（最判昭 38・2・22 民集 17 巻 1 号 235 頁）・通説は，**相続財産に属する不動産につき単独所有権移転の登記をした共同相続人およびその者から単独所有権移転の登記をうけた第三取得者に対して，他の共同相続人は，自己の持分を登記なくして対抗することができる**としている。なぜなら，相続財産に属する不動産につき単独所有権移転の共同相続人の登記およびその者から単独所有権移転の登記を受けた第三取得者の登記は，他の共同相続人の持分に関する限り，無権利の登記だからである。

【参考判例】最判昭 38・2・22 民集 17 巻 1 号 235 頁
　「相続財産に属する不動産につき単独所有権移転の登記をした共同相続人中の乙ならびに乙から単独所有権移転の登記をうけた第三取得者丙に対し，他の共同相続人甲は自己の持分を登記なくして対抗しうるものと解すべきである。けだし乙の登記は甲の持分に関す

---

[17]　相続分の登記に関して，法定相続の場合には，自己の法定相続分のみについての相続登記を申請することは認められないが，共同相続人のうちの 1 人が保存行為として共同相続人全員分の相続登記を単独で申請することができる。

る限り無権利の登記であり，登記に公信力なき結果丙も甲の持分に関する限りその権利を取得するに由ないからである。」

　→ただし，「甲がその共有権に対する妨害排除として登記を実体的権利に合致させるため乙，丙に対し請求できるのは，各所有権取得登記の全部抹消登記手続ではなくして，甲の持分についてのみの一部抹消（更正）登記手続でなければならない。けだし右各移転登記は乙の持分に関する限り実体関係に符合しており，また甲は自己の持分についてのみ妨害排除の請求権を有するに過ぎないからである。」

B説：登記必要説
　共有は，数個の所有権が1個の物の上に互いに制限し合って存在する状態であり，ひとつが欠けるときは，他のものが全部について拡張する性質（**共有の弾力性**）を有する。そのため，共有不動産について共有者の1人のために単独登記がされ，他の共有者の持分権の登記がないときは，第三者に対する関係においては，その者の持分権が拡張していると考え，Bからの譲受人Yとの関係では登記を必要とする。

（3）相続放棄と登記

【設例6−18】
　Aが死亡し，XおよびBが各2分の1ずつの割合で共同相続したが，Bは，相続放棄した（938条以下）。ところが，Xが単独相続の登記をしない間にBの債権者Yが相続財産中の甲土地につきBを代位してX・Bの共同相続の登記をし，Bの持分を差し押さえた。そこで，XがYに対して差押登記の抹消登記手続を請求した。Xは，Bが相続放棄をしたことを理由に，甲土地を（単独）取得したと主張することができるか。

【図19】

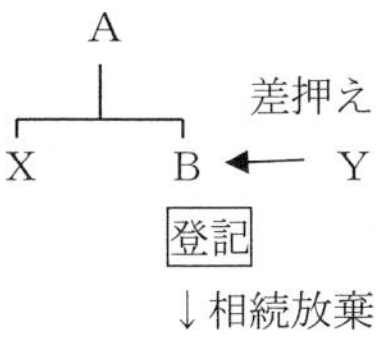

```
          A
          │
     ┌────┴────┐        差押え
     X         B  ◄──── Y
             ┌───┐
             │登記│
             └───┘
             ↓相続放棄
```

（a）相続放棄とは？

　わが国では，相続人は何もしなくても被相続人の財産を相続することができる（当然承継主義）。もっとも，場合によっては，被相続人の財産は，積極財産よりも消極財産（負債など）のほうが多い場合もある。そのため，消極財産が多い場合，相続人は不利益を被る。

131

そこで，民法は，相続人保護のために，限定承認（922条以下）と相続放棄（938条以下）の制度を認めている。

限定承認とは，相続人が相続財産を相続するときに，相続財産を責任の限度として相続することをいう。相続財産をもって負債を弁済した後，余りが出ればそれを相続できる。なお，限定承認は，共同相続人の全員が共同してのみこれをすることができる（923条）。

他方，**相続放棄**とは，相続人が相続財産の相続を放棄することをいう（938条）。相続放棄がされると，初めから相続人にならなかったものとみなされる（939条）

相続人であることを本人が知った日より3か月以内に限定承認または相続放棄のどちらかを選択しなかった相続人は，単純承認とみなされる（915条1項・921条2号）[18]。

（b）問題の所在

XがYに抹消登記手続を請求する契約上の根拠はない。そこで，Xは，Bが相続放棄をしたことによって，Aの財産，ここでは甲土地を取得したことを根拠として，甲土地の所有者として，Yに差押登記の抹消登記手続を請求することになる。その要件は，①Xが甲土地の所有権を有していること，②Yの妨害（登記）があることである。

そこで，他の相続人の相続放棄によって権利を取得した相続人が相続放棄による権利の取得を登記なくして第三者に対抗することができるかが問題となる。

（c）相続放棄と登記

判例（最判昭42・1・20民集21巻1号16頁）・学説は，**相続放棄の効力は，登記なくしてその効力を生ずる**とする。なぜなら，**相続人は相続開始時に遡って相続開始がなかったのと同じ地位におかれることとなり，この効力は絶対的で，何人に対しても，登記等なくしてその効力を生ずる**からである。

18　被相続人の相続財産の中に不動産が含まれていて相続登記をする場合でも，相続放棄をした者は，相続人ではないので，登記手続の際に提出することになる遺産分割協議書に署名・捺印する必要はなく，印鑑証明書を提出する必要もない。ただし，登記官が審査をする場合，相続放棄をした者がその手続をしたということがわからないため，それを証明するために「相続放棄申述受理証明書」を提出することになる。

法定相続分での相続登記は，共同相続人の1人からでき，また，共同相続人の債権者が債権者代位として法定相続分での相続登記を行なう場合があり，相続放棄をした者の相続分が登記されることがある。この場合には，相続登記前に相続放棄がされていた場合には，登記は間違っていることになるため，更生登記を申請することになる。他方，相続登記後に相続放棄がされた場合には，更生登記ではなく，「相続の放棄」を登記原因として相続放棄を行なった者から相続放棄を行なっていない者への持分全部移転登記を行なうことになる。

【参考判例】最判昭 42・1・20 民集 21 巻 1 号 16 頁

　「民法 939 条 1 項（昭和 37 年法律第 40 号による改正前のもの）『放棄は，相続開始の時にさかのぼってその効果を生ずる。』の規定は，相続放棄者に対する関係では，右改正後の現行規定『相続の放棄をした者は，その相続に関しては，初から相続人とならなかったものとみなす。』と同趣旨と解すべきであり，民法が承認，放棄をなすべき期間（同法 915 条）を定めたのは，相続人に権利義務を無条件に承継することを強制しないこととして，相続人の利益を保護しようとしたものであり，同条所定期間内に家庭裁判所に放棄の申述をすると（同法 938 条），<u>相続人は相続開始時に遡ぼって相続開始がなかったと同じ地位におかれることとなり，この効力は絶対的で，何人に対しても，登記等なくしてその効力を生ずる</u>と解すべきである。」

　Ｂが他の相続人とともに本件不動産を共同相続したものとしてなされた代位による所有権保存登記は実体にあわない無効のものというべく，従って，本件不動産につきＢが持分を有することを前提としてなした差押は，その内容どおりの効力を生ずることなく，この差押登記は無効というべきである。

　学説も，相続放棄には遡及効があること，相続放棄が可能な期間は 3 か月と制限されており，権利が不確定な状況が長期間続くわけではないことなどから，判例の結論に賛成している。

　なお，Ｙの差押えがＢの相続放棄の前だった場合にも，相続放棄には遡及効があり（939条），Ｂは，差押えの時点で無権利者であることになるから同じこととなる。

【考えておこう！】
　最判昭 42・1・20 民集 21 巻 1 号 16 頁の結論（登記不要説）を導きだすためには，相続放棄が遡及効を有するということをいえば足りるはずである。つまり，上記の下線部の前半部分で足りたはずである。それでは，同判決がいう「<u>この効力は絶対的で，何人に対しても・・・</u>」という判示は，いかなる意味を持つのだろうか。特に，後述する遺産分割協議と登記の問題との比較で考えてみよう。

（4）遺産分割協議と登記

【設例6−19】
　Ａが死亡し，ＸおよびＢが各 2 分の 1 ずつの割合で共同相続した。その後，遺産分割協議が行われ，相続財産中の甲土地をＸに帰属させる旨の遺産分割協議が成立した(909条)。この場合に，次の状況において，ＸがＹに対して抹消登記手続を請求した。Ｘの請求は認められるか。
① Ｂが，遺産分割協議が行われる以前に，自己の持分を第三者Ｙに譲渡していた場合。
② Ｂが，遺産分割協議が行われた後に，共同相続の登記をして，自己の持分を第三者Ｙに譲渡した場合。

【図20】

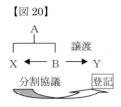

（a）遺産分割協議とは？

　相続財産は，共同相続人の共有に属する。そこで，相続財産中に含まれている財産を共同相続人の協議によって各相続人に帰属させることが行われる。これが**遺産分割協議**である（906条以下）[19]。
　遺産分割は，遡及効を有し，相続開始時にさかのぼってその効力を生ずる（909条本文）。

（b）問題の所在

　XがYに抹消登記手続を請求する契約上の根拠はない。そこで，Xは，遺産分割協議によって，甲土地を取得したことを根拠として，甲土地の所有者として，Yに抹消登記手続を請求することになる。その要件は，①Xが甲土地の所有権を有していること，②Yの妨害（登記）があることである。
　そこで，遺産分割協議によって権利を取得した相続人が遺産分割協議による権利の取得を登記なくして第三者に対抗することができるかが問題となる。

（c）遺産分割前の第三者（【設例6−19】①）

　遺産分割協議によって権利を取得した相続人が遺産分割協議による権利の取得を登記なくして第三者に対抗することができるか。
　この点につき，判例はない。ただし，取消（・解除）に関する判例理論によれば，Xは，Yに対して，登記なしに遺産分割協議による甲土地の所有権取得を対抗できることになろう。

（ア）第三者

　しかし，第三者の権利を害することはできない（同条ただし書）。「第三者」とは，相続開始後遺産分割までの間に共同相続人の持分について権利を取得したものをいう。第三者の権利取得について善意であることは要求されない。

---

[19]　遺産分割により不動産を取得した相続人は，当該不動産にかかる相続登記を単独で申請することになる。

（イ）第三者保護と登記

　第三者が保護されるために第三者が登記を備えている必要があるか否か。判例はないが，学説では，登記を必要とするものが多い。

（d）遺産分割後の第三者（【設例6－19】②）

　遺産分割協議により相続財産中の不動産を取得した共同相続人は，共同相続人の1人から権利を取得した者に対して登記なくして，遺産分割協議による所有権取得を対抗することができるか。

　相続による権利の承継は，遺産の分割によるものかどうかにかかわらず，900 条および901 条の規定により算定した相続分を超える部分については，登記・登録その他の対抗要件を備えなければ，第三者に対抗することができない（899 条の 2 第 1 項。最判昭 46・1・26 民集 25 巻 1 号 90 頁参照）。

　権利取得という点に関して同様の結論となる遺産分割の場合と，後述する相続分の指定・特定財産承継遺言との場合とで，対抗要件の具備にかかる登記の要否についての結論を異にする解釈は，バランスを欠くとともに，遺言の有無や内容を知りえない相続債権者等を害し，登記制度の信頼を損なうおそれがあるからである。

【参考判例】最判昭 46・1・26 民集 25 巻 1 号 90 頁
　「遺産の分割は，相続開始の時にさかのぼってその効力を生ずるものではあるが，第三者に対する関係においては，相続人が相続によりいったん取得した権利につき分割時に新たな変更を生ずるのと実質上異ならないものであるから，不動産に対する相続人の共有持分の遺産分割による得喪変更については，民法 177 条の適用があり，分割により相続分と異なる権利を取得した相続人は，その旨の登記を経なければ，分割後に当該不動産につき権利を取得した第三者に対し，自己の権利の取得を対抗することができないものと解するのが相当である。」

【考えておこう！】
　899 条の 2 第 1 項によれば，遺産分割協議により法定相続分を超える部分については，登記をしなければ，権利の承継を第三者に対抗することができない。もっとも，取引の安全という観点から言えば，相続放棄についてもあてはまるように思われる。なぜ相続放棄の場合は，登記が必要ないのであろうか。
→遡及効の違い。相続放棄ごとに登記を要求することの妥当性。相続放棄は短期間に限られる。

【発展】勉強しておこう！
【詐害行為取消権と相続放棄，遺産分割協議】
　物権変動と登記に関する判例法理と詐害行為取消権に関する判例法理との対応を考えよう！

（1）詐害行為取消権とは？

　詐害行為取消権とは，債務者が債権者を害する行為（これを詐害行為という。）をした場合に，一定の要件の下もとでその行為を取り消すことができる権利である（424条）。

（2）相続放棄と詐害行為取消権

【図21】

【参考判例】最判昭49・9・20民集28巻6号1202頁
　「相続の放棄のような身分行為については，民法424条の詐害行為取消権行使の対象とならないと解するのが相当である。なんとなれば，右取消権行使の対象となる行為は，積極的に債務者の財産を減少させる行為であることを要し，消極的にその増加を妨げるにすぎないものを包含しないものと解するところ，相続の放棄は，相続人の意思からいっても，また法律上の効果からいっても，これを既得財産を積極的に減少させる行為というよりはむしろ消極的にその増加を妨げる行為にすぎないとみるのが，妥当である。また，相続の放棄のような身分行為については，他人の意思によってこれを強制すべきでないと解するところ，もし相続の放棄を詐害行為として取り消しうるものとすれば，相続人に対し相続の承認を強制することと同じ結果となり，その不当であることは明らかである。」

（3）遺産分割協議と詐害行為取消権

【図22】

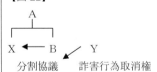

【参考判例】最判平11・6・11民集53巻5号898頁
　「共同相続人の間で成立した遺産分割協議は，詐害行為取消権行使の対象となり得るものと解するのが相当である。けだし，遺産分割協議は，相続の開始によって共同相続人の共有となった相続財産について，その全部又は一部を，各相続人の単独所有とし，又は新たな共有関係に移行させることによって，相続財産の帰属を確定させるものであり，その性質上，財産権を目的とする法律行為であるということができるからである。」

（5）遺贈と登記

【設例6−20】
　Aは，生前自己所有の甲土地をXに遺贈していた。その後，Aが死亡し，BがAを相続したが，Xが登記を怠っているうちに，Bは，甲土地をYに売却した。そこで，XがYに対して甲土地の返還を請求してきた。

【図23】

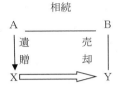

（a）遺贈とは？

　遺贈とは，遺言（死後の法律関係を定めるための遺言者の最終意思の表示をいう。）によって，遺贈者（遺産を贈る側）の財産の全部または一部を，受遺者（遺産を受ける側）に無償で譲与すること，または，死亡を原因として他者に財産を贈与する，一方的な意思表示をいう。

【調べておこう！】遺贈と死因贈与
　遺贈も死因贈与も，被相続人の死亡を原因として，被相続人の財産を他者に贈与する制度である。それでは，遺贈と死因贈与では，何が違うのかを調べておこう！

（b）問題の所在

　XがYに対し，甲土地の返還を請求する契約上の根拠はない。そこで，Xは，遺贈によって，甲土地を取得したことを根拠として，甲土地の所有者として，Yに対して，甲土地の返還を請求することになる。その要件は，①Xが甲土地の所有権を有していること，②Yが甲土地を占有していることである。
　そこで，遺贈によって権利を取得した者が遺贈による権利の取得を登記なくして第三者に対抗することができるかが問題となる。

（c）遺贈と登記

　遺贈により不動産を取得した者は，相続人から権利を取得した者に対して登記なくして所有権取得を対抗することができるか。

すでに遺産分割と登記において述べたところであるが，相続による権利の承継は，相続分を超える部分については，登記・登録その他の対抗要件を備えなければ，第三者に対抗することができない（899条の2第1項。最判昭39・3・6民集18巻13号437頁参照）。

【参考判例】最判昭39・3・6民集18巻13号437頁
　「不動産の所有者が右不動産を他人に贈与しても，その旨の登記手続をしない間は完全に排他性ある権利変動を生ぜず，所有者は全くの無権利者とはならないと解すべきところ，遺贈は遺言によって受遺者に財産権を与える遺言者の意思表示にほかならず，遺言者の死亡を不確定期限とするものではあるが，意思表示によって物権変動の効果を生ずる点においては贈与と異なるところはないのであるから，遺贈が効力を生じた場合においても，遺贈を原因とする所有権移転登記のなされない間は，完全に排他的な権利変動を生じないものと解すべきである。そして，民法177条が広く物権の得喪変更について登記をもって対抗要件としているところから見れば，遺贈をもってその例外とする理由はないから，遺贈の場合においても不動産の二重譲渡等における場合と同様，登記をもって物権変動の対抗要件とするものと解すべきである。」

　なお，遺言執行者がある場合には[20]，相続人が相続財産を処分しても，その処分は，無効であるが（1013条1項・2項本文），それを善意の第三者には対抗することができない（同条2項ただし書）。この場合，受遺者と当該第三者との関係は，対抗問題として処理されることとなる。また，被相続人および相続人に対する債権者は，遺言執行者の有無にかかる善意・悪意を問わず保護され（同条3項），受遺者と当該債権者との関係は，対抗問題として処理されることとなる。

（6）相続分の指定・特定財産承継遺言と登記

【設例6-21】
　AにはXとBという2人の子がいたが，生前「自己所有の土地に関する一切の権利をXに相続させる」旨の遺言を行っていた。その後，Aが死亡したが，Xが登記を怠っているうちに，Bは，自己の相続分に基づいて共同相続の登記を行い，その持分をYに譲渡した。そこで，XがYに対して抹消登記手続を請求した場合，この請求は認められるか。

---

[20]　遺言執行者とは，遺言の内容を実現するために必要な手続を行う者のことである。

【図24】

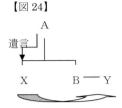

（a）相続分の指定・特定財産承継遺言

（ア）相続分の指定とは？

　相続分の指定とは，遺言により，共同相続人の全部または一部の者について，法定相続分の割合とは異なった割合で相続分を定め，または，これを定めることを第三者に委託することをいう（902条1項）。

　通常，「A，B，Cの相続分を各3分の1ずつとする。」とか，「Aに遺産の50％，Bに30％，Cに20％を与える。」などというように，相続財産全体に対する割合で指定がなされる。

（イ）特定財産承継遺言・「相続させる」旨の遺言とは？

　遺産の分割の方法の指定として遺産に属する特定の財産を共同相続人の1人または数人に承継させることを定めたものを特定財産承継遺言という（1014条2項参照）。また，特定の財産を特定の相続人に「相続をさせる」旨の遺言がなされることがある。これを「相続させる」旨の遺言という。

（ウ）　「相続させる」旨の遺言の法的性質

A説：遺贈説
　「相続させる」旨の遺言は，特定の財産を遺贈するものにすぎない。

B説：「遺産分割方法の指定」説（判例）
　「相続させる」趣旨の遺言は，遺産の分割の方法を定めた遺言であり，他の共同相続人も右の遺言に拘束され，遺言において相続による承継を当該相続人の受諾の意思表示にかからせたなどの特段の事情のない限り，何らの行為を要せずして，被相続人の死亡の時（遺言の効力の生じた時）に直ちに当該遺産が当該相続人に相続により承継される（最判平3・4・19民集45巻4号477頁）。

（b）問題の所在

　XがYに抹消登記手続を請求する契約上の根拠はない。そこで，Xは，相続分の指定・特定財産承継遺言によって，甲土地を取得したことを根拠として，甲土地の所有者として，Yに抹消登記手続を請求することになる。その要件は，①Xが甲土地の所有権を有していること，②Yの妨害（登記）があることである。

　そこで，相続分の指定・特定財産承継遺言によって権利を取得した相続人が相続分の指定・特定財産承継による権利の取得を登記なくして第三者に対抗することができるかが問題となる。

（c）相続分の指定・特定財産承継遺言と登記

　それでは，相続分の指定・特定財産承継遺言によって権利を取得した相続人が相続分の指定・特定財産承継による権利の取得を登記なくして第三者に対抗することができるか。かつて判例は，相続分の指定・特定財産承継遺言によって権利を取得した者は，その登記なくして第三者に対抗することができるとしていたが（相続分の指定につき，最判平5・7・19家月46巻5号23頁，「相続させる」旨の遺言について，最判平14・6・10家月55巻1号77頁），改正法では，相続による権利の承継は，遺産の分割によるものかどうかにかかわらず，900条および901条の規定により算定した相続分を超える部分については，登記・登録その他の対抗要件を備えなければ，第三者に対抗することができない（899条の2第1項）。

【参考判例】最判平5・7・19家月46巻5号23頁
　「右の事実関係の下においては，鈴子の登記は持分80分の13を超える部分については無権利の登記であり，登記に公信力がない結果，上告人が取得した持分は80分の13にとどまるというべきである。」

【参考判例】最判平14・6・10家月55巻1号77頁
　「特定の遺産を特定の相続人に「相続させる」趣旨の遺言は，特段の事情のない限り，何らの行為を要せずに，被相続人の死亡の時に直ちに当該遺産が当該相続人に相続により承継される。このように，「相続させる」趣旨の遺言による権利の移転は，法定相続分又は指定相続分の相続の場合と本質において異なるところはない。そして，法定相続分又は指定相続分の相続による不動産の権利の取得については，登記なくしてその権利を第三者に対抗することができる。」

【相続と登記に関する判例・民法の立場のまとめ】

	登記の要否
単独相続	登記不要
共同相続と登記（相続分）	登記不要
相続放棄と登記	登記不要
遺産分割協議と登記	登記必要
遺贈と登記	登記必要
相続分の指定・特定財産承継遺言と登記	登記必要

6.7 不動産登記

　土地や建物の売買契約によって，その所有権が移転した場合のように，不動産に関する物権変動は，登記をしなければ，第三者に対抗することができない（177条）。
　ここでは不動産登記をめぐる諸問題を取り上げよう。

6.7.1 登記請求権

　権利に関する登記は，すでに述べたように（6.4.4），原則として，登記権利者と登記義務者の申請によって行われる（共同申請の原則）（不登60条）。
　登記義務者が登記に協力しない場合，登記権利者は，登記義務者に対し登記手続に協力すべきことを請求することができる。これを**登記請求権**という。

【設例6−22】
① Xは，YからY所有の土地を購入した。Xは，Yに代金を支払ったにもかかわらず，Yは，移転登記請求に応じようとしない。XはYに対して移転登記を請求することができるか。
② X所有の土地につき，Yが自己を所有者とする登記をしている。この場合に，Xは，Yに対して，登記の抹消を請求することができるか。
③ Y所有の土地が，YからA，AからXへと転売された。この場合に，X・Y間の合意で，YからXへの移転登記を請求することができるか。
④ Xは，自己所有の土地をYに売却したが，Yが登記の移転に応じない。この場合に，Xは，Yに対して，登記の引き取りを請求することができるか。

（1）債権的登記請求権

　設例【6−22】①では，X・Y間に土地の売買契約が存在する。それゆえ，Xは，Yに対して，売買契約に基づく義務の履行として，登記の移転を請求することができる（560条。大判大11・3・25民集11巻130頁）。

（2）物権的登記請求権

　設例【6−22】②では，実質的には物権が存在しないか，物権変動が生じていないのに登記がある。仮装登記の抹消請求のように，真の物権関係と登記が一致していない場合に，その不一致を是正するために登記請求権が発生する（大判明43・5・24民録16輯422頁，大判大7・7・10民録24輯1441頁など）。

（3）当事者間の特約による登記請求権

　【設例 6−22】③のように，当事者間に特約がある場合にも登記請求権が認められる。特に，問題となるのは，中間省略登記請求の場合である（大判大 10・4・12 民録 7 輯 703 頁など）。

（4）登記引取請求権

　【設例 6−22】④のように，登記義務者が登記をしようとするのに登記権利者が協力しないとき，登記義務者は登記権利者に登記を引き取るよう請求することができるか。
　判例（最判昭 36・11・24 民集 15 巻 10 号 2573 頁）・学説は，これを肯定する。これを認める実益は売主から固定資産税の負担を取り除くことにある。

【参考判例】最判昭 36・11・24 民集 15 巻 10 号 2573 頁
　「真実の権利関係に合致しない登記があるときは，その登記の当事者の一方は他の当事者に対し，いずれも登記をして真実に合致せしめることを内容とする登記請求権を有するとともに，他の当事者は右登記請求に応じて登記を真実に合致せしめることに協力する義務を負うものというべきである。」

6.7.2　登記の有効要件

　登記が効力を生ずるためには形式的要件，つまり不動産登記法の手続的要件をみたすこと，および実質的要件，つまり実体的権利関係に一致することを要する。以下においては，特に問題とされる点を取り上げる。

（1）形式的要件

　実体的権利関係とは一致するが，形式的要件を欠く場合である。この場合には，登記申請手続に瑕疵があっても，それによってただちに登記を無効とすべきではなく，実体的な権利関係に符合しているかどうかを基準に判断すべきであるとしている。

（a）偽造文章などによる登記

【設例 6−23】
　Xは，Yに自己所有の土地を売却した。AがX・Y間の売買契約の交渉の代理権しか与えられていないのに，Xの書類を偽造して登記をY名義に移転した。Xは，Yに登記の抹消を請求することができるか。なお，Yは代金支払済みである。

判例は，偽造文書による登記申請が受理されて登記が経由された場合でも，その登記の記載が実体的法律関係に符合し，かつ，登記義務者においてその登記を拒みうる特段の事情がなく，登記権利者において当該登記申請が適法であると信ずるにつき正当の事由があるときは，登記義務者は右登記の無効を主張することができないとしている（最判昭和41・11・18民集20巻9号1827頁）。

　もっとも，これによれば，Yが代金を支払っていない場合には，「特段の事情」が認められ，Xからの抹消登記手続きは認められることになろう。

　なお，印鑑証明書の日付が偽造された場合（最判昭和34・7・14民集13巻7号1005頁）や無権代理人による登記が後に追認された場合（最判昭和42・10・27民集21巻8号2136頁）にも，登記は有効であるとされている。

（2）実質的要件

（a）登記に対応する実体がない場合

　原則として無効である。ただし，登記の記載と実体関係との間に多少の不一致があっても，両者の間に同一性が認められ，その登記が公示機能としての役割を果たしていると認められる場合には有効である（最判昭31・7・20民集10巻8号1048頁）。

　また，贈与によって所有権が移転したのに売買を原因とした場合でも，所有権移転の効果を生ずる点では同じなので有効であるとされる（大判大5・12・13民録22輯2411頁）。

　さらに，虚偽表示な無効な登記原因に基づいてなされた登記を回復するのに，抹消登記によらずに移転登記によった場合でも，元の名義人に登記が戻る点では同じなので有効であるとされる（最判昭30・7・15民集9巻9号1002頁）。

（b）登記の流用

【設例6-24】
① Xは，自己所有の土地上に築40年の建物（甲）を建て住んでいたが，甲が老朽化したこともあり，新築の建物（乙）を建築した。この場合に建物乙のために建物甲の登記を用いる（流用）することができるか。
② 有効に存在していた抵当権が被担保債権の弁済により消滅したが，抵当権設定登記が抹消されないまま残されていた場合に，同じ金額の金銭を借り受け同じ建物に抵当権を設定するとき，抹消されないまま残されていた抵当権設定登記を新たな抵当権のために流用することができるか。

　最初有効であった登記が実体関係を欠くようになった後において，最初の実体関係と別個類似の実体的権利関係が生じたとき，最初の登記を後の実体関係の登記として用いるこ

とができるか。

（ア）新築建物への登記の流用（【設例 6−24】①）

　旧建物の登記の新建物への保存登記の流用は無効であるとされる（最判昭 40・5・4 民集 19 巻 4 号 797 頁）。

【参考判例】最判昭 40・5・4 民集 19 巻 4 号 797 頁
　「建物が滅失した後，その跡地に同様の建物が新築された場合には，旧建物の登記簿は滅失登記により閉鎖され，新建物についてはその所有者から新たな所有権保存登記がなさるべきものであって，旧建物の既存の登記を新建物の右保存登記に流用することは許されず，かかる流用された登記は，新建物の登記としては無効と解するを相当とする。けだし，旧建物が滅失した以上，その後の登記は真実に符号しないだけでなく，新建物についてその後新たな保存登記がなされて，一個の不動産に二重の登記が存在するに至るとか，その他登記簿上の権利関係の錯雑・不明確をきたす等不動産登記の公示性をみだすおそれがあり，制度の本質に反するからである。」

（イ）抵当権設定登記の流用（【設例 6−24】②）

【図 25】

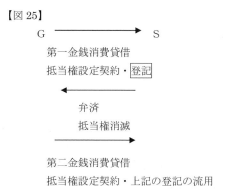

　判例は，登記の流用の時までに第三者が当該不動産に正当な利害関係を有するに至った場合には登記の流用を認めず（大判昭 8・11・7 民集 12 巻 2691 頁）[21]，登記の流用後にかかる第三者が出現した場合には抵当権の流用を認め，抵当権者は，流用登記をもって第三者に対抗することができるとしている（大判昭 11・1・14 民集 15 巻 89 頁，仮登記担保につき，最判昭 49・12・24 民集 28 巻 10 号 2117 頁）。

---

[21]　ただし，2 番抵当権の登記としては有効であるとする。

（ｃ）中間省略登記

　不動産がAからB，BからCへと譲渡された場合に，登録免許税を節約するなどの目的のために登記をAからCへと直接移転することがある（これを**中間省略登記**という。）。中間省略登記は有効か。

　かつて判例は，中間省略登記の効力を否定したが（大判明44・5・4民録17輯260頁），その後，中間省略登記が慣行的に行われたこともあり，3者の合意がある場合（大判大5・9・12民録22輯1702頁）や，A・C間の中間省略登記に中間者Bが同意した場合には有効とするようになった（大判大11・3・25民集1巻130頁）。判例が中間者の同意を要求するのは，中間者が代金を受領していない場合などに中間省略登記を認めると，中間者が同時履行の抗弁権を行使する機会を失うおそれがあるからである。

　また，判例は，中間者Bの同意なしに中間省略登記が行われた場合であっても，登記上利害関係を有する第三者が現れた後においては，Bに中間省略登記の抹消を求める正当な利益がないときは，Bは，中間省略登の抹消を求めることはできないとしている（最判昭35・4・21民集14巻6号946頁）。さらに，中間者Bの同意を有するのは中間者の正当な利益を守るためのものであるから，第三者がBの同意の欠缺を理由に中間省略登記の無効を主張することはできないとしている（最判昭44・5・2民集23巻6号951頁）。

　もっとも，2004年（平成16年）の不動産登記法の改正により，不動産登記法は，現在の権利関係のみならず，権利の移転過程の公示も重視するようになり（不登59条3号・61条・121条参照），また，司法書士会は，司法書士に中間省略登記に協力しないよう要請している。さらに，最判平22・12・16民集64巻8号2050頁は，YからAに甲土地が贈与され，AをXが相続したため，XがYに登記の移転を請求した事案において，Xによる真正な登記名義の回復を否定している。

【参考判例】最判平22・12・16民集64巻8号2050頁

　「<u>不動産の所有権が，元の所有者から中間者に，次いで中間者から現在の所有者に，順次移転したにもかかわらず，登記名義がなお元の所有者の下に残っている場合において，現在の所有者が元の所有者に対し，元の所有者から現在の所有者に対する真正な登記名義の回復を原因とする所有権移転登記手続を請求することは，物権変動の過程を忠実に登記記録に反映させようとする不動産登記法の原則に照らし，許されない</u>ものというべきである。」

（ｄ）二重の登記

　不動産登記法は，同一の不動産について2つ以上の登記用紙を設けることを禁止している（一不動産一用紙主義）（不登2条5項）。二重の登記申請は，却下されることになって

いる（不登 25 条 3 項）。しかし，さまざまな理由から二重登記が行われることがあり，いずれを無効として抹消（閉鎖）させるべきかが問題となる。

　判例は，原則として，先になされた登記が有効であるとしながら（後にされた登記は無効であり，抹消される。）（大判大 4・10・29 民録 21 輯 1788 頁，最判昭 44・11・20 判時 581 号 38 頁），先になされた登記が無権利者によってされたものであったり（最判昭 34・4・9 民集 13 巻 4 号 526 頁），登記に符合する不動産が存在しない（大判大 4・4・6 民集 8 巻 384 頁）場合などには，先になされた登記が無効となるとしている。

（ e ）第三者あるいは登記官の過誤による登記の抹消

　登記が第三者の不法行為や登記官の過誤によって不法に抹消された場合には，判例（大連判大 12・7・7 民集 2 巻 448 頁）・学説とも，対抗力を失われないとしている[22]。すなわち，登記の抹消は，抹消登記によってなされるが，不法になされた抹消登記に効力を認めると，抹消登記に公信力を認めた結果となるからである。

　もっとも，判例は，権利者本人の自らの意思・関与によって登記が抹消された場合，たとえば，抵当権者が債務の弁済があったと誤信して，その登記を抹消した場合には，対抗力が消滅するとしている（大判昭 15・6・29 民集 19 巻 1118 頁など）。また，登記手続の委任を受けた司法書士の過誤によって既存の登記が抹消された場合にも，対抗力は消滅するとしている（最判昭和 42・9・1 民集 21 巻 7 号 1755 頁）。

6.7.3　登記の効力

（1）登記の対抗力

　不動産に関する物権の得喪および変更（物権変動）は，登記をしなければ，第三者に対抗することができない（177 条）。反対に言えば，登記をすれば，物権変動を第三者に対抗する（主張する）ことができる。これを**登記の対抗力**という。

（2）登記の推定力

　登記は，物権変動の対抗要件であって，効力要件ではないから，物権変動があったからといって必ずしも登記がなされるとは限らない。しかし，実際には物権変動があれば登記がなされるのが普通である。そこで，学説は，一般に登記に推定力を認め，判例もまた，**反証がない限り登記に記載されたとおりの権利関係があると推定すべき**ものとしている

---

[22]　これに対して，権利者の帰責事由による登記の抹消の場合には，対抗力は消滅する（最判昭 42・9・1 民集 21 巻 7 号 1755 頁）

（最判昭 34・1・8 民集 13 巻 1 号 1 頁）[23]。これを**登記の推定力**という。

　もっとも，登記簿上の不動産の直接の前所有名義人が現所有名義人に対して，当該所有権の移転を争う場合においては，右の推定をなすべき限りでなく，現所有名義人が前所有名義人から所有権を取得したことを立証すべき責任を有する（最判昭 38・10・15 民集 17 巻 11 号 1497 頁）。

　不動産につき贈与を原因とする所有権移転仮登記が経由されているにとどまるときは，これにより仮登記権利者の所有権取得または仮登記の当事者間における贈与契約の成立を推定することはできない（最判昭 49・2・7 民集 28 巻 1 号 52 頁）。

（3）登記の公信力

　わが国の制度では，**登記には公信力がない**。それゆえ，実体関係に合わない登記を信頼して取引をしても，登記に記載されたとおりの法律効果は認められない。登記申請書類を偽造して他人の土地に登記をした者を権利者だと信じて，その者からその土地を購入しても，その土地の所有者となることはできない。

　しかし，**94 条 2 項類推適用**により登記に公信力が付与されたのと同じ状況が作られている（最判昭 29・8・20 民集 8 巻 8 号 1505 頁など。なお，94 条 2 項類推適用について詳しくは，契約法において詳しく論じる。）。

6.7.4　仮登記

（1）仮登記

　これまで述べてきた登記は，仮登記との関係において，**本登記**という。これに対して，仮登記は，本登記をする準備としてなされる（不登 105 条）。つまり，仮登記は，まず，①登記所に対し提供しなければならない情報があって，不動産登記法 25 条第 9 号の申請情報と併せて提供しなければならないもの（たとえば，登記識別情報，登記原因証明情報など）のうち，法務省令で定める情報を提供することができない場合にすることができる（**1 号仮登記**）（同条 1 号）。たとえば，農地売買において，知事の許可書がないため，本登記の申請ができないような場合である。また，②不動産に関する物権の設定，移転，変更または消滅に関する請求権を保全しようとするときにもすることができる（**2 号仮登記**）（同条 2 号）。たとえば，債権担保のためにあらかじめ代物弁済の予約とか停止条件付代物弁済契約を締結して，所有権移転請求の仮登記をしておくような場合である。

---

[23]　この推定は，事実上の推定とされている（最判昭 46・6・29 判時 635 巻 110 頁）。

（2）仮登記の効力

　仮登記の効力は，**将来本登記がなされた場合に備えて順位を保全しておくことである（仮登記の順位保全効。不登 106 条）**。たとえば，AからBが所有権移転請求権保全の仮登記を受け，その後，AからCが当該不動産を譲り受けて移転登記を受けた場合に，Bの仮登記が本登記に改められたときは，Bの所有権取得が優先してCに対抗することができる。

【設例 6−25】
　AからBが所有権移転請求権保全の仮登記を受け，その後，AからCが当該不動産を譲り受けて移転登記を受けた場合に，Bの仮登記が本登記に改められた。この場合に，Bが仮登記をした時から仮登記を本登記に改めるまでの間にCが不動産を占拠していた場合，Bは，Cに対して，この占拠によって生じる賃料相当額の損害の賠償を請求することができるか。

　順位保全効の理解に関して争いがある。

A説：対抗力遡及説
　本登記の対抗力は，仮登記の時に遡る。この見解によれば，【設例 6−25】では，順位保全効は，遡及効を有するから，賃料は，Bに帰属することとなる。

B説：順位遡及説（最判昭 36・6・29 民集 15 巻 6 号 1764 頁）
　対抗力が生ずるのは，仮登記を本登記に変わった時点からである。この見解によれば，仮登記を本登記に改めても，遡及効はないから，賃料は，Cに帰属する。

最判昭 36・6・29 民集 15 巻 6 号 1764 頁
　「<u>所有権移転の本登記によって，仮登記の時以後における，これと相容れない中間処分の効力が否定されるということは，決して仮登記の時に所有権の移転があったという事実を擬制するのではない</u>から，上告人の本件家屋の占拠によって被上告人に仮に損害があったとしても，その損害の発生は，特段の事情のないかぎり被上告人において現実に本件家屋の所有権を取得した以後でなければならない。」

7 動産物権変動の対抗要件

【到達目標】
○動産物権変動における対抗要件主義がどのような制度であり，どのような場合に問題となるかを説明することができる。

7.1 動産の対抗問題

【設例7−1】
　Xは，Aから自転車を購入した。まだ自転車が引き渡される前に，AのもとからYが盗んだ。この場合に，Xは，Yに対して，自転車は自分のものであると主張して，その返還を請求することができるか。

　動産に関する物権の譲渡は，その動産の「引渡し」がなければ，第三者に対抗することができない（178条）。

7.1.1 動産に関する物権の譲渡

　不動産と異なり，引渡しが対抗要件となるのは，**譲渡**である。もっとも，判例によれば，所有権譲渡契約の取消しや解除による所有権の復帰についても，引渡しが対抗要件とされる（解除について，大判大10・5・17民録27輯929頁など）。
　動産所有権の原始取得などには引渡しを要件とする余地はない。また，相続については，相続によって占有は当然に相続人に承継され，それゆえ，178条は適用されない。

7.1.2 引渡しを要する物権

　引渡しを要する物権は，所有権に限られる。動産物権には，占有権，留置権，質権および先取特権があるが，前三者は，占有の取得が成立要件または存続要件となる（留置権につき，302条，質権につき，344条）。また，動産の先取特権については，対抗要件を要しない。

7.2 第三者

　178条の「第三者」については，基本的には177条の「第三者」の議論とパラレルに考えてよく，第三者が対抗要件の欠缺を主張することにつき正当な利益を有しているか否かによって判断される（大判大8・10・16民録25輯1824頁など）。
　所有権取得者（大判大4・2・2民録21輯61頁），差押債権者（大判明36・3・6民録9

輯 239 頁）や賃借人（大判大 4・2・2 民録 21 輯 61 頁，大判大 4・4・27 民録 21 輯 590 頁など）は，正当な利益を有する者とされる。

　他方，不法占拠者（大判大 5・4・19 民録 22 輯 782 頁），不法行為者（大判昭 17・2・28 法学 11 巻 1183 頁）や受寄者（大判明 36・3・5 民録 9 輯 234 頁など）は，正当な利益を有しない者とされる。同じく背信的悪意者も正当な利益を有しないとされる。

　【設例 7−1】では，Y は，自転車を盗んだ者にすぎないから，対抗要件の欠缺を主張する正当な利益を有しない。そのため，X は，対抗要件を具備していなくても，Y に対して，自転車の所有権取得を主張することができる。

7.3　対抗要件としての引渡し

> 【設例 7−2】
> 　X は，A から甲自転車を購入した。ところが，A は，甲自転車を Y にも売却し，甲自転車を Y に引き渡した。この場合に，X は，Y に対して，自転車は自分のものであると主張して，その返還を請求することができるか。

　【設例 7−2】では，Y は，A から甲自転車を購入した者であるから，対抗要件の欠缺を主張する正当な利益を有する第三者である。そのため，X は，対抗要件を具備していないと，言い換えると，引渡しを受けていないと，Y には A・X 間の所有権移転を主張することができない。

　それでは，そもそもどのような場合に「引渡し」があったとみることができるのであろうか。

7.3.1　現実の引渡し・簡易の引渡し

　現実の引渡し（182 条 1 項）および簡易の引渡し（同条 2 項）が 178 条の引渡しにあたることは問題がない。

7.3.2　占有改定

　判例は，占有改定も 178 条による引渡しに包含されるとしている（大判明 43・2・25 民録 16 輯 153 頁，最判昭 30・6・2 民集 9 巻 7 号 855 頁）。

7.3.3　指図による占有移転

　判例は，指図による占有移転も 178 条にいう引渡しに含まれるとしている（最判昭 34・

8・28 民集 13 巻 10 号 1311 頁)。

【二重譲渡における X の Y に対する動産（甲自転車）所有権に基づく返還請求権としての動産引渡請求】

【請求原因】
  （1）A が甲自転車を所有していたこと
  （2）A は，X と甲自転車を代金〇〇円で売買する契約を締結したこと
  （3）Y が甲自転車を占有していること

（対抗要件）
【抗弁】
  （1）A は，Y と甲自転車を代金〇〇円で売買する契約を締結したこと
  （2）X が対抗要件を具備するまで X の甲自転車の所有権取得を認めないとの Y の権利主張

（引渡し）
【再抗弁 I】
  A が，X に対して，請求原因（2）の売買契約に基づいて，X に甲自転車の引渡しをしたこと

（背信的悪意者）
【再抗弁 II】
  Y が背信的悪意者であること

7.3.4　動産譲渡登記

【設例 7−3】
  X 会社は，A 会社から A 会社所有の商品在庫甲を買い受けた。後日，甲について，権利を主張する者がでてくる場合に備えて，X 会社は，これまで見てきた対抗要件の具備方法以外に，どのような方法を講ずることができるか。

（1）意義・必要性

  動産を活用した資金調達の円滑化を図るため，法人が行う動産の譲渡について，登記に

よって対抗要件を具備する方法が認められている。これが**動産譲渡登記**である（動産債権譲渡特例法 3 条）。

　たとえば，動産の譲渡について占有改定がおこなわれても，それは，外形的にはわかりにくく，動産が二重譲渡されたり，売却処分されたりするなどのリスクがあり（それについて，9.2.3〔2〕も参照），企業の資金調達の円滑化を困難にしているとの指摘がなされていた。そこで，法人が行う動産の譲渡について，登記によって対抗要件の具備を可能としたものである。

（2）適用・効果

　動産譲渡登記の対象は，**法人が行う動産の譲渡**に限定される（動産債権譲渡特例法 3 条）。動産譲渡登記の目的物となる動産は，**個別動産（動産の種類と特質によって）でも特定される動産**，**集合動産（動産の種類と保管場所の所在によって特定される動産）**でもよい。登記される物権変動は，動産の譲渡およびそれに類似する取消しや解除の場合に限られる（動産債権譲渡特例法 3 条 1 項・3 項）。いかなる目的で譲渡されたか（譲渡の目的）は問わない。

　動産登記がなされた場合には，当該動産について 178 条の引渡しがあったものとみなされる（動産債権譲渡特例法 3 条 1 項）。

　【設例 7−3】において，X 会社が甲を買い受けたときに，甲の譲渡について登記しておけば，後日，A から甲を買い受けた者がでてきても，X は，A・X 間の売買で甲の所有権を取得したことをその者に対して主張することができる。

7.4　対抗要件を具備した者の優劣関係

【設例 7−5】
　B は，A から A 所有の時計甲を買い受け，占有改定の方法で占有の移転を行った。ところが，後日，A は，甲を C にも売却し，占有改定の方法で占有の移転を行った。この場合に，B と C のいずれが時計甲の所有者となるか。

【図 1】

　動産の引渡しにおいては，不動産の物権変動と異なり，対抗要件が二重に具備されるということが起こりうる。たとえば，A から B が A 所有の時計甲を購入し，占有改定を受け，

その後，Cも，Aから甲を購入し，占有改定を受けたとする。この場合に，Bは，占有改定を受けているから，甲の引渡しを受けている。また，Cも，占有改定を受けているから，甲の引渡しを受けている。そのため，引渡しという観点から所有権の帰属を決めようと思っても，所有権の帰属を決定することはできない[1]。

　この場合，**通説は，所有権の帰属は，対抗要件の具備の先後で決定する**としている。これによれば，【設例7−5】では，先に占有改定をしたBがCに優先することとなる。

1　不動産の物権変動については，登記が登記官の過誤によって二重になされるなど，特殊な事情がない限り，基本的には登記が二重になされることはない。

8　立木等の物権変動

8.1　立木の物権変動

【設例 8−1】
　Aは，自己所有の土地甲を 1,000 万円でBに売却した。ところで，Aは，甲土地売却前に甲土地上に植えられている立木をCに 100 万円で売却していた。
　この場合において，下記の条件で，Cは，Bに対して，立木は，自分のものであると主張することができるか。
① Cが，特に立木に対してなんらの措置も講じていなかった場合。
② Cが，立木にC名義の立札を立てていた場合。
③ Cが，立木を購入した際，C名義の立札をたてたが，その後，風雨により，Bが土地を購入した際には立札の文字がすべて消えていた場合。

　立木は，土地の定着物であるから不動産である（86 条 1 項）。これは，稲立毛や未分離の果実についても同様である。しかし，立木をこのように土地と一体として扱うとしばしば不都合を生ずる場合がある。土地所有者が立木だけを売却しようとする場合や未分離の果実を土地や立木とは別に収穫目的で売買する場合もある。このような取引要請から，法律や判例法による公示方法が認められてきた。

8.2　立木

8.2.1　立木法

　立木を独立の取引対象とするための方法として「立木ニ関スル法律」がある。すなわち，立木は，立木登記簿に所有権保存登記がなされると，地盤から離れた独立の不動産となる（立木 1 条・2 条）。

8.2.2　明認方法

　立木法による登記がない場合であっても，判例により「明認方法」を施すことによって，立木を土地とは独立の取引対象とすることが認められてきた。**明認方法とは，第三者をして権利の譲渡を明認させるに足りる行為**である（大判大 9・2・19 民録 26 輯 142 頁）。具体的には，樹木の皮を削って所有者名を墨書した場合（大判大 10・4・14 民録 27 輯 732 頁），山林内に炭焼小屋を作って伐採に着手した場合（大判大 4・12・8 民録 21 輯 2028 頁），立木に自分の名前を表示した刻印を押し，現場に標札を立てた場合（大判昭 3・8・1 新聞

2904 号 12 頁）がある。

なお，明認方法は，第三者が利害関係を持つ時まで存続していなければならない（最判昭 36・5・4 民集 15 巻 5 号 1253 頁）。

8.3 未分離の果実・稲立毛

8.3.1 取引対象としての未分離果実・稲立毛

これらに関しても独立の取引対象となることが認められている（未分離のみかんに関して，大判大 5・9・20 民録 22 輯 1440 頁，稲立毛に関して，大判昭 13・9・28 民集 17 巻 1927 頁）。

8.3.2 対抗要件

判例は，この場合にも，引渡しが必要であって，その他に引き渡したことの明認方法を必要とするとしている（大判大 5・9・20 民録 22 輯 1440 頁など）。

9　占有の保護

　物と人との間に現に存在する事実上の支配関係をむやみに撹乱させないことが社会秩序を維持するために必要なものであるから，法律は，その事実上の関係がいかなる原因に基づくかを問わずに法律上保護を与えている。

【占有保護】
　①　本権推定
　②　即時取得
　③　時効取得
　④　占有訴権
　⑤　果実収取権，費用償還請求権等

9.1　占有による本権推定

　占有者が占有物の上に行使する権利（たとえば，所有権，賃借権〔大判大 4・4・27 民録 21 輯 590 頁など〕）は，適法に有するものと推定される（188 条）。つまり，本権が推定される（**占有の本権推定**）。**本権**とは，**占有を正当化する権利**である。
⇒このことは，占有者が本権の訴えでは，占有者が被告の地位に立つということも意味する。
　もっとも，現在の実務では，所有権の返還請求権においては，被告は占有を有するとされるにもかかわらず，占有による本権推定はされない。そのため，占有者が占有権原を主張立証しなければならない。

【なぜ所有権の訴えに関する条文がないのか？】
　占有を侵奪された者は，所有権の訴えの前に，自己が物の占有者であることを確認し，占有を確保しておけば，本権の訴えでは，被告の地位に立つ。つまり，本権者と名乗る者の訴えを受けて立てばよい。とはいえ，本権者と名乗る者は，しょせん占有侵奪者にすぎないから，占有者が占有を確保した時点で勝負は決している。結局，占有者は，所有権の訴えをするまでもなく，保護されるのである。

9.2 即時取得

【設例9−1】

Aは，Bか10万円で腕時計を購入した。ところが，後日，AのところにCが来て，それは，自分の物であるから返してほしいと言われた。Cの話によれば，それは，CがBに預けたもので，Bに無断でAに売却したものであることがわかった。Aは，Cに時計を返さなければならないか。また，Cからの請求を拒絶するために，Aは如何なる主張をすることができるか。

【図1】

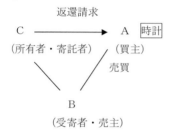

9.2.1　原則

Bは，Cから腕時計を預かっただけであるから，腕時計の所有権を取得することはできない。そのため，Bから腕時計を購入したAも，腕時計の所有権を取得することはできない。

9.2.2　例外としての即時取得

ただ，これでは，物の所有権を取得したと思っている者が不測の損害を被るおそれがあり，取引の安全を害する。そこで，民法は，動産については，例外として動産の占有者に対しては即時取得（善意取得）を認めている（192条）。**公信の原則**（実際には権利が存在しないのにそれが存在すると思われる外形がある場合に，その外形を信じて取引した者を保護するために外形通りの権利があるとみなす原則）の表れである。

9.2.3　要件

（1）AがBから腕時計を「（有効な）取引行為」によって取得したこと
（2）Aが腕時計の占有を取得したこと
（3）Aの占有が平穏かつ公然，善意，無過失であること
（4）前主が無権利者であること

（5）即時取得の対象物が動産であること

（1）有効な取引行為

（a）「取引行為によって」占有を取得すること

　即時取得が認められるためには，占有者が「**取引行為によって**」占有を取得することを要する。そのため，たとえば，AがBの所有山林を自己の山林と信じ，立木を伐採しても，Aは，立木を即時取得することはできない（大判大4・5・20民録21輯730頁）。
　また，遺失物の拾得などの原始取得や相続・合併などの包括承継の場合にも，善意取得の適用はない[1]。

（b）「有効な」取引行為

　取引行為は，**有効なもの**でなければならない。取引行為が無効である場合には，即時取得は認められない。

（2）目的物の占有取得

（a）現実の引渡し・簡易の引渡し

　現実の引渡し・簡易の引渡し（182条）について，即時取得が認められることは問題がない。

（b）占有改定と即時取得

　問題となるのは，占有改定と指図による占有移転の場合である。

【設例9−2】
　Xは，Aから，テレビ甲を購入し，占有改定による引渡しを受けた。しかし，Aは，自己がテレビを占有していることを奇貨として，この甲をYにも売却し，占有改定による引渡しを行った。この場合に，XがYに対して所有権確認の訴えを提起した場合に，それが認められるか。

1　贈与によって占有を取得した場合に即時取得が成立するかに関しては，争いがある。

【図2】

（ア）対抗要件レベルでの優劣

　X・Yは，いずれも占有改定による引渡しを受けている。つまり，対抗要件を具備している。判例・通説によれば，両者が対抗要件を具備している場合には，先に対抗要件を具備した者が優先する。そのため，対抗要件のレベルでは，Xが所有権を取得することとなる。

（イ）占有改定による即時取得

　それでは，Yは，甲を即時取得したことを理由として，Xの主張を否定することができるか。

A説：肯定説
　即時取得は，Aの占有を信頼したYを保護する制度であるから，占有改定によっても即時取得が認められる。

B説：否定説（判例）
　「無権利者から動産の譲渡を受けた場合において，譲受人が民法 192 条によりその所有権を取得しうるためには，<u>一般外観上従来の占有状態に変更を生ずるがごとき占有を取得することを要し，かかる状態に一般外観上変更を来たさないいわゆる占有改定の方法による取得をもっては足らない</u>ものといわなければならない。」（最判昭 35・2・11 民集 14 巻 2 号 168 頁）。
　→Yは，占有改定しか受けておらず，そのため，外観上従来の占有状態に変更がない。そのため，判例によれば，Yは，占有改定によって所有権を取得することはできない。

（c）指図による占有移転と即時取得

（ウ）指図による占有移転と即時取得（応用）

【設例9－3】
　下記の場合にDは即時取得できるか。
① BがAから預かっている物をBがCに譲渡して占有改定をし，CがこれをDに譲渡して指図による占有移転をした。
② BがAから預かっている物をBがさらにCに預けて現実の引渡をし，BがこれをDに譲渡して指図による占有移転をした。

【図3】

【設例9－3】①　　　　　　　　　　　　【設例9－3】②

（ア）学説

　多数説は，真正の権利者の信頼は形の上でも裏切られているとか，あるいは，指図による占有移転は，第三者たる所持人に対する命令が必要なので占有の移転を外部から認識しうる，という理由から，即時取得を肯定している。

（イ）判例

　判例は，古くは，Dの即時取得を否定していた（大判昭8・2・13新聞3520号11頁など。【設例9－3】①参照）。しかし，現在は，BからDへの指図による占有移転でDが間接占有者となり，Bは代理占有関係から離れ，したがって，Bを介したAの占有もなくなるので，Dの即時取得を肯定している（最判昭57・9・7民集36巻8号1527頁。【設例9－3】②参照）。

【参考判例】最判昭57・9・7民集36巻8号1527頁
　「右事実関係のもとにおいて，被上告人が右寄託者台帳上の寄託者名義の変更によりスギヤマ商店から本件豚肉につき占有代理人を東洋水産とする指図による占有移転を受けることによって民法192条にいう占有を取得したものであるとした原審の判断は，正当として是認することができる。」

（3）平穏・公然・善意・無過失の占有

（a）意義

　即時取得が成立するためには，取引によって権利を譲り受けた者が善意にしてかつ無過失であること，および取引が平穏かつ公然に行われることを要する。**平穏とは，暴力によるものではないことであり，公然とは，隠秘ではないことである。**また，**善意・無過失とは，動産の占有を始めた者において，取引の相手方がその動産につき無権利者でないと誤信し，かつ，そう信ずることにつき過失がなかったことをいう**（最判昭 26・11・27 民集 5 巻 13 号 775 頁）。
　もっとも，即時取得が認められるためには，即時取得を主張する者が動産を占有していることが必要となるから，「平穏かつ公然」は，186 条 1 項により推定される。また，占有者の善意も推定される（186 条 1 項）（下記立証責任参照）。

（b）無過失の立証責任

　これに対して，**無過失については，186 条 1 項によっては推定されない**（大判大 8・10・13 民録 25 輯 1863 頁，最判昭 46・11・11 判時 654 号 52 頁）。
　しかしながら，判例は，**188 条によって，動産を占有していた前主は，占有する物の上に行使する権利を適法に有するものと推定される**とし，192 条において，即時取得を主張する者は，無過失を立証する必要はないとしている（最判昭 41・6・9 民集 20 巻 5 号 1011 頁）。

【参考判例】最判昭 41・6・9 民集 20 巻 5 号 1011 頁
　「思うに，右法条（192 条—括弧内，筆者）にいう「過失なきとき」とは，物の譲渡人である占有者が権利者たる外観を有しているため，その譲受人が譲渡人にこの外観に対応する権利があるものと誤信し，かつこのように信ずるについて過失のないことを意味するものであるが，およそ占有者が占有物の上に行使する権利はこれを適法に有するものと推定される以上（民法188 条），譲受人たる占有取得者が右のように信ずるについては過失のないものと推定され，占有取得者自身において過失のないことを立証することを要しないものと解すべきである。」

【無過失の推定】
　186 条 1 項は，なぜ無過失を推定していないのだろうか。調べてみよう。

（4）前者が無権利者であること

　相手方が目的物たる動産を処分する権限を持たないのに，もっていると誤信して取引をしたことを要する。
　相手方が制限能力者であるとか，無権代理人である場合に，相手方を行為能力者であるとか，

代理人であると誤信しても，即時取得の適用はない。なぜなら，このような場合に即時取得の適用を認めると，制限行為能力者や無権代理に関する規定はほとんど無意味になるからである。

（5）動産

192条は，動産についてのみ適用される。それゆえ，取引の目的物が不動産や債権である場合には，192条の適用はない。

【設例9-4】
　Aは，XからX所有の自動車の保管を依頼された。ところが，Aは，自動車の登録名義を自己名義に偽造し，事情を知らないYに売却し，登録名義を移転した。XがYに自動車の返還を請求してきたとき，Yは，即時取得を主張して返還を拒むことができるか。

　判例は，道路運送車両法による登録を受けていない自動車，登録ができない軽自動車あるいは登録が抹消された自動車については，192条が適用されるとしている（最判昭45・12・4民集24巻13号1987頁）。
　しかしながら，登録を受けた自動車については，192条の適用はないとしている（最判昭62・4・24日判時1243号24頁）。

【CのAに対する所有物返還請求権としての動産引渡請求（【設例9-1】）】

【請求原因】
　（1）Cが腕時計を所有していたこと
　（2）Aが腕時計を占有していること

（即時取得）
【抗弁】
　（1）BがAに対して腕時計を売却したこと
　（2）BがAに対して右契約の履行として腕時計を引き渡したこと

（悪意）
【再抗弁Ⅰ】
　Aは，Bが腕時計の所有権を有するとは信じていなかったこと

（有過失）
【再抗弁Ⅱ】
　Bが無権利者でないと信ずることにつきAに過失が存在すること

（193条）
【再抗弁Ⅲ】
　Bが腕時計を盗まれたか，または，遺失したこと

【再々抗弁】←【再抗弁Ⅲ】に対して
　盗難・遺失の日から2年が経過していること

9.2.4　効果

動産の占有者は，当該動産に対する権利を取得する。この取得は，原始取得であるから，権利に付着していた制限は消滅する。

9.2.5　盗品・遺失品に関する例外

取得した動産が盗品あるいは遺失品である場合には，被害者または遺失者は，盗難または遺失の時から2年間占有者に対して動産の回復を請求することができる（193条）。意思に反して占有を奪われた権利者と善意占有者との利害調整のためである。

もっとも，占有者が盗品・遺失品を競売，公の市場または同種の物を販売する商人から買い受けたときは，被害者・遺失者は，占有者が支払った代価を弁償しなければ回復を請求することができない（194条）。

9.2.6　動物の占有による権利の取得

家畜以外の動物で他人が飼育していたものを占有する者は，その占有の開始の時に善意であり，かつ，その動物が飼主の占有を離れた時から1か月以内に飼主から回復の請求を受けなかったときは，その動物について行使する権利を取得することができる（195条）。

9.3　時効取得

即時取得は，所有権に基づく返還請求権を拒絶する最も容易な抗弁であるが，すでに述べたように，即時取得が認められるためには，取引行為自体は有効でなければならないし，また，取引によって動産を取得したことを要するなど制限がある。そのため，他人の所有立木を伐採したような場合や，契約が成立していないような場合，あるいは，取引対象が不動産である場合には，即時取得は適用されない。

以上のような場合に，所有権に基づく返還請求権を拒絶する抗弁あるいは所有権の取得原因として機能するのが時効取得の抗弁である。

【取得時効と94条2項類推適用】
　取得時効は，占有の保護に関する制度である。他方，94条2項類推適用は，意思表示の有効性を信頼した者の保護の制度である。

9.3.1　意義

【設例9−5】
　Yは，Xから 1,000 万円でX所有の土地を購入した。ところが，X・Y間の売買契約は，不成立であったが，Yは，それを知らずに，10 年間その土地上に建物を建築し，居住し続けてきた。後日，XがYに対して土地の返還を請求してきた。Yは，Xに土地を返さなければならないか。

【図 4】

　時効取得とは，ある一定の要件のもとで一定の期間の経過によって所有権を取得する制度である。右に見たように，占有者が取引によって物を取得したことを要しないし，不動産についても認められる。

9.3.2　要件

　時効取得が認められるための要件は，下記のとおりである。
　（1）Xが「他人の物」を占有していること
　（2）Xの占有が自主占有であること
　（3）Xが（悪意・有過失の場合）20 年間または（善意・無過失の場合）10 年間占有していること
　（4）Xの占有が平穏・公然の占有であること
　（5）（10 年の取得時効の場合）Xが善意・無過失で占有していること
　（6）XがYに対して，取得時効の援用の意思表示をしたこと

（1）「他人の物」の占有

　判例は，必ずしも「他人の**物**」であることを要しないとする（大判昭 9・5・28 民集 13 巻 857 頁，最判昭 42・7・21 民集 21 巻 6 号 1643 頁）。
　また，**公用物**については，原則として取得時効の対象とはならないが，「公共用財産が，長年の間事実上公の目的に供用されることなく放置され，公共用財産としての形態，機能を全く喪失し，その物のうえに他人の平穏かつ公然の占有が継続したが，そのため実際上

公の目的が害されるようなこともなく，もはやその物を公共用財産として維持すべき理由がなくなった場合には，右公共用財産については，黙示的に公用が廃止されたものとして，これについて取得時効の成立を妨げない」とされている（最判昭 51・12・24 民集 30 巻 11 号 1104 頁）。

（2）自主占有

取得時効が成立するためには，占有者が「自主占有」を有することを要する。

（a）自主占有・他主占有

「所有の意思をもって」する占有を**自主占有**といい，所有の意思のない占有を**他主占有**という。

所有の意思とは，**所有者がなしうると同様の排他的支配を事実上行おうとする意思**である。

判例は，自主占有か否かは，**占有取得の原因たる事実によって外形的・客観的に判断**されるとしている（最判昭 45・6・18 判時 600 号 83 頁）。

たとえば，売買においては，自主占有が認められるが（他人物売買について，最判昭 56・1・27 判時 1000 号 83 頁），賃借人や受寄者は，他主占有とされる（賃借人について，大判昭 13・7・7 民集 17 巻 1360 頁）。

また，判例は，占有者が占有中，真の所有者であれば通常はとらない態度を示し，若しくは所有者であれば当然とるべき行動に出なかったなど，外形的客観的にみて占有者が他人の所有権を排斥して占有する意思を有していなかったものと解される事情が証明された場合にも，所有の意思をもって占有したとは言えないとしている（最判昭 58・3・24 民集 37 巻 2 号 131 頁）。

なお，**占有者は，自主占有であることが推定される**（186 条 1 項）。もっとも，**他主占有者の相続人が独自の占有に基づく取得時効の成立を主張する場合**（前者の占有が他主占有であり，時効を主張する者が前主の相続人であることを証明した場合）には，取得時効の成立を争う相手方ではなく，**占有者である当該相続人において，その事実的支配が外形的客観的にみて独自の所有の意思に基づくものと解される事情を自ら証明しなければならない**（最判平 8・11・12 民集 50 巻 10 号 2591 頁）。なぜなら，右の場合には，相続人が新たな事実的支配を開始したことによって，従来の占有の性質が変更されたものであるから，右変更の事実は取得時効の成立を主張する者において立証を要するものと解すべきであり，また，この場合には，相続人の所有の意思の有無を相続という占有取得原因事実によって決することはできないからである。

（b）他主占有事情

　上記のように，時効取得者の他主占有は，時効取得を争う者が主張立証しなければならない。通常，他主占有事情となるのは，時効取得者の占有が賃貸借契約や使用貸借契約によって始まったとか，あるいは，時効取得を主張する者が，不動産登記が他人名義になっているのを知って放置していたとか，不動産の固定資産税を負担していなかったといった事情が他主占有事情となる。

　もっとも，時効取得を主張する者が，不動産登記が他人名義であったとか，不動産の固定資産税を負担していなかったという事情がただちに他主占有事情になるとは限らない。

【設例9−6】
　Xの先代Aは，Yの先代Bとの間で，A所有の土地と，B所有の土地（甲）を交換する契約を締結した。Xは，甲土地についてAから贈与を受けて，建物を建てて居住しているが，Bの相続人であるYに対して，時効取得を主張することができるか。なお，本件において，Xは，甲土地の名義が他人名義になっていたにもかかわらず，所有権移転登記を求めたこともなく，また，固定資産税を負担したこともない。

　【設例9−6】の事案において，最高裁は，他人の土地に建物を建て，居住していた者が土地所有者に所有権移転登記を求めなかったこと，および固定資産税を負担しなかったことをもって他主占有事情として十分であるとはいえない（それらの事実自体からただちに他主占有が認められるわけではなく，その他の事情〔たとえば，登記を求めなかった理由，固定資産税を負担しなかった理由〕も踏まえて判断する。）として，右居住者の時効取得の主張を認めている（最判平7・12・15民集49巻10号3088頁）。

【参考判例】最判平7・12・15民集49巻10号3088頁
　「まず，<u>所有権移転登記手続を求めないことについてみると，この事実は，基本的には占有者の悪意を推認させる事情として考慮されるものであり，他主占有事情として考慮される場合においても，占有者と登記簿上の所有名義人との間の人的関係等によっては，所有者として異常な態度であるとはいえないこともある。次に，固定資産税を負担しないことについてみると，固定資産税の納税義務者は「登記簿に所有者として登記されている者」</u>である（地方税法343条1，2項）から，<u>他主占有事情として通常問題になるのは，占有者において登記簿上の所有名義人に対し固定資産税が賦課されていることを知りながら，自分が負担すると申し出ないことであるが，これについても所有権移転登記手続を求めないことと大筋において異なるところはなく，当該不動産に賦課される税額等の事情によっては，所有者として異常な態度であるとはいえないこともある。すなわち，これらの事実は，他主占有事情の存否の判断において占有に関する外形的客観的な事実の一つとして意味のある場合もあるが，常に決定的な事実であるわけではない。</u>」

（ｃ）他主占有から自主占有への転換

　取得時効が成立するためには，占有者が自主占有をしている必要がある。そのため，占有者が他主占有者である場合には，占有者がいくら長期間占有を続けても取得時効をすることはできない。
　もっとも，民法は，一定の場合には，他主占有が自主占有に変わる場合があることを認めている。

（ア）占有者が自己に占有をさせた者に対して所有の意思があることを表示した場合

　たとえば，他人の所有物の賃借人が，以後自己が所有者として占有することを貸主に対して主張する場合である。

（イ）新権原によってさらに所有の意思をもって占有を始めた場合

　たとえば，他人の所有物の賃借人が後日その物を買い受けた場合である。

（ウ）相続と占有

> 【設例9−7】
> 　Aは，Bから土地を借りて，長年にわたり（15 年）野菜を栽培して生活をしてきた。その後，Aが死亡し，CがAを相続し，その後も，Cは，7年間右土地において野菜を栽培し続けてきた。その間，Cは，一度も賃料を支払ったこともなく，また，Bも，一度も苦情を述べてきたこともない。もっとも，土地の登記名義は，Bになっており，土地の固定資産税もBが負担していた。
> 　この場合に，BがCに土地の返還を請求してきたとき，Cは，時効による土地所有権の取得を主張してその土地の返還を免れることができるか。

　判例・通説によれば，占有は，相続によっても承継される（最判昭 28・4・24 民集 7 巻 4 号 414 頁，最判昭 44・10・30 民集 23 巻 10 号 1881 頁）。
　それでは，相続は，新権原になるのか。

A説：否定説
　相続は，被相続人の占有をそのまま承継するのであり，相続人のもとで新たな占有が始まるわけではない（大判昭 6・8・7 民集 10 巻 763 頁）。

B説：肯定説（判例・通説）

　相続人が所有者として行動してきた等の事情がある場合には，その相続の時から自主占有を取得したものと解される（最判昭47・9・8民集26巻7号1348頁）[2]。

【参考判例】最判昭47・9・8民集26巻7号1348頁

　「共同相続人の1人が，単独に相続したものと信じて疑わず，相続開始とともに相続財産を現実に占有し，その管理，使用を専行してその収益を独占し，公租公課も自己の名でその負担において納付してきており，これについて他の相続人がなんら関心をもたず，もとより異議を述べた事実もなかったような場合には，前記相続人はその相続のときから自主占有を取得したものと解するのが相当である。」

（d）占有の承継と占有の瑕疵

　ところで，民法は，占有の承継に関して，「占有者の承継人は，その選択に従い，自己の占有のみを主張し，又は自己の占有に前の占有者の占有を併せて主張することができる」（187条1項）としている。

　ただし，後者の場合には，前主の占有の瑕疵をも承継する（同条2項）。

　【設例9-7】では，CがAの占有をも併せて主張する場合には，Aの占有は，他主占有であるから，それを承継することになるから，結局，Cは，土地を時効取得することができない。

```
【設例9-8】
　ある土地をA（善意・無過失）が7年間，B（悪意）が15年間，C（善意・無過失）
が3年間占有している場合，CがBだけでなく，Aの占有をも併せて主張する場合，この
占有は，善意（無過失）占有となるか，悪意占有となるか。
```

【図5】

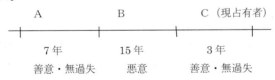

2　なお，判例は，「他主占有者の相続人が独自の占有に基づく取得時効の成立を主張する場合には，相続人において，その事実的支配が外形的客観的にみて独自の所有の意思に基づくものと解される事情を証明すべきである」としている（最判平8・11・12民集50巻10号2591頁）。

A説（判例）

　占有者体の変更があって，2個以上の占有が併せて主張されている場合には，占有者の善意・無過失は，最初の占有者の占有開始時に判定される（最判昭53・3・6民集32巻2号135頁）。

【参考判例】最判昭53・3・6民集32巻2号135頁

　「<u>10年の取得時効の要件としての占有者の善意・無過失の存否については占有開始の時点においてこれを判定すべき</u>ものとする民法162条2項の規定は，時効期間を通じて占有主体に変更がなく同一人により継続された占有が主張される場合について適用されるだけではなく，<u>占有主体に変更があつて承継された2個以上の占有が併せて主張される場合についてもまた適用されるものであり</u>，後の場合にはその主張にかかる最初の占有者につきその占有開始の時点においてこれを判定すれば足りるものと解するのが相当である。」

B説（学説）

　判例の考え方は，占有開始時に善意・無過失であった占有者が後に悪意に転じても保護されるという考え方を前提とするものであるが，占有の承継においては，中途で悪意占有になった場合は，これとは状況が異なるとして，判例の考え方に反対する学説がある。

（3）占有の継続

　取得時効するためには，善意・無過失の占有者は，10年間，悪意・有過失の占有者は，20年間の占有継続が必要である。前後の両時点において占有をした証拠があるときは，占有は，その間継続したものと推定される（186条2項）。

　なお，20年間の占有により取得時効を主張するものは，悪意・有過失を立証する必要はなく，特に10年間の取得時効を主張する場合に，占有者に自己が善意・無過失の立証責任が課される（最判昭46・11・11判時654号52頁）。

（4）平穏・公然の占有

　時効取得が成立するためには，占有者が平穏かつ公然に物を占有することを要する。**平穏とは，占有の取得が強暴によるものではないことをいう。また，公然とは，占有者が物を隠秘したものではないことをいう。**もっとも，時効取得を主張する者は，物を占有していることが必要となるから，占有の「平穏かつ公然」は，186条1項により推定される。

（5）善意・無過失の占有（短期取得時効の場合）

　10年間の短期取得時効を主張するためには，占有者につき善意・無過失であることが要

求される。**善意・無過失とは，自己に所有権があるものと信じ，かつ，そのように信じることにつき過失がないことをいう**（最判昭 43・12・24 民集 22 巻 13 号 3366 頁）。**善意・無過失は，占有開始時について判断される**（最判昭 53・3・6 民集 32 巻 2 号 135 頁）。

　なお，占有者は，善意であることが推定される（186 条 1 項）。これに対して，**無過失については，186 条 1 項によっては推定されない**（大判大 8・10・13 民録 25 輯 1863 頁，最判昭 46・11・11 判時 654 条 52 頁）。そのため，取得時効を主張する者が，自己が占有権原を有すると信ずること（善意）につき過失がなかったこと（無過失）を主張立証しなければならない。

（6）取得時効の援用の意思表示

　取得時効も，時効であるから，その利益を受けるためには，利益を受ける者による援用が必要である（145 条）。なお，時効の援用をめぐる問題については，契約法において詳述する。

【XのYに対する土地所有権に基づく所有権移転登記請求】

（a）長期取得時効

【請求原因】
　（1）Xが本件土地をある時点で占有していたこと
　（2）Xが本件土地を（1）の時点から 20 年後の時点で占有していたこと
　（3）Yが本件土地について所有権移転登記を有していること
　（4）XがYに対して取得時効の援用の意思表示をしたこと

（他主占有原因）
【抗弁Ⅰ】
　Xの占有が他主占有であること

（強暴・隠秘の占有）
【抗弁Ⅱ】
　Xの占有取得が強暴または隠秘によるものであること

（b）短期取得時効

【請求原因】
　（1）Xが本件土地をある時点で占有したこと
　（2）Xが本件土地を（1）の時点から 10 年後の時点で占有していたこと
　（3）Xの占有開始につき，本件土地の所有権を自己に属すると信ずることに過失がないこと

【抗弁】
　Xが請求原因（1）当時，本件土地の所有権が自己に属するとは信じていなかったこと

9.3.3　効果

（1）原始取得

　時効が完成すると，占有者は，占有の開始時にさかのぼって所有権を取得する（144条）。

（2）対抗要件

　時効取得した者は，対抗要件を具備しなければ，第三者に取得時効を主張することができない（177条）。

9.4　占有訴権

　占有の侵奪や妨害に対しては，それらを排除するため，占有訴権が与えられる。
　なお，占有訴権も，占有の侵害の態様に応じて，3つの訴権にわけることができる。占有回収の訴え，占有保持の訴え，占有保全の訴えである。

```
【占有訴権の種類】
・占有侵奪　　⇒　占有回収の訴え
・それ以外の侵害　⇒　占有保持の訴え
・侵害のおそれがある　⇒　占有保全の訴え
```

9.4.1　占有回収の訴え

　占有者が占有を奪われたときは，占有回収の訴えによりその物の返還および損害の賠償を請求することができる(200条1項)。
　この訴えは，侵奪者の善意の特定承継人に対して提起することができない（同条2項）。なぜなら，占有権は，占有の事実のみに基づく仮の権利なので，善意の第三者の利益を犠牲にして占有者を保護するのは仮の権利である性質に反するからである。また，善意の特定承継人が登場した後に占有が悪意の特定承継人に移転しても，占有回収の訴えを提起することはできない（大判昭13・12・26民集17巻2835頁）。

```
【占有回収の訴えの要件】
　（1）Xが目的物をもと占有していたこと3
　（2）Yが目的物を現占有していること
```

3　占有侵奪により，侵奪者が占有者となる（泥棒も占有を取得する。）というのが判例・通説である。しかし，占有侵奪者が少なくとも所有者や被侵奪者との関係で，なぜ占有を取得できるかは疑問である。この問題は，占有による本権推定や交互侵奪における混乱を見れば明らかである。

（1）交互侵奪

【設例 9−9】交互侵奪

　Aは，自転車を自宅の最寄り駅にとめ大学に通っていたが，ある日，Bにそれを盗まれた。後日，Aは，自分の自転車がB宅にとめてあることを知り持って帰った。そこで，BがAに対して自転車の返還を請求した。認められるか。

【前提】

　202 条 2 項によれば，原告が占有回収の訴えを提起し，被告が所有者であるということを主張しても，このために原告敗訴の判決を下すことはできない。

　これによれば，占有の訴えに対して，自分が所有者であるということは何らの防衛手段にならない。

A説：肯定説（大判大 13・5・22 民集 3 巻 224 頁・有力説）

　①泥棒も占有を有する。

　②否定説だと，Bの侵奪後 1 年間は，Aの自力救済を許容する結果となり，民法が自力救済を禁止した趣旨が没却される。

　③訴訟経済の点では，Aが本権者であれば，占有回収の訴えに対して，本権に基づく反訴を提起すれば足りる。

B説：否定説（下級審裁判例多数・多数説）

　Aの侵奪がBの侵奪より 1 年以内である場合には，Bの返還請求を否定する。

　①Aの占有状態が継続していて，その侵奪は，秩序回復と認めるべきで，占有秩序のかく乱を始めたBの侵奪は，Aの侵奪よりも非難に値する。

　②Bによる占有回収を認めても，結局は，Aによって回収されることとなる。

　③交互侵奪の場合には，紛争処理は，本権秩序の次元でなされるべき

（2）損害賠償請求

　損害賠償について，侵害者に故意・過失があることを要するか。

A説：必要説（判例・通説）

　性質的には不法行為に基づく請求権であって，便宜上ここにあわせて規定されたに過ぎないから，その要件・効果も一般の不法行為の原則に従う（大判大 5・7・22 民録 22 輯 1585 頁，大判昭 9・10・19 民集 13 巻 1940 頁）。

B説：不要説

わが民法が特に損害賠償の請求を占有訴権の内容としたことからすれば，故意・過失を要しない。

【占有侵奪に基づく損害賠償請求権の要件】
  （1）Xが目的物をもと占有していたこと
  （2）Yが目的物を現占有していること
  （3）Yの占有開始に故意・過失があること
  （4）Xに損害が発生したこと，およびその数額
  （5）Yの占有開始と損害の発生との間に因果関係があること

（3）その他の効果

占有回収の訴えは，占有侵奪の時から1年以内に提起しなければならない（201条3項）。

占有回収の訴えによって物を返還させたときは，その占有回復の効果は，既往に遡り占有は間断なく継続したものとみなされる（203条ただし書）。

9.4.2　占有保持の訴え

占有者がその占有を妨害されたときは，占有保持の訴えによりその妨害の停止及び損害の賠償を請求することができる（108条）。

占有の妨害とは，占有侵奪以外のあらゆる占有の侵害をいう。すなわち，所持を奪われない程度において所持の円満を撹乱するすべての行為である。妨害者に故意・過失があることを要しない。単に客観的に所持の撹乱があれば足りる。

占有保持の訴えには上述のように客観的妨害行為があれば足り，故意・過失を要件としないが，その妨害が客観的に不法でなければならない。すなわち，妨害者が占有者の同意を得た場合や法律の規定によって侵害を許された場合には，占有保持の訴えは成立しない。

占有保持の訴えは，妨害の存する間またはその止んだ時から1年以内に提起しなければならない（201条1項）。

工事によって占有を妨害された場合においては，工事着工後1年を経過し，または工事完成後は提起することができない（同項ただし書）。

【占有保持の訴えの要件】
  （1）Xが目的物を現占有していること
  （2）Yが目的物を占有侵奪以外の方法での占有妨害していること

9.4.3　占有保全の訴え

　未だ占有が妨害されていないが，これを妨害される危険がある場合に，妨害の予防または損害賠償の担保を請求することができる（199 条）。

　たとえば，隣地の新工事を中止または変更させるため，あるいは，建物，樹木の倒壊，堤防，水溜などの破壊によって占有を妨害される危険が存する場合に提起することができる。

　この訴えは，妨害の危険が存する間は原則として消滅しない。ただし，工事による危険の場合については，占有保持の訴えにおけると同様な制限がある（201 条 2 項）。

【占有保全の訴えの要件】
　　（1）Xが目的物を現占有していること
　　（2）Yによる占有妨害の危険が発生していること
　　（3）妨害予防のための具体的内容

9.4.4　占有の訴えと本権の訴えとの関係

（1）占有の訴えは，本権の訴えと互いに相妨げることはない

　占有の訴えは，本権の訴えと互いに相妨げることはない（202 条 1 項）たとえば，占有回収の訴えと所有権に基づく目的物返還の訴えとが同一の内容を有する場合においても，両者は独立に存在し，これを併行させることができる。また，一方において敗訴しても他方を提起することを妨げない。

　すなわち，原告が所有者であり，占有者である場合には，占有回収の訴えと所有物の返還請求権のいずれを行使してもよく，また同時に行使してもよい。

（2）占有の訴えは，本権に関する理由に基づいて裁判することができない

　占有の訴えは，本権に関する理由に基づいて裁判することができない（202 条 2 項）。たとえば，原告が占有回収の訴えを提起し，被告が所有者であるということを主張しても，このために原告敗訴の判決を下すことはできない。また，占有を原因として訴えを提起したものが占有を有せず本権を有する場合において，本権を有することを理由として原告勝訴の判決を下してはならない。

9.5　回復者・占有者間の権利義務関係

9.5.1　果実の取得

【設例 9−10】
　Yは，Xから，X所有の自転車を購入した。ところが，その売買契約は無効であった。Yは，自転車の引渡しを受けたのち，Zに賃貸し，賃料を得ていた。XがYに対して，自転車の返還を求めるとともに，Zから取得した賃料の返還も請求した場合，Yは賃料も返還しなければならないか。

　占有者のもとで返還目的物から果実を生じた場合に，その果実を回復者・占有者のいずれが取得することができるのかが問題となる。
　法律は，善意占有者と悪意占有者とを区別する。

（1）善意占有者

　善意占有者とは，**占有すべき権原がないにもかかわらず，その権原を有すると誤信して占有している者**をいう。
　善意の占有者は，占有物から生ずる果実を取得する（189条1項）[4]。なぜなら，善意の占有者は，果実取得権があると信じてその物を占有しており，そのため，取得した果実を処分したり，消費したりすることが多く，もしその返還を要するものとすれば，そのような占有者に不測の損害を与えるからである。

（2）悪意占有者

　悪意占有者とは，**善意占有者でない占有者**のことをいう。善意占有者であっても本権の訴え

---

[4]　ここにいう果実には，天然果実あるいは法定果実のほか，占有物を利用したことによる利得も含まれる（大判大14・1・20民集4巻1頁）。

において敗訴したときは，その訴えの提起の時から悪意の占有者とみなされる（189 条 2 項）。

　悪意の占有者は，果実取得権を有しない。そのため，悪意占有者は，取得した果実を回復者に返還しなければならない。加えて，その返還義務は，返還当時現存する果実のみに限られず，すでに消費し，過失によって損傷し，また，収取を怠った果実については代価を償還する義務を負う（190 条 1 項）。

　暴行もしくは強迫または隠秘による占有者は，必ずしも悪意の占有者ではないが，果実取得については，悪意占有者と同一視される（同条 2 項）。

9.5.2　占有物の滅失・毀損に対する責任

　占有者の占有物の滅失・毀損に対する責任について，民法は，いくつかの場合を区別して規定している。

（1）　善意占有者

【設例 9−11】
　【設例 9−10】において，Y は，X から購入した自転車に乗っている際事故にあい，自転車は全壊した。X が Y に対して損害賠償を請求した。Y は，損害賠償責任を負うか。

　善意の占有者は，現に利益を受けている限度において賠償義務を負う（191 条）。

【X の Y に対する 191 条に基づく損害賠償請求】

【請求原因】
　（1）X が自転車を所有していたこと
　（2）Y が自転車を占有していること
　（3）Y が自転車の引渡しを受けた後，自転車が滅失または損傷したこと
　（4）Y は，自転車の滅失または損傷につき帰責事由があること
　（5）自転車の滅失または損傷の損害額

【抗弁】
　（1）Y が自転車の占有権原があると信じたこと
　（2）Y の現存利益

（2）悪意占有者

　悪意の占有者は，その責めに帰すべき事由によって占有物の滅失または毀損を生じたときは，その損害の全部を賠償すべき義務を負う（191条）。

（3）所有の意思のない占有者（他主占有者）

　所有の意思を有しない占有者は，善意であっても，その占有物が他人の所有に属することを知っているものなので，その保管については善管注意義務が要求される。それゆえ，もしその責に帰すべき事由によって物が滅失または毀損したときは，悪意の占有者と同じく全部の賠償義務を負う（191条）。

9.5.3　占有者の費用償還請求

【設例9－12】
　【設例9－10】において，Yは，自転車の引き渡しを受けたのち，タイヤを新品に取り換えた。Yは，Xに自転車を返還するに際して，タイヤの取り換え費用を請求することができるか。

　占有者が返還目的物を占有中にその物に対して費用を支出することがある。法律は，必要費と有益費とにわけて規定している。

（1）必要費

　必要費とは，**物の維持またはその普通の利用のために欠かすことができない費用**をいう。たとえば，建物の日常の小修繕費や暴風雨のために必要な大修繕である。これについては，占有者は，善意であるか悪意であるかを問わず，原則として必要費の償還を請求できる（196条1項）。ただ，例外として占有者が果実を取得したときは，通常の必要費は，占有者の負担に帰す（同項ただし書）。

（2）有益費

　有益費とは，**物の客観的価値を増加するために支出した費用**をいう。土地に建物を作り建物に相当の装飾を施す場合などである。占有者は，有益費の支出による価値の増加が返還当時現存する場合に限り償還請求権を有する。そして，その請求権の内容は，回復者の選択に従い，占有者が支出した金額または現存の増加額である（196条2項）。

なお，悪意の占有者に対しては，裁判所は，回復者の請求により有益費の償還に相当の期間を許与することができるものとする(同項ただし書)。

【占有者による費用償還請求】

　無権代理人AがX所有の建物をYに売却し，Yに引き渡した。Xが所有権に基づき返還を請求したところ，Yは，雨漏りの修理をした費用と公租公課を負担した金額および内装を新たにした費用の支払を受けないと返還しないと主張する。

【XのYに対する所有物返還請求権としての建物明渡請求】

【請求原因】
　　（1）　Xが建物を所有していたこと
　　（2）　Yが建物を占有していること

（196条1項本文）
【抗弁Ⅰ】
　　（1）Yが建物につき保存に必要な行為をしたこと
　　（2）Yが保存に必要な行為に費用を支出したこと，およびその数額
　　（3）Yが，保存に必要な行為当時，建物を占有していたこと
　　（4）保存費用額の支払を受けるまで建物を留置するとのYの権利主張がなされたこと

（196条1項ただし書）
【抗弁Ⅰに対する再抗弁】
　　（1）Yが建物の果実を取得したこと
　　（2）保存費用の支出が通常の必要費であること

（196条2項本文）
【抗弁Ⅱ】
　　（1）Yが建物につき価値を増加させる行為をしたこと
　　（2）Yが価値を増加させる行為に費用を支出したこと，およびその数額
　　（3）Yが，改良行為当時，建物を占有していたこと
　　（4）Xが，Yに対して，支出分または増加分のいずれか一方を選択する意思表示をしたこと
　　（5）選択された支出分または増加分の数額
　　（6）支出分または増加分の金員の支払を受けるまで建物を留置するとのYの意思表示があること

【抗弁IIに対する再抗弁】
　Yが，改良行為・費用支出当時，悪意の占有者であったこと

（196条2項本文）
【抗弁III】
　（1）Yが建物につき価値を増加させる行為をしたこと
　（2）Yが価値を増加させる行為に費用を支出したこと，およびその数額
　（3）Yが，改良行為当時，建物を占有していたこと
　（4）Yが，Xに対して，支出分または増加分のいずれか一方を選択するよう催告したこと
　（5）（4）の催告から相当期間が経過したこと
　（6）Yが，Xに対して，支出分または増加分のいずれか一方を選択する意思表示をしたこと
　（7）選択された支出分または増加分の数額
　（8）支出分または増加分の金員の支払いを受けるまで目的物を留置するとのYの意思表示があること

【抗弁IIIに対する再抗弁】
　Yが，改良行為・費用支出当時，悪意の占有者であったこと

10 用益物権

用益物権とは，他人の物を一定の目的のために使用収益することを内容とする物権である。

民法は，用益物権として，地上権（265 条以下），永小作権（270 条以下），地役権（280 条以下）および入会権（263 条・294 条）の 4 つの物権を規定している。もっとも，民法上の用益物権は，いずれも土地に対するものである。

10.1 地上権

10.1.1 地上権の意義

（1）意義

地上権とは，他人の土地に建物を建設したり，植林したりするように，他人の土地において工作物または竹木を所有するため，その土地を使用する権利である（265 条）。

地上権の目的は，工作物または竹木の所有である（265 条）。工作物とは，建物をはじめとして，橋梁，鉄塔，送電線，トンネル，地下施設その他地上および地下の一切の設備である。また，竹木とは，植林を目的とする樹木や竹類である。ただし，稲，野菜，果樹などのように，耕作のための栽植は，永小作権の目的となるため，地上権の目的とはならない。

（2）地上権と賃借権の違い

他人の土地上に工作物等を所有するには，今日，賃借権が用いられることが多い。地上権と賃借権には以下のような違いがある。

	地上権	賃借権	借地権[1]
土地所有者	土地の所有者は，地上権者に対して，地上権者の土地の使用を妨げないという消極的な義務を負うにとどまり，土地を	土地の賃貸人は，賃借人に対して，土地を使用収益させる積極的な義務を負う（601 条・606 条）。	

---

[1] 建物所有を目的とする賃借権および地上権には，借地借家法の適用があり，民法の規定が修正されている。

の義務	使用に適する状態に置くべき積極的義務を負わない。		
対抗力	地上権は，物権であるから，第三者に対抗できる（177条）。地上権者は，土地所有者に対して，登記請求権を有し，確定判決を取得することによって単独で地上権設定登記の申請ができる（不登63条1項）。	賃借権は，債権にすぎないから，第三者に対抗できない。土地賃借権も，登記をすることにより対抗力を具備できるが（605条），特約がない限り，賃借人は，賃貸人に対して，登記請求権を有しない（大判大10・7・11日民録27輯1378頁）。	借地権の登記がなくても，土地の上に借地権者が登記されている建物を所有するときは，借地権者は，借地権の設定を第三者に対抗できる（借地借家10条1項）。
処分可能性	地上権は，自由に他人に譲渡・転貸でき，また，担保に供することもできる（369条2項）。	賃借権は，賃貸人の承諾がなければ譲渡・転貸ができず（612条1項），また，抵当権の目的とすることもできない。	借地権設定者に不利となるおそれがないにもかかわらず，借地権設定者が賃借権の譲渡・転貸を承諾しないときは，裁判所は，借地権者の申立てにより，借地権設定者の承諾に代わる許可を与えることができる（借地借家19条・20条）。
存続期間	地上権の存続期間は，自由であり，存続期間を「永久」とする地上権も設定できる（大判明36・11・16民録9輯1244頁）。また，期間の定めがないときは，20年以上50年以下の存続期間が予定されている（268条2項）。	賃借権の存続期間は，50年を超える約定をできず（604条1項），期間の定めがないときは，いつでも解約の申入れをできる（617条1項）。	借地借家法では，存続期間に関しては，借地権の存続期間は，一律に30年とされ（借地借家3条本文），借地権の存続期間の満了の際には，一定の場合に契約の更新が認められる（借地借家5条・6条）。

10.1.2　地上権の取得・対抗要件

（1）地上権の取得

　地上権は，契約や遺言による設定行為や取得時効によって取得することができる。また，いったん成立した地上権は，譲渡や相続によって取得することもできる。さらに，法律の規定によって地上権を取得する場合もある。

（a）地上権設定契約

　　地上権は，通常，土地所有者（地上権設定者）と地上権を取得すべき者（地上権者）の契約によって成立する。この契約は，地上権という物権の設定行為であり（176条），諾成・不要式の物権契約である。

【地上権？それとも賃借権？】
　工作物または竹木の所有を目的として他人の土地を使用する契約が締結された場合に，その契約は，地上権の設定契約なのか，それとも賃貸借契約なのか。
　いずれの契約と判断するかは，契約の解釈の問題である。
　「地上権ニ関スル法律」の施行日以前から工作物または竹木を所有するため他人の土地を使用する者は，地上権者と推定される（同法1条）。
　同法施行日後に設定された地上権は，右の推定を受けない。この場合には，借地人の地位の譲渡性の有無（大判明32・1・22民録5輯31頁），存続期間の長短（大判明33・10・29民録6輯97頁），土地の修繕義務の有無（大判明37・11・2民録10輯1389頁）などが判断の重要な基準となるが，両当事者の事情，当該地方の慣習，借地の目的その他すべての事情を考慮して判断される。
　とりわけ親族の間で土地の無償使用が許されている場合には，使用貸借と認定されることが多い（最判昭41・1・20民集20巻1号22頁，最判昭47・7・18家月25巻4号36頁）[2]。

（b）時効取得

　地上権は，時効によって取得することができる（163条）。ただし，地上権を時効取得す

---

[2]　昭和47判決は，夫婦間で土地の無償使用を許す関係を地上権の設定と認めるためには，当事者がなんらかの理由でとくに強固な権利を設定することを意図したと認めるべき特段の事情が存在することを必要とするとする。これに対して，地上権の設定を認めるものとして，大判大15・11・3新聞2636号12頁，福岡高判昭38・7・18判時350号23頁。

るためには,「土地の継続的な使用という外形的事実が存在するほかに,その使用が地上権行使の意思にもとづくものであることが客観的に表現されていることを要」する(最判昭45・5・28判時596号41頁,最判昭46・11・26判時654号53頁)。

(c)法律の規定

　地上権は,法律上当然に取得することもできる。たとえば,同一の所有者に属する土地もしくは建物について抵当権の実行または強制競売が行われた結果,土地と建物の所有者が異なることとなった場合には,地上権が設定されたものとみなされる(388条,民執81条)。

(2)地上権の対抗要件

　地上権の設定または移転等は,原則として,登記をしなければ第三者に対抗することができない(177条,不登3条2号・78条)。
　もっとも,建物所有を目的とする地上権については,地上権者がその土地の上に登記されている建物を所有していれば,第三者に地上権の設定を対抗することができる(借地借家10条1項)。

10.1.3　地上権の存続期間

(1)設定行為によって存続期間を定めた場合

(a)民法による存続期間

　地上権の存続期間は,設定行為によって定めることができる。設定行為による地上権の存続期間の定めに関して,最長期・最短期の制限はない。地上権の存続期間を「永久」とする地上権の設定も有効である(大判明36・11・16民録9輯1244頁)。もっとも,地上権の存続期間を「無期限」とする地上権については,反証のない限り,「永久」ではなく,「期限の定めのないもの」であると解すべきであるとされる(大判昭15・6・26民集19巻1033頁)[3]。また,あまりに短い期間の約定の記載は,地上権そのものの存続期間ではなく,地代の据置期間であるとされる(東京控判大5・9・26新聞1180号23頁など)。

---

[3]　大判昭16・8・14民集20巻1074頁は,運炭車道用レール敷設の目的で「無期限」として登記された地上権について,特段の事情がない限り,炭坑経営者の変更にかかわらず,炭坑経営中は,これを存続させる趣旨であるとする。

（ｂ）借地借家法による存続期間

　設定行為により 30 年以上の存続期間を定めた場合には，それに従い，30 年よりも短い期間を設定しても，その特約は無効であり，その場合の存続期間は，30 年となる（借地借家 3 条・9 条）。

（２）設定行為によって存続期間を定めなかった場合

（ａ）民法による存続期間

　設定行為によって地上権の存続期間が定められない場合には，慣習があるときは，それに従い（268 条 1 項），慣習がないときは，当事者の請求により，裁判所が 20 年以上 50 年以下の範囲内において，工作物または竹木の種類および状況その他地上権の設定当時の事情を考慮して，その存続期間を定める（同条 2 項）。なお，通説は，この 20 年以上 50 年以下とは，裁判の時からではなく，設定の時からであるとする。

（ｂ）借地借家法による存続期間

　建物所有を目的とする地上権において，当事者が設定行為により存続期間を定めなかった場合には，その存続期間は，30 年となる（借地借家 3 条）。

（３）建物所有を目的とする地上権（借地権）の更新

　建物所有を目的とする地上権（借地権）については，借地借家法が適用され，その結果，更新が認められる。その期間は，更新の日から 10 年（借地権設定後の最初の更新にあっては，20 年）となる（借地借家 4 条本文）。ただし，当事者がこれより長い期間を定めたときは，その期間となる（同項ただし書）。
　また，借地権の存続期間が満了する場合には，建物が存在する限り，借地権者は，契約の更新を請求することができ，借地権設定者が遅滞なく異議を述べない場合には，従前の契約と同一の条件で契約を更新したものとみなされる（借地借家 5 条 1 項）。借地権の存続期間が満了した後，借地権者が土地の使用を継続するときも，建物がある場合に限り，同様である（同条 2 項）。なお，借地権設定者は，正当の事由があると認められる場合でなければ，異議を述べることができない（借地借家 6 条）。

10.1.4　地上権の効力

（1）土地使用権

　地上権者は，設定行為で定められた目的，または，時効の基礎となった占有の態様に従って，土地を使用することができる（265条）。また，地上権が法律によって成立する場合は，地上権の具体的な内容は，その制度趣旨によって定まる。

　地上権者は，地上権が消滅した場合，土地所有者に対して，原状に復して土地を返還しなければならないから，土地に対して回復することのできない損害を生ずべき変更を加えることができない（271条参照）。

　土地所有者は，地上権者に対して，地上権者の土地の使用を妨げないという消極的な義務を負うにとどまり，賃借権の場合と異なって（601条・606条），土地を使用に適する状態に置くべき積極的義務を負わない（ただし，土地所有者が修繕義務を負う旨の特約は可能〔大判明37・11・2民録10輯1389頁〕）。

　地上権は，土地を利用する権利であるから，隣り合う土地の利用との調整を図る必要があり，地上権者どうし，または地上権者と土地所有者との関係には，相隣関係に関する規定が適用される（267条）。

（2）物権的請求権

　地上権は，物権であるから，地上権の内容の実現が妨げられたときは，その侵害者に対して，物権的請求権を行使することができる。

（3）地代支払義務

（a）無償の地上権

　地上権における地代は，地上権の要素ではなく，無償の地上権も設定することができる。ただ，通常，当事者間で地代の支払が約定される。判例は，契約によって地上権が設定された場合に，当事者が地代の支払について合意しなかったときは，無償で地上権が設定されたものであるとする（大判大6・9・19民録23輯1352頁）[4]。

（b）有償の地上権

---

[4]　もっとも，親族の間で土地の無償使用が許されている場合には，使用貸借と認定されることが多い（最判昭41・1・20民集20巻1号22頁，最判昭47・7・18家月25巻4号36頁）。

（ア）　地代の内容

　当事者が地代を支払う合意をした場合にだけ，地代支払義務が発生する（266条）。地代の内容は，原則として，当事者の合意によって定まる。地代は，金銭に限られず，一時払か定期払かも問わない。なお，地代およびその支払時期の定めは，登記事項である（不登78条2項）。

　法定地上権においては，地代は，当事者の請求により裁判所が定める（388条後段）。ただし，当事者が地代について合意した場合には，その合意は有効である（大判明43・3・23民録16輯233頁）。

（イ）　地上権・土地所有権の移転

（ⅰ）　地上権の移転

　地上権が移転した場合，将来の地代の支払債務もともに移転する。旧地上権者の地代怠納の効果（地上権の消滅請求）も，新地上権者に承継される（大判大3・5・9民録20輯373頁）。

【図1】

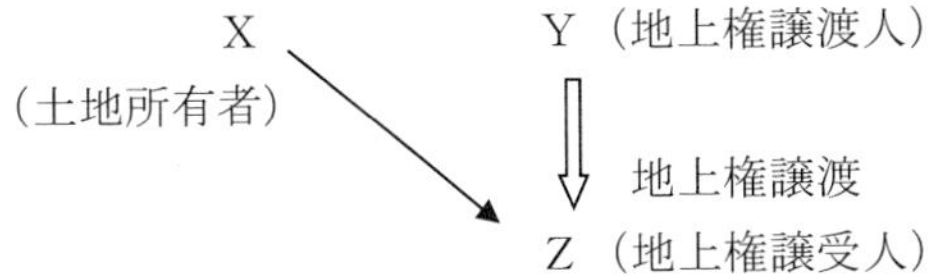

```
        X              Y （地上権譲渡人）
   （土地所有者）         ⇓
                          地上権譲渡
                    Z （地上権譲受人）
```

　地代の登記がない場合に，土地所有者が地上権の譲受人に対して地代に関する特約を対抗することができるか（【図1】参照）。下級審裁判例（大阪控判明39・12・4新聞403号10頁など）および多数説は，地代の支払は，地上権の要素ではないことから，登記がなければ，土地所有者は，地上権の譲受人に対して，地代に関する特約を対抗することができないとしている。

（ⅱ）　土地所有権の移転

【図2】

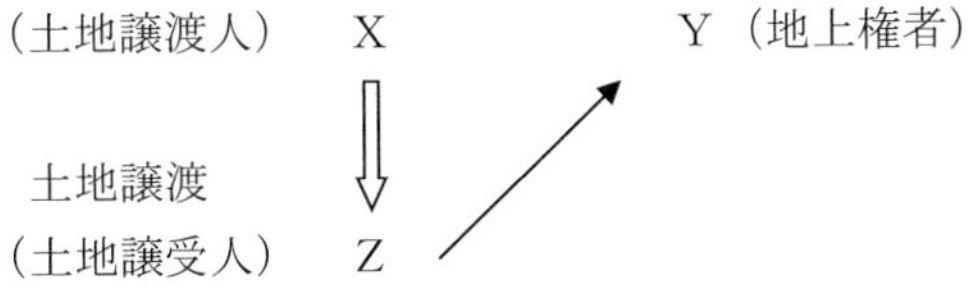

```
   （土地譲渡人）   X              Y （地上権者）
                    ⇓
    土地譲渡
   （土地譲受人）   Z
```

これに対して，地上権が設定された土地の譲受人が地上権者に地代の請求する場合（【図2】参照）には，地上権者は，地代の特約を結んだ「当事者」であるから，地代の登記がなくても，土地の譲受人は，地上権者に対して，地代の支払を請求することができる（大判大 5・6・12 民録 22 輯 1189 頁）。

（ウ）地代の変更

　地上権者が土地所有者に定期の地代を支払わなければならない場合には，永小作権に関する 274 条から 276 条までの規定が準用される（266 条 1 項）。その結果，地上権者は，不可抗力により収益について損失を受けたときでも，地代の免除または減額を請求することができない（266 条 1 項・274 条）。ただし，建物所有を目的とする地上権については，地代が，土地に対する租税その他の公課の増減により，土地の価格の上昇もしくは低下その他の経済事情の変動により，または近傍類似の土地の地代に比較して不相当となった場合には，地代の増減額請求が認められる（借地借家 11 条 1 項）。なお，判例は，266 条 1 項は任意法規であるとするが（大判明 37・3・11 民録 10 輯 264 頁），学説の多くは，強行法規と解すべきであるとする。
　このほか，地代については，その性質に反しない限り，賃貸借に関する規定が準用される（266 条 2 項。たとえば，611 条，614 条，312 条以下など）。

（4）地上権の処分

　地上権者は，地上権を第三者に譲渡・賃貸することができる（地上権の賃貸について，大判明 36・12・23 民録 9 輯 1472 頁）。賃借権と異なり，土地所有者の承諾は不要である（612 条 1 項参照）。地上権者が土地上の工作物または竹木を第三者に譲渡した場合には，反対の意思表示がない限り，地上権も，工作物の所有権とともにその第三者に移転したものと推定される（大判明 37・12・13 民録 10 輯 1600 頁）。
　地上権の譲渡・賃貸を禁止する特約も可能であるが，禁止の特約を登記する方法がなく（不登 78 条・79 条 3 号参照），第三者に対抗することができない（高松高判昭 32・5・10 下民 8 巻 5 号 906 頁）。
　地上権者は，地上権に抵当権を設定することもできる（369 条 2 項）。

10.1.5　地上権の消滅

（1）消滅原因

　地上権は，物権であるから，物権に共通する消滅原因（土地の滅失，混同，消滅時効な

ど）や存続期間の満了によって消滅する[5]。

（a）地上権の消滅請求

　地上権者が地代を支払う義務を負っているにもかかわらず，引き続き2年以上地代の支払を怠った場合には，土地所有者は，地上権の消滅を請求することができる（266条1項・276条）。土地所有者の一方的意思表示によって消滅させることができ，地上権者の承諾は不要である（大判明40・4・29民録13輯452頁）。

　「引き続き」とは，継続して2年以上という意味である（大連判明43・11・26民録16輯759頁）。また，「支払を怠った」とは，地上権者が地代の支払を怠ったというだけでは足りず，支払を怠ったことにつき地上権者に帰責事由がなければならないとされている（最判昭56・3・20民集35巻2号219頁）[6]。

（b）地上権の放棄

　設定行為で地上権の存続期間が定められていない場合に，別段の慣習がないときは，地上権者は，いつでも地上権を放棄することができる（268条1項本文）。ただし，地上権者が地代の支払義務を負う場合には，土地所有者の利益にも配慮する必要があるから，地上権者は，1年前に予告するか，または，期限の到来していない1年分の地代を支払わなければ，地上権を放棄することができない（同項ただし書）。

　これに対して，設定行為で地上権の存続期間が定められている場合には，地上権者は，存続期間満了前に地上権を放棄することができない（268条1項の反対解釈）。もっとも，地上権者が地代の支払義務を負わない場合には，地上権者が地上権を放棄しても土地所有者に不利益はないから，いつでも放棄できると解されている。

　また，存続期間の定めの有無にかかわらず，不可抗力によって，引き続き3年以上全く収益ができず，または5年以上地代より少ない収益しか得られなかったときは，地上権者は，地上権を放棄することができる（266条1項・275条）。

　なお，地上権を目的とする抵当権が設定されている場合には，地上権者は，地上権の放棄を抵当権者に対抗することができない（398条）。

---

[5]　もっとも，建物所有を目的とする地上権については，借地借家法の適用があり，更新による存続保障が認められている（借地借家5条・6条）。

[6]　しかし，これは，地上権の消滅請求が一種の解除ないし解約告知であると解されていることに基づくが，民法改正において，解除に債務者の帰責事由が不要とされたため（541条・542条参照），今後は，土地所有者による地上権の消滅請求のために地代支払の遅滞について地上権者の帰責事由は不要となるものと解される。

（2）地上権の消滅の効果

（a）収去権・買取権

　地上権が消滅した場合には，地上権者は，土地を原状に復してその工作物および竹木を収去する権利義務を有する（269条1項本文）。この原状回復および収去は，地上権者の権利であると同時に，義務でもある。ただし，土地所有者が時価相当額を提供してこれを買い取る旨を通知したときは，地上権者は，正当な理由がなければ，これを拒むことができない（同項ただし書）。地上権が消滅した場合の地上権者の投下資本の回収を保障しようというものである。以上と異なる慣習があるときは，その慣習に従う（同条2項）。

　なお，土地所有者の買取権は，権利であって，義務ではない。すなわち，地上権者から土地所有者に工作物および竹木を買い取るよう請求することはできない。しかし，建物所有を目的とする地上権については，更新されずに地上権が消滅した場合には，地上権者に土地所有者に対する建物買取請求権が認められている（借地借家13条）。

（b）費用償還請求権

　地上権における費用の償還について，賃貸借の場合と異なって（608条），民法は規定を設けていない。

（ア）必要費

　目的物の保存，管理，維持のために支出した費用が必要費である。土地の公租公課などがそれにあたる。地上権においては，賃貸人と異なって，土地所有者は，地上権者に対して，地上権者の土地の使用を妨げないという消極的な義務を負うにとどまり，土地を使用に適する状態に置くべき積極的義務を負わない。そのため，地上権者は，土地所有者に対して，必要費については償還請求できないとされている。

（イ）有益費

　土地の客観的価値を増価させるために支出した費用が有益費である。たとえば，地上権者が地盛りや排水などの工事に支出した費用がそれにあたる。有益費の償還に関しては，608条2項が類推適用され，地上権消滅の時に，土地所有者の選択に従い，地上権者が目的物について出捐した額またはその現存する結果の価格を償還させることができ，裁判所は，土地所有者の請求によって，これに相当の期限を許与することができる（608条2項・196条2項）。もっとも，地代の額その他の事情からみて，かかる費用を地上権者が負担す

る旨の慣習または特約がある場合には，その範囲で償還請求権も生じない。

10.1.6　区分地上権

（1）区分地上権の意義

　区分地上権とは，他人の土地の地下に地下鉄路線を敷設したり，また，他人の土地の空中に送電線を通したり，モノレールの架線を張ったりというように，**工作物を所有するため，他人の土地の地下や空間の上下の範囲を定めて設定される地上権**である（269 条の 2 第 1 項前段）。

　区分地上権には，地下駐車場や地下鉄などのために，地下の一定部分に設定される地下地上権と，送電線やモノレールなどのために，空間の一定部分に設定される空間地上権がある。

（2）区分地上権の取得・対抗要件

　区分地上権も，通常，土地所有者との間の設定契約で取得される（269 条の 2 第 1 項前段）。ただし，区分地上権は，工作物を所有する目的に限られる。設定行為で，地上権の行使のためにその土地の使用に制限を加えることができる（同項後段）。第三者がその土地の使用収益をする権利（賃借権，地上権など）を有している場合には，その権利またはこれを目的とする権利（地上権に抵当権が設定されている場合など）を有するすべての者の承諾があれば区分地上権を設定することができ，区分地上権が設定された場合には，土地の使用収益をする権利を有する者は，その地上権の行使を妨げることができない（同条 2 項）。

　区分地上権の設定は，登記をしなければ，その設定を第三者に対抗することができない（177 条，不登 78 条 5 号）。

10.2　永小作権

10.2.1　永小作権の意義

（1）永小作権の意義

　永小作権とは，**小作料を支払って他人の土地において耕作または牧畜をする権利**である（270 条）。

　しかし，通常行われる小作は，賃貸借によるものであり，永小作権による小作は，もともとあまり存在せず，戦後の農地改革によってほぼ消滅した。

（2）永小作権と賃借権の違い

　他人の土地において，耕作または牧畜をするのも，今日，賃借権が利用される。永小作権と賃借権には次のような違いがある。

	永小作権	賃借権
土地所有者の義務	土地所有者は，永小作権者に対して，その土地の使用を妨げないという消極的な義務を負うにとどまり，土地を使用に適する状態に置くべき積極的義務を負わない。	土地賃貸人は，賃借人に対して，土地を使用収益させる積極的な義務を負う（601条・606条）。
対抗力	永小作権は，物権であるから，第三者に対抗できる（177条）。永小作人は，土地所有者に対して，登記請求権を有する。	賃借権は，債権にすぎないから，第三者に対抗できない。土地賃借権も登記をすることにより対抗力を具備できるが（605条），賃借人は，原則として，賃貸人に対して登記請求権を有しない。ただし，農地または採草放牧地の賃貸借については，土地の引渡しがあれば，その登記がなくても，その土地について物権を取得した第三者に対抗することができる（農地16条1項）。
処分可能性	永小作権は，物権の一種として，自由に譲渡・担保に供与ができる（369条2項）。	賃借権は，賃貸人の承諾がなければ，譲渡・転貸ができず（612条1項），賃借権を抵当権の目的とすることもできない。
存続期間	永小作権の存続期間は，20年以上である（278条1項）。	賃借権の存続期間については，下限の制限はない（604条）。ただし，農地または採草放牧地の賃貸借については，法定更新や解約および更新拒絶が制限されている（農地17条・18条）。

10.2.2　永小作権の取得・対抗要件

（1）永小作権の取得

　永小作権は，契約や遺言による設定行為によって取得されるが，取得時効によって取得することもできる。また，いったん成立した永小作権は，譲渡または相続によって取得することもできる。

　ただし，農地または採草放牧地に関する永小作権の設定または移転には，農業委員会の許可が必要であり（農地 3 条），許可を得ないでなされた永小作権の設定または移転は効力を生じない（同条 7 項）。

（2）永小作権の対抗要件

　永小作権の設定または移転は，その旨の登記をしなければ，第三者に対抗することができない（177 条，不登 3 条 3 号・79 条）。

　なお，農地法は，農地または採草放牧地の賃貸借について，その登記がなくても，農地または採草放牧地の引渡しがあったときは，これをもって，その後その農地または採草放牧地について物権を取得した第三者に対抗することができるとしている（農地 16 条 1 項）。ただし，この規定は，永小作権には適用されない。

10.2.3　永小作権の存続期間

（1）設定行為によって存続期間を定めた場合

　設定行為によって永小作権の存続期間を定めた場合には，それに従う。もっとも，その期間は，20 年以上 50 年以下に制限される（278 条 1 項前段）。設定行為で 50 年よりも長い期間を定めたときは，その期間は，50 年に制限される（同項後段）。20 年より短い期間を定めた場合には，永小作権としては，成立しないが，賃貸借契約が締結されたものと解されている。

（2）設定行為によって存続期間を定めなかった場合

　永小作権の存続期間を設定行為で定めなかった場合には，その存続期間は，慣習があれば，その慣習に従い，慣習がない場合には，その期間は，30 年となる（278 条 3 項）。もっとも，慣習がある場合であっても，50 年以上の存続期間を認めることはできない（278 条 1 項参照）。

（3）永小作権の更新

　永小作権の設定は，更新することができるが，その存続期間は，更新の時から 50 年を超えることができない（278 条 2 項）。

　なお，農地または採草放牧地の賃貸借については，農地法が法定更新や解約および更新拒絶を制限しているが（農地 17 条・18 条），これらの規定は，永小作権には適用されない（最判昭 34・12・18 民集 13 巻 13 号 1647 頁）。そのため，土地所有者が更新を拒絶すれば，永小作権は消滅する。

10.2.4　永小作権の効力

（1）土地使用権

　永小作権人は，設定行為で定められた目的，または，時効の基礎となった占有の態様に従って，耕作または牧畜のために土地を使用することができる（270 条）。耕作または牧畜のためのものであれば，工作物や竹木を所有しても差し支えない。

　土地の使用に関する永小作人の義務については，性質に反しない限りで，賃貸借の規定が準用される（273 条）。そのため，永小作人は，目的地の用法に従って，目的地を使用収益する義務を負う（616 条・594 条 1 項）。また，永小作人は，永小作権が消滅した場合に，土地所有者に対して，原状に復して土地を返還しなければならないから，特に慣習のない限り，土地に対して回復することのできない損害を生ずべき変更を加えることができない（271 条・277 条）。

（2）物権的請求権

　永小作権は，土地の使用を目的とする物権であるから，物権的請求権も認められる。

（3）小作料支払義務

　小作料支払義務は，地上権と異なって，永小作権の要素であり，永小作人は，土地所有者に対して，小作料支払義務を負う（270 条）。小作料の額，支払方法は，登記事項である（不登 79 条 1 号・2 号）。

　小作料の支払については，異なる慣習がある場合を除き，永小作権に関する規定および設定行為で定めたところに従うほか，性質に反しない限りで，賃貸借の規定が準用される（273 条・277 条）。その結果，小作料の支払時期は，614 条よって定める。

　永小作人は，特に異なる慣習のない限り，不可抗力により収益について損失を受けたと

きであっても，小作料の免除または減額を請求できない（274条・277条）。ただし，農地に永小作権が設定されている場合には，一定の要件のもとで，小作料の額の増減請求権が認められる（農地20条1項）。

（4）永小作権の処分

永小作人は，異なる慣習がない限り，永小作権を他人に譲渡したり，永小作権の存続期間内において，耕作または牧畜のために，土地を賃貸したりすることができる（272条・277条）。ただし，特約によりこれを禁止することができる（272条ただし書）。この禁止の特約は，登記をすれば，第三者に対抗することができる（不登79条3号）。なお，農地または採草放牧地について，永小作権を譲渡・賃貸する場合には，農業委員会の許可を得なければならない（農地3条）。永小作権への抵当権を設定することもできる（369条2項）。

10.2.5　永小作権の消滅

（1）永小作権の消滅原因

永小作権は，物権であるから，物権に共通の消滅原因（土地の滅失，混同，消滅時効，第三者の時効による所有権の取得など）や期間の満了によって消滅する。農地または採草放牧地の賃借権については，更新および解約制限の規定による存続期間の保護が認められているが（農地17条・18条），これらの規定は，永小作権には類推適用されない（最判昭34・12・18民集13巻13号1647頁）。そのため，土地所有者が更新を拒絶すれば，永小作権は消滅する。

（a）永小作権の消滅請求

永小作人が引き続き2年以上小作料の支払を怠った場合には，特に異なる慣習のない限り，地上権と同じく，土地所有者は，永小作権の消滅を請求することができる（276条・277条）。

（b）永小作権の放棄

永小作人が不可抗力によって引き続き3年以上全く収益をできないか，または，5年以上小作料より少ない収益しか得られなかった場合には，特に異なる慣習のない限り，永小作人は，永小作権を放棄することができる（275条・277条）。

（c）永小作権設定契約の解除（解約告知）

　永小作人が土地を耕作ではなく，艀船建造用に使用し，土地の所有者が違反行為の停止を催告したにもかかわらず，猶予期間内に停止されないときは，土地所有者は，541条によって，永小作権者に対して，永小作権消滅の通知をすることができる（大判大9・5・8民録26輯636頁）。

（2）永小作権の消滅の効果

　永小作権が消滅した場合に，永小作人が土地を原状に復して地上物（果樹や牧柵など）を収去する権利義務を有すること，土地所有者が時価を提供して地上物の売渡しを請求しうること，特別の慣習がある場合には，それに従うことは，地上権におけるのと同様である（279条・269条。ただし，借地借家法の適用はない。）。また，永小作人が土地の改良のために支出した必要費および有益費の償還請求権についても，地上権で述べたとおりである。

10.3　地役権

10.3.1　地役権の意義

（1）地役権の意義

【図3】

　地役権とは，設定行為で定めた目的に従い，他人の土地を自己の土地の便益に供する権利である（280条本文）。たとえば，Aが自己の土地の出入りのために，隣地のBの土地を通行する（他人の土地を通行するための地役権を通行地役権という。）場合などがこれに当たる（【図3】参照）。
　地役権によって便益を受ける土地（自己の土地）を要役地といい，要役地の便益にされる土地（他人の土地）を承役地という。上記の例では，地役権によって便益を受けるAの土地が要役地であり，Aの土地の利用のために通行に利用されるBの土地が承役地である

（【図3】参照）。

　地役権は，承役地の利用により要役地の使用価値を高めるものでなければならないが，土地の便益の種類に制限はない。

（2）他の制度との違い

（a）賃借権との違い

	地役権	賃借権
対抗力	地役権は，物権であり，登記をすれば，原則として，要役地または承役地のいずれの所有者が交替しても，その効力を持続する。また，承役地の所有者には登記に協力する義務がある。	賃借権は，原則として，第三者に対抗できず（例外として，605条），また，賃借人は，原則として，賃貸人に対して，登記請求権を有しない。
利用の範囲	地役権においては，承役地に対する拘束は，目的の達成のため必要最小限度にとどまり，これと両立しうる承役地の権利者による承役地の利用は排斥されない。	賃借権は，賃借人が排他的に土地を占有して利用できる。

（b）相隣関係との違い

	地役権	相隣関係
成立	地役権は，通常，当事者の契約によって設定される。	相隣関係に関する権利は，法律上当然に成立する。
利用の範囲	地役権は，相隣地の利用の調整に限られない。	相隣関係に関する権利は，相隣する土地の場合にだけ認められる。
便益の内容	地役権においては，その便益の内容や種類は，原則として自由である。	相隣関係に関する権利は，法律に定められたものに限定される。

（3）地役権の法的性質

（a）地役権の共同利用性

　地役権は，要役地と承役地の利用を調整する役割を果たす。そのため，地役権が設定さ

れても，承役地の所有者は，地役権と両立する範囲内で，承役地を利用することができ（288条参照），同一土地上に複数の地役権を設定することもできる（285条参照）。

このように，地役権は，地上権や永小作権と異なって，他人の土地を全面的に使用収益する権利ではなく，共同便益のための権利という性質を有する。これを**地役権の共同利用性**という。

（b）地役権の付従性・随伴性

地役権は，要役地の便益のための権利である。そのため，地役権は，要役地から分離して譲渡したり，他の権利の目的としたりすることができない（281条2項）。たとえば，甲土地（要役地）の所有者AがB所有の乙土地（承役地）を通行する権利を設定している場合に，Aは，通行する権利だけを第三者Cに譲渡することはできない。同様に，Aは，通行地役権のみに第三者Cのために質権を設定することもできない。このように，地役権が要役地に従たる権利であるという性質を**地役権の付従性**という。

他方，地役権は，要役地の所有権に従たるものとして，要役地の所有権とともに移転し，または，要役地について存する他の権利の目的となる（281条1項本文）。たとえば，上記の場合に，甲土地の所有者Aが甲土地を第三者Dに売却すると，地役権の移転につき売買当事者間に特に意思表示がなくても，地役権は，当然にDに移転する（大判大10・3・23民録27輯586頁）。また，Aが甲土地に抵当権を設定すると，地役権も抵当権の目的となり，抵当権が実行された場合には，地役権も，甲土地の買受人に移転する。このように，地役権が要役地の所有権と運命を共にするという地役権の性質を**地役権の随伴性**という。ただし，この随伴性は，設定行為で排除することができる（同項ただし書）。この定めは，登記をすることができ（不登80条1項3号），登記がなければ，第三者に対抗することができない。

（c）地役権の不可分性

地役権は不可分性を有するとされる。要役地や承役地が共有の場合に，要役地または承役地について分割や一部譲渡がなされたり，地役権の時効取得や消滅時効が問題になるときに，共有者の一部の者についてだけ地役権の消滅や取得を認めることは，地役権が要役地の便益のために認められた権利であるという趣旨にかんがみて望ましいことではないし，法律関係が複雑になることを防ぐ必要もある。そこで，民法は，できる限り地役権を存続させる方向で，地役権の取得や消滅について共有者を一体的に扱っている。これが地役権の**不可分性**といわれ，282条，284条および292条がその表れであるとされる。しかし，不可分性の内容として説かれるものは，多義的であり，不可分性という用語のもとで統一的に論ずることには問題がある。

（4）地役権の種類

　地役権は，地役権の行使の態様によって，いくつかの種類に分類される。

（a）作為地役権・不作為地役権

　通行地役権のように，地役権者が一定の行為（たとえば，通行地役権の場合には，地役権者が承役地を通行すること）をすることができ，承役地利用者がこれを忍容すべきである地役権を**作為地役権**という。他方，日照地役権のように，承役地の利用者が一定の行為をしない義務を負担する地役権（たとえば，日照地役権の場合には，承役地の所有者が日照を妨げる建物などを建築しないなど）を**不作為地役権**という。

（b）継続地役権・不継続地役権

　通路を開設した通行地役権のように，承役地の利用が間断なく続いている地役権を**継続地役権**という。他方，通路を開設しない通行地役権のように，地役権の行使のためにその都度行為を必要とする地役権を**不継続地役権**という。なお，この区別の実益は，地役権の時効取得において重要となる（283 条）。

（c）表現地役権・不表現地役権

　通路を開設した地役権のように，内容を外部から認識しうる事実状態を伴う地役権を**表現地役権**という。他方，通路を開設しない通行地役権のように，内容を外部から認識しえない地役権を**不表現地役権**という。この区別も，地役権の時効取得において重要となる（283 条）。

10.3.2　地役権の取得・対抗要件

（1）地役権の取得

　地役権は，契約や遺言による地役権設定行為によって取得する場合ほか，譲渡，相続，取得時効などによって取得することができる。

（a）地役権設定契約

　地役権は，通常，要役地の所有者と承役地の所有者との設定契約で設定される。設定契

約は，有償でも無償でもよい。ただし，有償の特約をしても，その登記は認められていないため（大判昭 12・3・10 民集 16 巻 255 頁），これを第三者に対抗できない。

【黙示の地役権設定】

地役権の設定は，明示的に行われる場合は多くなく，むしろ，地役権の設定につき黙示的な合意があったものとされる場合が多い。そこで，いかなる場合に地役権の黙示的な設定があったと認められるかが問題となる。とりわけ土地の分譲に伴い当初にその土地内に開設された私道の通行をめぐって，私道の土地所有者と私道の利用者との間で争われることが多い。

下級審裁判例では，通行の事実があり通行地の所有者がこれを黙認しているだけでは足りず，さらに，右所有者が通行地役権または通行権を設定し法律上の義務を負担することが客観的にみても合理性があると考えられるような特別の事情がある場合（東京高判昭 49・1・23 東高民時報 25 巻 1 号 7 頁）や，平均人の見地からみて当然地役権を設定するであろうと認められる客観的事情がある場合（大阪高判平 2・6・26 判タ 736 号 183）に，通行地役権の黙示的な設定があったとされる。

【地役権？それとも賃借権？】

他人の土地を使用できるという契約が締結された場合，それが地役権の設定なのか，それとも，賃借権や使用借権の設定なのかということが問題となる。

当該契約がいかなる性質を有するかは，当事者の意思解釈の問題であり，設定契約の内容，利用の目的および必要性の程度その他諸般の事情を考慮して判断される（浦和地判昭 55・1・23 判タ 422 号 128 頁）。

【図 4】

A所有地 （要役地） 地上権者C	B所有地 （承役地）

地役権が要役地の所有者と承役地の所有者との間で設定された場合に，要役地上の地上権者，永小作人，賃借人も，この地役権を行使することができる。【図 4】では，A所有地の地上権者Cは，AがBとの間で設定した地役権を行使することができる。

それでは，要役地の地上権者，永小作人，賃借人（たとえば，C）が自己の利用する土地の便益のために，他人（B）の土地に地役権の設定を受けられるか。

A説：

　280条は，「自己の土地」の便益のために地役権の設定を認めており，民法は，土地所有者のみを念頭に置いているから，土地所有者以外の地上権者らは，地役権の設定を受けられない[7]。

B説（多数説）：

　地役権は，土地どうしの利用の調整を図るものであるから，地上権者らも，自己の利用権の範囲内で地役権を設定することができ，また，賃借人も，賃借権が物権化していることに応じて，地上権と同一に取り扱うべきである。

（b）　地役権の時効取得

（ア）取得時効の要件

　地役権は，自己のためにする意思（通行地役権であれば，通行地役権に基づく通行をする意思）をもって，平穏かつ公然とこれを行使（通行）すれば，善意・無過失の場合には，10年間，悪意の場合には，20年間，「継続的に」，かつ，外形上認識することができる（形で通行すれば）ものに限り，時効取得できる（283条）。通路を開設していない通行地役権のように，不継続地役権においては，承役地の所有者にとって損害が少なく，承役地の所有者が好意で暗黙にその利用を忍容していたところ，要役地の所有者が時効による地役権の取得を主張できるというのは問題がある。また，地下に水管を設置した引水地役権のように，不表現地役権においては，その行使の事実は，承役地の所有者に認識されないものであるから，これに対して承役地の所有者が権利を主張しなかったり，異議を述べなかったからといって，要役地の所有者に時効による地役権の取得を認めるのも問題がある。そこで，民法は，地役権は，継続的に行使されるもので，かつ，外形上認識することができるものに限り，時効取得することができるものとした。

　判例は，通行地役権の時効取得について，「継続的」であるとは，承役地たるべき他人所有の土地の上に通路の開設を要し，その開設は，要役地の所有者によってなされることを要するものとしている（最判昭30・12・26民集9巻14号2097頁，最判平6・12・16判時1521号37頁）。しかし，通路の開設が要役地の所有者によってなされることを要することに関しては，強い批判があり，学説の多くは，要役地の所有者が自己の費用や労力をもって通路を維持管理していれば足りるとしている（東京地判昭44・12・24判時593号61頁参照）。

---

[7]　通行地役権の時効取得に関する判例であるが，大判昭2・4・22民集6巻198頁は，土地の賃借人は，時効により賃借地のため通行地役権を取得することはできないとする。

> 【XのYに対する地役権に基づく妨害排除請求】
>
> 【請求原因】
> 　（1）Aが甲土地（要役地）を（2）の当時所有していたこと。
> 　（2）Aが，昭和○○年○○月○○日Xと甲土地を代金○○円で売買する契約を締結したこと。
> 　（3）Yが乙土地（承役地）を所有していること。
> 　（4）Xが，遅くとも昭和○○年○○月末日，自らの費用で脇道を整備・拡幅する工事を行って通路を開設し，通行をしてきたこと。
> 　（5）Xが，（4）の時点から20年後の時点で，通路を維持・管理し，通行していること。
> 　（6）Xが，Yに対し，通行地役権を時効取得した旨の意思表示をしたこと。
> 　（7）Yが，通路上に車両を止め，Xの通行を妨害していること。

（イ）共有者の1人による地役権の時効取得

【図5】

A・B共有地 要役地	C所有地 承役地

　土地の共有者の1人が時効によって地役権を取得したときは，他の共有者も，これを取得する（284条1項）。そのため，共有者に対する時効の更新は，地役権を行使する各共有者に対してしなければ，その効力を生じない（同条2項）。たとえば，AとBが共有する土地（要役地）のためにAとBが隣接のCの所有地（承役地）を通行して通行地役権を時効によって取得しそうになっている場合に，Cが時効取得を阻止するために，Aに対して時効の更新手続をとっても，更新の効果は，Bには及ばず，Bは，時効によってCの土地上に通行地役権と取得することができる。その結果，Aも，通行地役権を時効取得できる。
　同様に，地役権を行使する共有者が数人ある場合に，その1人について時効の完成猶予の事由があっても，時効は，各共有者のために進行する（同条3項）。

（2）地役権の対抗要件

　地役権の取得は，登記をしなければ，第三者に対抗することができない（177条，不登3条4号・80条）。

　もっとも，通行地役権の承役地が譲渡された場合に，「譲渡の時に，右承役地が要役地の所有者によって継続的に通路として使用されていることがその位置，形状，構造等の物理的状況から客観的に明らかであり，かつ，譲受人がそのことを認識していたか又は認識することが可能であったときは，譲受人は，通行地役権が設定されていることを知らなかったとしても，特段の事情がない限り，地役権設定登記の欠缺を主張するについて正当な利益を有する第三者に当たら」ず，通行地役権者は，承役地の譲受人に対して，登記なしに通行地役権を対抗できる（最判平 10・2・13 民集 52 巻 1 号 65 頁。この判決の理解につき，「177 条の第三者」を参照）。

　また，通行地役権の承役地が担保不動産競売により売却された場合にも，最先順位の抵当権の設定時に，同様の要件を充足していれば，特段の事情がない限り，登記がなくとも通行地役権は売却によって消滅せず，通行地役権者は，買受人に対して，通行地役権を主張することができる（最判平 25・2・26 民集 67 巻 2 号 297 頁）。

　そして，通行地役権の承役地の譲受人が地役権設定登記の欠缺を主張するについて正当な利益を有する第三者に当たらず，通行地役権者が譲受人に対し登記なくして通行地役権を対抗できる場合には，通行地役権者は，譲受人に対して，同権利に基づいて地役権設定登記手続を請求することができ，譲受人は，これに応ずる義務を負う（最判平 10・12・18 民集 52 巻 9 号 1975 頁）。

10.3.3　地役権の存続期間

　地役権の存続期間について，民法には規定がない。存続期間の定めは，地役権の要素ではないが，存続期間を定めることできる。もっとも，不動産登記法上の登記事項ではないため，登記をすることはできず（不登 80 条参照），存続期間の定めを第三者に対抗することはできない。

10.3.4　地役権の効力

（1）地役権者の権利・義務

（a）承役地の使用権

　地役権者は，設定行為で定められた目的，または，時効の基礎となった占有の態様に従って，承役地を使用することができる（280 条本文）。相隣関係中の強行規定に反しないものでなければ，要役地に供される便益の種類や内容に制限はない（同条ただし書）。

　また，地役権は，土地利用の調整のための制度であることから，地役権者の使用は，地役権の目的を達するために必要であって，かつ，承役地の利用者に最も害の少ない範囲に

限られる（211条1項参照）。そのため，①用水地役権の承役地において，水が要役地および承役地の需要に比して不足するときは，設定行為に別段の定めがない限り，その各土地の需要に応じて，まずこれを生活用に供し，その残余を他の用途に供するものとされている（285条1項）。また，②承役地の所有者は，地役権の行使を妨げない範囲内において，その行使のために承役地の上に設けられた工作物を使用することができる（288条1項）。もっとも，この場合には，承役地の所有者は，その利益を受ける割合に応じて，工作物の設置および保存の費用を分担しなければならない（同条2項）。

　なお，地役権は，物権であるから，排他性がある。そのため，後に成立する他の地役権に優先する効力を有する。たとえば，同一の承役地について数個の用水地役権を設定した場合には，後の地役権者は，前の地役権者の水の使用を妨げてはならない（285条2項）。

（b）物権的請求権

　地役権も，物権であるから，物権的請求権が認められる。しかし，地役権は，承役地を占有すべき権能を伴わないため，物権的返還請求権は認められず，**妨害排除請求権および妨害予防請求権だけが認められる**。また，地役権は，その目的の範囲内で承役地を使用しうるにとどまるため，**妨害排除請求権および妨害予防請求権も，その範囲内において行使しうるにとどまる**。判例も，車両を通路土地に恒常的に駐車させることによって通行を妨げている場合には，地役権に基づく妨害排除ないし妨害予防請求権によって，通行の妨害行為を禁止することができるが，通行妨害行為の禁止を超えて，承役地の目的外使用一般の禁止を求めることはできないとする（最判平17・3・29判時1895号56頁）。

（c）対価支払義務

　地役権の設定は，有償でも無償でもよい。地役権の設定が有償である場合には，地役権者は，地役権設定者に対して，対価支払義務を負う。もっとも，判例によれば，地役権者の対価支払義務は，地役権の内容とはならず，債権的効力を有するにすぎない（大判昭12・3・10民集16巻255頁）。そのため，要役地の譲受人は，承役地の所有者に対して，対価の支払義務を負わない。これに対して，通説は，有償の特約は，地役権の内容となるが，登記する方法がないので，第三者に対抗することができないだけであるとする。

（2）承役地所有者の義務・権利

（a）承役地所有者の義務

　承役地の所有者は，地役権の内容に応じて，地役権者の行為を忍容し，または，一定の

行為をしない不作為の義務を負う。また，地役権者が，承役地の所有者が設けた設備を利用する権利を有するときは，承役地の所有者は，この設備をみだりに変更しない義務を負う。さらに，設定行為または設定後の契約により，承役地の所有者にその費用で地役権の行使のために工作物の設置義務または修繕義務を負担させることができ，これらの義務は，登記をすれば，承役地の所有者の特定承継人も，その義務を負担する（286 条，不登 80 条 1 項 3 号）。もっとも，承役地の所有者は，一方的な意思表示によって，いつでも，地役権に必要な土地の部分の所有権を放棄して地役権者に移転し，工作物の設置義務や修繕義務を免れることができる（287 条）。

（ｂ）承役地の所有者の権利

承役地の所有者は，地役権の行使を妨げない範囲内において，その行使のために承役地の上に設けられた工作物を使用することができる（288 条 1 項）。ただし，この場合には，承役地の所有者は，その利益を受ける割合に応じて，工作物の設置および保存の費用を分担しなければならない（288 条 2 項）。

10.3.5　地役権の消滅

地役権は，要役地または承役地の消滅，地役権者の放棄，混同，存続期間の満了などによって消滅する。民法は，このほか第三者が承役地を時効取得した場合と地役権が消滅時効にかかった場合について特別の規定を設けている。

（１）承役地の時効取得による地役権の消滅

承役地が第三者によって時効取得された場合には，地役権は消滅する（289 条）。ただし，通説は，承役地の占有者が地役権の存在を認容したものである場合には，時効によって取得される所有権は，地役権によって制限された所有権であるから，承役地の占有者は，地役権の負担を伴う所有権を取得するにとどまり，地役権は消滅しないと解している（抵当権の事案に関して，大判大 9・7・16 民録 26 輯 1108 頁）。

また，承役地が第三者によって時効取得される場合に，地役権者がその権利を行使していれば，時効取得の基礎たる占有は地役権の制限を受けることになるから，承役地が時効取得されても，地役権は消滅しない（290 条）。なお，290 条は，「地役権の消滅時効」とするが，同条は，承役地の占有者が取得時効により承役地を取得した場合の地上権の扱いについて規定したものであるから，この表現は適切ではない。

（2）地役権の消滅時効に関する特則

　地役権も，166 条 2 項により消滅時効にかかる。もっとも，その時効期間は，継続的でなく行使される地役権については，最後の行使の時（たとえば，通路を開設していない通行地役権では，最後に通行した時）から起算され，継続的に行使される地役権については，その行使を妨げる事実が生じた時（たとえば，通路を開設している通行地役権では，通路が閉鎖されたり，破壊された時）から起算される（291 条）。
　また，地役権は，個人のための権利ではなく，要役地の物質的な利用のために存在する権利であるから，要役地の持分のために存在することができない。そのため，要役地が数人の共有に属する場合には，その 1 人について時効の完成猶予または更新があるときは，その完成猶予または更新は，他の共有者のためにも，その効力を生ずる（292 条）。その結果，消滅時効は，全共有者について完成した場合にだけ効力を生ずる。
　さらに，地役権者がその権利の一部を行使しないとき，その部分のみが時効によって消滅する（293 条）。たとえば，4 メートル幅員の通路を設けることができるのに，3 メートルの幅員の通路を設けているような場合には，通路として使用していない 1 メートルの幅員のみが時効によって消滅する。

（3）共有地の分割・一部譲渡

　地役権は，要役地の物質的な利用のために存在する権利であるから，要役地の持分のために存在することができない。そのため，要役地の共有者の 1 人が要役地のために存する地役権を自己の持分について消滅させることはできない（282 条 1 項）。また，地役権は，承役地の物質的な利用を目的とする権利であるから，承役地の持分の上にも存在しえない。そのため，承役地の共有者の 1 人が承役地上の地役権を自己の持分について消滅させることもできない（同項）。
　要役地または承役地が共有の場合に，その土地が分割され，または，その一部が譲渡されても，地役権は，分割譲渡後も，要役地の各部分のために，または，承役地の各部分の上に，それぞれ存続する（282 条 2 項本文）。たとえば，眺望地役権に基づき承役地に建築制限がある場合に，要役地が分割されたとしても，眺望地役権は，それぞれの土地について存在する。
　もっとも，地役権がその性質により土地の一部のみに関するときは，その範囲内でのみ存続する（同項ただし書）。たとえば，通行地役権が設定されている土地（承役地）が甲地，乙地に分割され，その結果，通路が甲地のみにあるときは，乙地の通行地役権は消滅する。

10.4　入会権

10.4.1　入会権の意義

（1）入会権の意義

　入会権とは，村落など，一定の地域の住民（このような住民の集団のことを入会集団または入会団体という。）が，一定の山林原野など（入会権の目的となる土地を入会地という。）を共同して支配し，各人（入会権の構成員を入会権者という。）がこれを，主として伐木，採草，キノコ狩りなどのために，共同利用する慣習的な物権をいう。

（2）入会権の種類

　民法は，「共有の性質を有する入会権」（263 条）と「共有の性質を有しない入会権」について規定を置く（294 条）。
　「共有の性質を有する入会権」であるか，それとも，「共有の性質を有しない入会権」であるかは，誰が入会地を所有しているかによって区別される（大連判大 9・6・26 民録 26 輯 933 頁）。
　共有の性質を有する入会権とは，入会集団が入会地を所有している場合である。共有の性質を有する入会権については，各地方の慣習に従うほか，共有に関する規定が適用される（263 条）。もっとも，入会集団は，その構成員である個々の入会権者の総体であって，独立の法人格をもたない。その法的性質は，広義の権利能力なき社団である。そのため，入会地は，入会集団の構成員たる入会権者の総有に属すると解されている（最判昭 41・11・25 民集 20 巻 9 号 1921 頁，最判平 6・5・31 民集 48 巻 4 号 1065 頁）。したがって，入会権者は，持分をもたず，その結果，持分の処分や分割請求もできない。入会権者は，慣習や規約に従って，目的物を使用収益することができるにとどまる。
　また，共有の性質を有しない入会権とは，第三者が入会地の所有権を有する場合である。この場合には，入会集団は，入会地を使用収益することができるにとどまる。そのため，その性質は，用益物権に類似する。したがって，「共有の性質を有しない入会権」については，各地方の慣習に従うほか，地役権に関する規定が準用される（294 条）。
　しかし，いずれの場合においても，入会権は，まず慣習によって規律されることから（大連判大 9・6・26 民録 26 輯 933 頁），民法の規定の適用ないし準用はほとんどない。

（3）入会権の解体

　入会権は，古くは，入会権者各人が自己使用のために山林原野で薪をとったり，雑草を刈って飼料や肥料にあてるなど，自給自足の自然経済を前提としていた。ところが，社会

経済の発展に伴い，農業や農村構造が変化するとともに，入会地の利用形態も，入会権者各人の自己使用目的の雑草の採取や雑木の伐採という古典的な利用形態から，貨幣収入を得るための利用形態へと変化しており，入会権は，今日，解体の方向にある。

10.4.2　入会権の取得

（１）入会権の取得

入会権の取得には，ある集団が入会権を取得する場合と，すでに存在している入会集団の構成員たる地位をある者が取得する場合とがある。

（ａ）入会集団による入会権の取得

入会権は，通常，慣習に基づいて認められる。

（ｂ）入会権者たる地位の取得

通常，慣習や入会集団の規約等に従って，入会権者たる地位を取得する。当該地域の住民であるであることを要件とする場合が多いが，一定の金銭的な負担を要件とする場合もある（入会権者の資格を原則として男子孫に限定する会則を 90 条により無効であるとするものとして，最判平 18・3・17 民集 60 巻 3 号 773 頁）。

（２）入会権の対抗

入会権は，登記することができない（不登 3 条参照）。それゆえ，入会権の取得は，登記なくして第三者に対抗できる（大判明 36・6・19 民録 9 輯 759 頁など）。

【入会地の譲受人】
　入会権については，現行法上登記をすることができず，また，入会団体自体は，権利能力を欠くため，入会団体名義での登記をすることができない。そのため，入会地の登記が代表者の個人名義や一部の構成員の名義でされる場合がある。もちろん，このような場合に，入会権者全員の共有名義の登記がないからといって，入会権を第三者に対抗できなくなるわけではない。また，入会地の譲受人が代表者の個人名義や一部の構成員の名義の登記を信頼して入会地の所有権を譲り受けたとしても，入会地の譲受人は，94 条 2 項の適用や類推適用によって保護されない（最判昭 57・7・1 民集 36 巻 6 号 891 頁）。

10.4.3　入会権の効力

（1）入会権者の使用収益権

　入会権者は，慣習または規約に従い，入会地を共同して使用収益することができる。もっとも，入会集団の入会地の所有は，総有（準総有）であるとされている（最判昭 41・11・25 民集 20 巻 9 号 1921 頁など）。そのため，入会権者は，原則として，入会地に対して持分を有さず，したがって，持分を処分したり，分割請求をしたりすることはできない。

【入会地の利用形態とその変化】
　入会地の利用形態は，古くは，生活のための薪炭用の雑木の伐採や飼料・肥料用の雑草の採取などがほとんどであった（**個別的共同利用形態**）。しかし，このような個別的共同収益を基本とする古典的な入会地の利用形態は，近代における社会経済の発展と農村生活の変化に伴って，大きく変化した。今日では，各入会権者の個別利用を禁止し，入会集団が直接に植林や造林などの入会地の経営をする**直轄利用形態**，各入会権者に利用区域を割り当てて，その区域については各入会権者に個別的利用を許す**分割利用形態**，さらに，入会集団が入会権者の一部や第三者と契約を締結して，その者に入会地の利用を許す**契約利用形態**が見られる。

（2）入会集団の管理処分権

　入会権それ自体の権利主体は，入会集団である。入会地の管理方法，入会権者の使用収益権などの内容および入会権の処分，変更は，入会集団を規律する慣習や入会集団の規約によって決まるが，慣習が入会集団の広汎な意思決定に委ねている場合も多く，その意味において，入会集団が入会権に対する管理処分権を有している。
　もっとも，入会集団は，入会権者の総体にほかならないから，実質的には入会集団を構成する入会権者全員で入会地の管理処分権を有していることとなる。そのため，入会地の管理処分にかかる意思決定は，入会権者全員の一致でなされるべきであるとされている（これを**構成員全員一致の原則**という。ただし，入会権の処分につき入会集団の構成員全員の同意を要件としないという慣習も，その効力を否定すべき特段の事情が認められない限り，その効力を有する〔最判平 20・4・14 民集 62 巻 5 号 909 頁〕）。

（3）入会権の対外的主張

　入会権をめぐる紛争は，各入会権者に認められた使用収益権をめぐる紛争と，入会集団が管理する入会権そのものをめぐる紛争にわけることができる。

（a）各入会権者に認められた使用収益権をめぐる紛争

入会権者の使用収益権は，入会権者たる資格に基づいて個別的に認められる権能である。そのため，使用収益権を争い，または，その行使を妨害する者がいる場合には，入会権者は，各自が単独で，その者を相手方として自己の使用収益権の確認または妨害の排除を請求することができる（最判昭 57・7・1 民集 36 巻 6 号 891 頁）。入会権者たる地位の確認請求についても，同様である（最判昭 58・2・8 判時 1092 号 62 頁）。

（b）入会権の主張

入会権は，入会権者に総有的に帰属するものであるから，入会権の確認を求める訴えは，権利者全員が共同してのみ提起することができる（最判昭 41・11・25 民集 20 巻 9 号 1921 頁。固有必要的共同訴訟となる。）。また，入会地に無効な登記がなされている場合には，それによって侵害されているのは，入会権それ自体であるから，各入会権者は，各人の有する使用収益権に基づいて，その抹消登記手続を請求することはできず，無効な登記の抹消登記手続請求も，入会権者全員が共同して行わなければならない（最判昭 57・7・1 民集 36 巻 6 号 891 頁）。

もっとも，このように解するときは，入会権者が多数いる場合には，入会権者全員に対して，または，入会権者全員から権利を行使しなければならず，たいへん不便であり，また，入会権者間で権利行使に対して足並みがそろわない場合には，権利を行使することができないという問題も生ずる。そこで，判例は，村落住民が入会集団を形成し，それが権利能力のない社団に当たる場合には，その入会集団は，入会地が構成員全員の総有に属することの確認を求める訴えの原告適格を有するとしている（最判平 6・5・31 民集 48 巻 4 号 1065 頁）[8]。また，入会集団の一部の構成員が，第三者を被告として，訴訟によって当該土地が入会地であることの確認を求めたいと考えている場合に，訴えの提起に同調しない構成員がいるために構成員全員で訴えを提起することができないときは，上記一部の構成員は，訴えの提起に同調しない構成員も被告に加えて，入会集団の構成員全員が当該土地について入会権を有することの確認を求める訴えを提起することができるとしている（最判平 20・7・17 民集 62 巻 7 号 1994 頁）。

10.4.4　入会権の消滅

入会権の消滅には，入会権それ自体が消滅する場合と，入会権者たる地位が消滅する場

---

[8]　なお，同判例によれば，権利能力のない社団である入会団体の代表者が代表者として総有権確認請求訴訟を追行するためには，入会団体の規約などにおいて不動産を処分するのに必要とされる総会の議決などの手続による授権が必要とされる。

合とがある。

（1）入会権それ自体の消滅

入会地がダムの建設によって水没した場合のように，入会地が滅失した場合，入会地が公用収用された場合，あるいは，入会地の目的である収益ができなくなった場合には，入会権は消滅する。また，入会権は，慣習によって認められる権利であるから，それを認める慣習が消滅した場合にも消滅する（最判昭 42・3・17 民集 21 巻 2 号 388 頁）。さらに，入会地を第三者に譲渡する場合のように，入会集団が入会権を処分したり，放棄したりすれば，それによって，入会権は消滅する。ただし，入会権の処分や放棄の要件は，慣習や入会集団の規約によるが，原則として，入会権者全員の同意が必要である。

（2）入会林野の整備による入会権の消滅

入会権は，山林の積極的な利用を阻害し，わが国の農林業の健全な発展を妨げる一因となっていた。そこで，「入会林野又は旧慣使用林野に係る権利関係の近代化を助長するための措置を定め，もって農林業経営の健全な発展に資する」ために，昭和 41 年に「入会林野等に係る権利関係の近代化の助長に関する法律」が制定された。同法が定める一定の要件を満たす場合，入会権は消滅し，所有権，地上権，賃借権その他の使用収益権に置き換えられる（同法 12 条）。

（3）入会権者たる地位の消滅

入会権者は，入会集団を規律する慣習や規約等により構成員たる資格を失うと，入会権を失う。ある地域に居住することが入会権者としての資格要件になっている場合には，その地域外に転出すると，その者は，入会権者たる資格を失う。

第3編　不法行為に基づく損害賠償請求権

> 【到達目標】
> ○不法行為制度の機能および目的について，説明することができる。
> ○不法行為責任における過失責任・無過失責任・中間責任の考え方を説明することができる。

　最後に，不当利得返還請求権あるいは不法行為に基づく損害賠償請求権が検討されるべきである。これらの請求権は，互いに影響を及ぼさない。それゆえ，これらの請求権には優劣関係はない。問題となる蓋然性が最も高い請求権の根拠から検討すればよい。損害賠償請求権が問題となる場合には，不法行為に基づく損害賠償請求権から，返還請求権が問題となる場合には，不当利得返還請求権から検討を始めればよい。

　以下では，まず，不法行為に基づく損害賠償請求権から話を進めていこう。

1　不法行為概論

1.1　意義

> 【設例1−1】
> 　Xは，横断歩道を歩行中，赤信号を無視して横断歩道に進入してきたY運転の自動車に轢かれ，2ヶ月の入院および治療を余儀なくされた。Xは，Yに対し，入院および治療にかかった費用等の賠償を請求することができるか。

　不法行為とは，**他人に損害を与える違法な行為**のことである。不法行為によって他人（被害者）の権利や法律上保護される利益を侵害した者（加害者）は，その権利・法律上保護される利益の侵害から発生した損害を賠償する責任を負う（709条）。

　【設例1−1】では，Y運転の自動車に轢かれたXは，加害者のYに対して，入院費や治療費などの損害の賠償を請求することができる（709条）。

　なお，当事者間に契約関係がある場合には，415条に基づいて債務不履行に基づく損害賠償を請求することができるが，判例は，請求権の競合を認め，原告である被害者は，債務不履行に基づいて，損害賠償を請求してもいいし，不法行為に基づいて，損害賠償を請求してもよいとする（大判大15・2・23民集5巻104頁，最判昭38・11・5民集17巻11号1510頁など）。

　民法は，大きくわけると2つの不法行為類型を規定する。それは，一般の不法行為と特殊の不法行為である。一般の不法行為とは，709条の適用によって成立する不法行為であり，特殊の不法行為とは，709条の要件が修正されている不法行為であり，714条ないし719条が規定する。そのほか，特別法によって不法行為責任が成立する場合がある。

1.2　過失責任主義

　不法行為の成立要件として，民法は，故意または過失を要することを原則とする。これを**過失責任主義**という。つまり，ある行為の結果，他人に損害を加えたことそれ自体によって責任

を負うわけではなく，その行為につき加害者に過失がある場合に責任を負う（しばしば「過失なければ，責任なし」といわれる。）。このように，過失がある場合にだけ責任を負わせる理由は，あらゆる行為につき責任を負うとすると，活動の萎縮効果を生ずるからである。

1.3　無過失責任

　もっとも，今日では，危険な活動が増加していることから，過失責任は修正され（たとえば，**中間責任**[1]），また，過失がない場合にも責任を負う（これを**無過失責任**という。）場合が認められている。無過失責任の根拠としては，2 つ考え方が主張されている。第一に，**危険責任**の考え方である。これは，無過失責任の根拠を「損害発生の可能性が高い危険源を支配する者は，そこから定型的に生ずる結果に対して自ら責任を負うべきである」ということに求める。もう 1 つの考え方は，**報償責任**の考え方である。これは，無過失責任の根拠を「利益を得る者が損失をも負担すべきである」ということに求める。

1.4　責任保険・補償制度

　発生した損害を填補するための手段の 1 つとして責任保険がある。**責任保険**とは，損害賠償責任を負わなければならなくなった者がそれを理由として保険者から一定の給付を受ける保険の一種である。責任保険を用いることによって潜在的な加害者は，自己の責任負担のリスクを保険契約の締結者の間で分散することが可能となる（責任の社会化）。その他にも，損害を填補する手段として，特別法において労災補償制度や公害健康被害の補償制度などがある。

2　一般不法行為

【到達目標】
○709 条がどのような要件を充たせば責任の成立を認めているのか，またどのような場合に責任の成立が否定されるのかを説明することができる。
○権利・法益侵害要件の持つ意味について，権利・法益侵害と違法性の関係に関する判例・学説の展開を踏まえつつ，説明することができる。

2.1　不法行為の成立要件

【図 1】

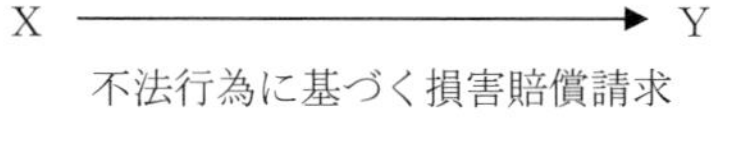

X ————————▶ Y
　　不法行為に基づく損害賠償請求

1　「過失がないこと」を加害者に証明させ，その証明がなされない限り加害者は賠償責任を負う，というふうに証明責任を転換するものを**中間責任**という（たとえば，714 条などを参照）。

【設例1-1】において，被害者Xが加害者Yに対して損害賠償を請求するための要件は，以下のとおりである。

（1）Xの権利または法律上保護される利益が侵害されたこと
（2）（1）につきYに故意または過失があったこと
（3）Xに損害が発生したこと，およびその数額
（4）（1）と（3）との間に因果関係があること
（5）Yに責任能力があること

2.2　権利・法益侵害

不法行為責任を追及する者は，相手方が自己の権利または法律上保護される利益を侵害したことを主張立証しなければならない。

2.2.1　権利侵害から違法性へ

平成16年（2004年）改正前709条は，保護法益を「権利」のみに限定していた。そのため，判例も古くは，この考え方に従っていた。

【設例2-1】
　著名な浪曲師雲右衛門の浪花節のレコードをXが製作したところ，Yが何らの権限なくこれを複製販売した。XがYに対し損害賠償を請求した。

【参考判例】大判大3・7・4刑録20輯1360頁（雲右衛門事件）
（要旨）浪曲の作曲は，音楽的著作物として著作権法の保護を受けるべきものではなく，著作権を侵害したとはいえないから，これを権限なく複製販売されても，709条に基づく損害賠償は請求できない。

しかしながら，この判決の問題性は早くから意識され，判例は，709条における権利概念を拡張する方向へ移行した。その道を開いたのがいわゆる「大学湯事件」である。

【設例2-2】
　Xは，京都市内の大学近辺で風呂屋を営業しようと考え，Yから風呂屋の建物を賃借するとともに，「大学湯」という老舗（しにせ）を買い取った。ところが，賃貸借契約の合意解除時に，Yが建物の新たな賃借人に「大学湯」を営業させてしまった。そこで，Xが老舗を失ったことを理由にYに対し損害賠償を請求した。

【参考判例】大判大14・11・28民集4巻670頁（大学湯事件）
（要旨）709条は，故意又は過失によって法規違反の行為に出て他人を侵害した者に損害賠

償責任を負わせるというような広範な意味の規定であって，その侵害の対象は，厳密な意味の権利である必要はなく，法律上保護される利益，つまり，われわれの法律観念上その侵害に対して不法行為に基づく救済を与えることが必要であると思惟される利益であれば足りる。

　このような判例の動きに影響され，学説においても，末川博士が 709 条の権利概念を「違法性」に置き換えることが主張した（**違法性論**）。なぜなら，権利侵害とは，「違法性」の徴表だからである。

　その後，我妻博士が違法性の定式化を試みる。ここに**相関関係説**が登場する。これによれば，違法性は，**被侵害利益の種類**と**侵害行為の態様**との相関関係によって判断される。つまり，被侵害利益が重大なものであれば，侵害行為の態様がそれほど悪性の強いものでなくても，違法性が認められ，また，被侵害利益がそれほど重大なものでなくとも，侵害態様の悪性が強い場合にも，違法性が認められる。

　このような違法性論に対して，709 条における権利概念を拡大的に解釈することによって対処しようとする考え方がある（**権利拡大説**）。

　いずれにせよ，このように，709 条における権利概念を拡大する判例・学説を条文化する形で，平成 16 年（2004 年）民法改正によって 709 条の保護法益が「権利」または「法律上保護される利益」とされた。

2.2.2　違法性と過失の関係

　起草者は，過失要件を主観的要件，違法性を客観的要件として理解していた。しかし，後述するように，過失概念が客観的に理解されるようになると，違法性概念と過失概念は，しばしば重複するようになる。そこで，これらの概念の関係が問題とされるようになった。

　考え方としては，法律上保護される利益の拡大により，違法正論の役割りが終わったとして，不法行為責任の要件は，過失に尽きるとする過失一元論，過失とは結果回避義務違反であり，不法行為責任の要件は，違法性にあるとする違法性一元論，両概念の並存を認める違法性・過失併存論がある。

2.2.3　具体的な問題

　以下では，裁判例において権利・法的侵害または違法性が特に問題とされた判例・裁判例を取り上げる。

（1）人格的利益の保護

（a）生命・身体の侵害

　生命・身体の侵害において，権利侵害が認められることは問題がない。

（ｂ）名誉毀損

　名誉とは，人がその品性，徳行，名声，信用等の人格的価値について社会から受ける客観的な評価，すなわち，社会的名誉を指すものであって，人が自己自身の人格的価値について有する主観的な評価，すなわち，名誉感情は含まない（最判昭45・12・18民集24巻13号2151頁）。今日，名誉毀損が不法行為を構成すること自体は問題がない。

　問題は，如何なる場合に名誉毀損が成立するかである。**名誉毀損とは，客観的社会的評価を低下させることである**が，とりわけ**新聞記事による場合には，新聞記事に内容が人の社会的評価を低下させるか否かについては，一般読者の普通の注意と読み方を基準として判断され**（最判昭31・7・20民集10巻8号1059頁），当該新聞が興味本位の内容の記事を掲載することを編纂の方針とするものであったとしても，当該新聞の編纂方針，その主な読者の構成およびこれらに基づく当該新聞の性質についての社会の一般的な評価は，右不法行為責任の成否を左右するものではない（最判平9・5・27民集51巻5号2009頁）。また，テレビ放送による場合についても，一般の視聴者の普通の注意と視聴の仕方とを基準として判断されるが，テレビジョンの性質から，その番組の全体的な構成，これに登場した者の発言の内容，画面に表示された文字情報の内容を重視し，映像および音声に係る情報の内容並びに放送内容全体から受ける印象等を総合的に考慮して判断される（最判平15・10・16民集57巻9号1075頁）。

　問題となるのは，事実の摘示による名誉毀損と意見表明による名誉毀損である。判例は，原則としてそれらが不法行為を構成しうることを肯定するが，ただ，例外的に一定の事情の下で不法行為責任が否定される場合があることを認めている。

（ア）事実の摘示による名誉毀損

【設例2－3】
　Xは，衆議院議員の総選挙に立候補した。Yは，自己が経営する新聞に「2月選挙の内幕」と題し，Xが学歴および経歴を詐称し，そのため公職選挙法違反の疑いによって警察から追及され，前科があった旨の記事を掲載した。Xは，名誉が毀損されたとして，Yに対して，損害賠償を請求することができるか。

【参考判例】最判昭41・6・23民集20巻5号1118頁
　「民事上の不法行為たる名誉棄損については，その行為が公共の利害に関する事実に係りもっぱら公益を図る目的に出た場合には，摘示された事実が真実であることが証明されたときは，右行為には違法性がなく，不法行為は成立しないものと解するのが相当であり，もし，右事実が真実であることが証明されなくても，その行為者においてその事実を真実と信ずるについて相当の理由があるときには，右行為には故意もしくは過失がなく，結局，不法行為は成立しないものと解するのが相当である。」

【判決のポイント】
・その行為が公共の利害に関する事実に係りもっぱら公益を図る目的に出た場合に，摘示

216

された事実が真実であることが証明されたとき

　⇒右行為には違法性がない。

・右事実が真実であることが証明されなくても，その行為者においてその事実を真実と信ずるについて相当の理由があるとき

　⇒右行為には故意・過失がない。

（イ）意見表明による名誉毀損

【設例2−4】

　Xは，昭和56年中に実行行為が行われた当時の妻に対する殺人未遂及び殺人の各犯罪等の共犯としての嫌疑に関し，昭和59年以降，新聞，雑誌等において，繰り返し報道された。Xは，昭和60年10月3日に殺人未遂事件につき公訴の提起を受けたが，被告Y社は，その発行する新聞の同月2日付け紙面の第1面に，本件で問題とされている記事を掲載した。本件記事は，Xと交際のあった女性Aが「Xは極悪人，死刑よ」と述べたなどとする見出しの下に，当時のXについての捜査状況を報じた後，Aの談話及び「東京地検の元検事」と称する人物の談話を紹介するものであった。Xは，本件記事のうち右の「Xは極悪人，死刑よ」との見出しほか2箇所の記載によりその名誉を毀損されたなどとして，慰謝料500万円の支払を求めることができるか。

【参考判例】最判平9・9・9民集51巻8号3804頁

　「ある事実を基礎としての意見ないし論評の表明による名誉毀損にあっては，その行為が公共の利害に関する事実に係り，かつ，その目的が専ら公益を図ることにあった場合に，右意見ないし論評の前提としている事実が重要な部分について真実であることの証明があったときには，人身攻撃に及ぶなど意見ないし論評としての域を逸脱したものでない限り，右行為は違法性を欠くものというべきである。そして，仮に右意見ないし論評の前提としている事実が真実であることの証明がないときにも，事実を摘示しての名誉毀損における場合と対比すると，行為者において右事実を真実と信ずるについて相当の理由があれば，その故意又は過失は否定されると解するのが相当である。」

【判決のポイント】

・その行為が公共の利害に関する事実に係り，かつ，その目的が専ら公益を図ることにあった場合に，右意見ないし論評の前提としている事実が重要な部分について真実であることの証明があったとき

　⇒人身攻撃に及ぶなど意見ないし論評としての域を逸脱したものでない限り，右行為は違法性を欠く。

・右意見ないし論評の前提としている事実が真実であることの証明がないときにも，行為者において右事実を真実と信ずるについて相当の理由があるとき

　⇒故意又は過失がない。

（c）プライバシー侵害

　プライバシーとは，私生活をみだりに公開されない権利とされる（東京地判昭39・9・

28 日下民 15 巻 9 号 2317 頁（「宴のあと」事件））。プライバシーの侵害といえるためには，公開された内容が，①私生活上の事実または私生活上の事実らしく受け取られる虞のある事柄であること，②一般人の感受性を基準にして当該私人の立場に立った場合，公開を欲しないであろうと認められる事柄であること，③一般の人々に未だ知られていない事柄であることを必要とし，このような公開によって当該私人が実際に不快・不安の念を覚えたことを必要とする。大学が講演会の主催者として参加者を募る際に収集した参加申込者としての学生の学籍番号，氏名，住所および電話番号に係る情報は，参加申込者のプライバシーに係る情報として法的保護の対象となり，大学がこの情報を参加申込者に無断で警察に開示した行為は，大学が開示についてあらかじめ参加申込者の承諾を求めることが困難であった特別の事情がうかがわれないという事実関係のもとでは，参加申込者のプライバシーを侵害するものとして不法行為を構成するとする（最判平 15・9・12 民集 57 巻 8 号 973 頁）。

プライバシー権の侵害に対しては，**侵害行為の差止めおよび精神的苦痛による損害賠償請求**が認められうる（東京地判昭 39・9・28 下民 15 巻 9 号 2317 頁）。侵害行為が明らかに予想され，その侵害行為によって被害者が重大な損失を受ける虞があり，かつ，その回復を事後に図るのが不可能ないし著しく困難になると認められるときは，侵害行為の差止めを求めることができる（最判平 14・9・24 判時 1802 号 60 頁）。

（ｄ）氏名権

判例は，ＮＨＫが在日韓国人の名前を母国語読みしなかった事案において，一般論として，「氏名は，社会的にみれば，個人を他人から識別し特定する機能を有するものであるが，同時に，その個人からみれば，人が個人として尊重される基礎であり，その個人の人格の象徴であって，人格権の一内容を構成するものというべきであるから，人は，他人からその氏名を正確に呼称されることについて，不法行為法上の保護を受けうる人格的な利益を有するものというべきである」とした（最判昭 63・2・16 民集 42 巻 2 号 27 頁）。もっとも，当該事案においては，「上告人は，韓国籍を有する外国人であり，その氏名は漢字によって「崔昌華」と表記されるが，民族語読みによれば「チォエ・チャンホア」と発音されるところ，被上告人は昭和 50 年 9 月 1 日及び 2 日のテレビ放送のニュース番組において，上告人があらかじめ表明した意思に反して，上告人の氏名を日本語読みによって「サイ・ショウカ」と呼称したというのであるが，漢字による表記とその発音に関する我が国の歴史的な経緯，右の放送当時における社会的な状況など原審確定の諸事情を総合的に考慮すると，在日韓国人の氏名を民族語読みによらず日本語読みで呼称する慣用的な方法は，右当時においては我が国の社会一般の認識として是認されていたものということができる。そうすると，被上告人が上告人の氏名を慣用的な方法である日本語読みによって呼称した右行為には違法性がな」いとして，謝罪広告等の請求を棄却している。

（ｅ）肖像権

肖像権とは，①自己の肖像の作成（撮影）を禁止する権利，②作成された肖像の公表を

禁止する権利，③肖像を営利目的で利用することを禁止する**権利**をいう。

　判例は，「人は，みだりに自己の容ぼう等を撮影されないということについて法律上保護されるべき人格的利益を有する。もっとも，人の容ぼう等の撮影が正当な取材行為等として許されるべき場合もあるのであって，ある者の容ぼう等をその承諾なく撮影することが不法行為法上違法となるかどうかは，被撮影者の社会的地位，撮影された被撮影者の活動内容，撮影の場所，撮影の目的，撮影の態様，撮影の必要性等を総合考慮して，被撮影者の上記人格的利益の侵害が社会生活上受忍の限度を超えるものといえるかどうかを判断して決すべきである。また，人は，自己の容ぼう等を撮影された写真をみだりに公表されない人格的利益も有すると解するのが相当であり，人の容ぼう等の撮影が違法と評価される場合には，その容ぼう等が撮影された写真を公表する行為は，被撮影者の上記人格的利益を侵害するものとして，違法性を有する」としている（最判平 17・11・10 民集 59 巻 9 号 2428 頁）。

（2）家族関係上の地位の保護

（a）貞操侵害

【設例 2−5】
　Y男は，X女に「妻とは離婚寸前で，Xと結婚する。」といって情交をせまった。Xは，Yが結婚してくれるものと信じて情交を結んだ。ところが，Yに離婚意思はなく，妻が妊娠したことを知ってXとの関係を拒絶するようになった。Xは，Yに対して，慰謝料を請求できるか。

　判例は，女性が，情交関係を結んだ当時男性に妻のあることを知っていたとしても，それによって，女性の男性に対する貞操等の侵害を理由とする慰藉料請求が，ただちに排斥されるわけではなく，「女性が，その情交関係を結んだ動機が主として男性の詐言を信じたことに原因している場合において，男性側の情交関係を結んだ動機その詐言の内容程度およびその内容についての女性の認識等諸般の事情を斟酌し，右情交関係を誘起した責任が主として男性にあり，女性の側におけるその動機に内在する不法の程度に比し，男性の側における違法性が著しく大きいものと評価できるときには，女性の男性に対する貞操等の侵害を理由とする慰藉料請求は許容される」としている（最判昭 44・9・26 民集 23 巻 9 号 1727 頁）。

（b）婚姻的利益の侵害

【設例 2−6】
　Yは，Aに配偶者Xがいることを知りながら肉体関係をもった。Xは，Yに対して慰謝料を請求することができるか。

婚姻関係に対する侵害について，判例は，「夫婦の一方の配偶者と肉体関係を持った第三者は，故意又は過失がある限り，右配偶者を誘惑するなどして肉体関係を持つに至らせたかどうか，両名の関係が自然の愛情によって生じたかどうかにかかわらず，他方の配偶者の夫又は妻としての権利を侵害し，その行為は違法性を帯び，右他方の配偶者の被った精神上の苦痛を慰謝すべき義務がある」とする（最判昭 54・3・30 民集 33 巻 2 号 303 頁）[2]。

（ｃ）婚約・内縁の不当破棄

　婚約を不当に破棄した者は，相手方に対して慰謝料の支払い義務を負う（最判昭 38・9・5 民集 17 巻 8 号 942 頁）。また，内縁関係の不当破棄も，婚姻予約の債務不履行を構成するとともに（大連判大 4・1・26 民録 21 輯 49 頁），婚姻に準する関係に対する不法行為が成立する（最判昭 33・4・11 民集 12 巻 5 号 789 頁）。内縁の当事者でない者であっても，内縁関係に不当に干渉してこれを破綻させた者は，不法行為者として損害賠償責任を負う（最判昭 38・2・1 民集 17 巻 1 号 160 頁）。

（３）財産的利益の侵害

（ａ）物権の侵害

　他人の物を滅失させたり，毀損したりした場合には，侵害者は，その物の所有者に対して，損害賠償の義務を負う。

（ｂ）債権侵害

（ア）帰属の侵害

　債権の準占有者が弁済を受けたような場合には，権利の帰属その物を侵害するから，通常の不法行為の要件で不法行為責任が成立する。そのため，この場合には，**故意だけでなく，過失についても責任**を負う。

（イ）給付の侵害によって債権が消滅した場合

　特定物の売買で，第三者が目的物を滅失させた場合のように，債権者の債権が間接的に侵害されたにすぎない場合には，**故意がある場合**に責任が肯定されると解されている。

（ウ）給付の侵害によって債権が消滅しない場合

2　もっとも，婚姻関係が情交時にすでに破たんしていた場合には，Ｙは，Ｘに対して不法行為責任を負わない（最判平 8・3・26 民集 50 巻 4 号 993 頁）。

　不動産の二重譲渡によって第二買主が登記を備えた場合のように，給付の侵害はあるが，債権者の債権は消滅しない場合には，**故意があるだけでは足りず，害意をもって自由競争の許さない程度の公序良俗違反の態様でその行為がなされた場合**に責任が認められる。

（c）パブリシティ権の侵害

　パブリシティ権とは，肖像等が持つ顧客吸引力を排他的に利用する権利をいう。もっとも，肖像等に顧客吸引力を有する者は，その使用を正当な表現行為等として受忍すべき場合もある。そのため，判例は，肖像等を無断で使用する行為は，①肖像等それ自体を独立して鑑賞の対象となる商品等として使用し，②商品等の差別化を図る目的で肖像等を商品等に付し，③肖像を商品等の広告として使用するなど，専ら肖像等の有する顧客吸引力の利用を目的とするといえる場合に，パブリシティ権を侵害するものとして，不法行為法上違法となるとしている（最判平 24・2・2 民集 66 巻 2 号 89 頁。ただし，結論として不法行為の成立を否定）。これに対して，競走馬の名称等に対する排他的な使用権については，その保護法益性が否定されている（最判平 16・2・13 民集 58 巻 2 号 311 頁）。

（4）公害・生活妨害

　この不法行為類型では，判例は，社会生活上一般的に被害者において忍容すべき程度（**受忍限度**）を越える場合に，権利ないし法益侵害を認めている。

【設例 2−7】
　旧国鉄中央線日野春駅付近にあった，信玄公が旗を掛けたと言われる松が，汽車の煤煙により枯死した。松の所有者が国に対して損害賠償を請求した。

【参考判例】大判大 8・3・3 民録 25 輯 356 頁（信玄公旗掛松事件）
　（要旨）権利の行使といえども，法律においてみとめられた適当な範囲内においてこれをなすことを要する。そして，適当な範囲とは，社会的共同生活の必要性から考えて，社会観念上被害者において認容すべきものと一般的に認められる程度を言う。停車場に近い松樹が汽車の多大な煤煙にさらされるのを防止しないでこれを枯死させる行為は，社会観念上被害者が認容すべきものと一般に 認められる程度を超え，権利行使の適当な範囲にあるものといえず，不法行為となる。

【設例 2−8】日照・通風
　Y が建築基準法に違反した増築をした結果，X 所有の隣家の日照・通風を大幅に妨害し，X は，転居を余儀なくされた。X が Y に対し損害賠償を請求した。

【参考判例】最判昭 47・6・27 民集 26 巻 5 号 1067 頁
　「南側家屋の建築が北側家屋の日照，通風を妨げた場合は，もとより，それだけでただ

ちに不法行為が成立するものではない。しかし，すべて権利の行使は，その態様ないし結果において，社会観念上妥当と認められる範囲内でのみこれをなすことを要するのであって，権利者の行為が社会的妥当性を欠き，これによって生じた損害が，社会生活上一般的に被害者において忍容するを相当とする程度を越えたと認められるときは，その権利の行使は，社会観念上妥当な範囲を逸脱したものというべく，いわゆる権利の濫用にわたるものであって，違法性を帯び不法行為の責任を生ぜしめるものといわなければならない。」

【設例 2−9】騒音
　大阪国際空港に離着陸する航空機の騒音等によって付近の地域住民が生活妨害を受けたとして国に対して損害賠償を請求した。

【参考判例】最大判昭 56・12・16 民集 35 巻 10 号 1369 頁
　「空港の供用のような国の行う公共事業が第三者に対する関係において違法な権利侵害ないし法益侵害となるかどうかを判断するにあたっては，侵害行為の態様と侵害の程度，被侵害利益の性質と内容，侵害行為のもつ公共性ないし公益上の必要性の内容と程度等を比較検討するほか，侵害行為の開始とその後の継続の経過及び状況，その間にとられた被害の防止に関する措置の有無及びその内容，効果等の事情をも考慮し，これらを総合的に考察してこれを決すべきものであることは，異論のないところであり」，そして，空港の騒音等によって被害を受ける地域住民が多数に上り，その被害内容も広範かつ重大であるなどの事情の下では，空港の供用について公益性ないし公益上の必要性があっても，住民の被る被害は，受忍限度を超え，侵害行為は違法であり，国はこれに対して慰謝料支払の義務を免れない。

【設例 2−10】景観利益
　マンションの販売等を業としている会社が国立市内に位置する「大学通り」と称される公道沿いに地上 14 階建てのマンション（本件建物）を建築した。そこで，その付近に土地を有する住民や学校法人ら（X）が，本件建物の建築により受忍限度を超える被害を受け，景観権ないし景観利益を違法に侵害されているなどと主張し，上記の侵害による不法行為に基づき，上記建築主及び本件建物の区分所有者ら（Y）に対し本件建物のうち高さ20mを超える部分の撤去を，これに施工業者を含めた Y らすべてに対し慰謝料及び弁護士費用相当額の支払をそれぞれ求めた。

【参考判例】最判平 18・3・30 民集 60 巻 3 号 948 頁（景観利益）
　「良好な景観に近接する地域内に居住し，その恵沢を日常的に享受している者は，良好な景観が有する客観的な価値の侵害に対して密接な利害関係を有するものというべきであり，これらの者が有する良好な景観の恵沢を享受する利益（以下「景観利益」という。）は，法律上保護に値するものと解するのが相当である。・・・ある行為が景観利益に対する違法な侵害に当たるといえるためには，少なくとも，その侵害行為が刑罰法規や行政法規の規制に違反するものであったり，公序良俗違反や権利の濫用に該当するものであるなど，侵

害行為の態様や程度の面において社会的に容認された行為としての相当性を欠くことが求められると解するのが相当である」としたが，本件においては，近隣住民が景観利益を有していることを認めつつ，当該マンションの建築は，行為の態様その他の面において社会的に認容された行為として相当性を欠くものではない。

（5）その他の財産的利益

（a）営業妨害

　営業妨害による不法行為では，台湾バナナを一手に販売する仲買人組合が，正当な理由なく，一定の青果業者に対して販売取引を拒絶した場合に，法行為責任が成立するとされている（大判昭 15・8・30 民集 19 巻 1521 頁）。

（b）不当な競争

　独占禁止法違反の行為によって自己の法的利益を害された者は，その行為が民法上の不法行為に該当する限り，審決の有無にかかわらず，民法の規定に従って損害賠償を請求することができる（最判平元・12・8 民集 43 巻 11 号 1259 頁）。そして，この場合，元売業者の違法な価格協定が行われた場合，商品の購入者は，その協定が実施されなかったとすれば，現実の小売価格よりも安い小売価格が形成されていたということを主張立証し，現実の小売価格と協定が実施されなかったとすれば形成されていたであろう価格との差額を，被った損害として損害賠償請求することができる。

（c）不当訴訟

　不当訴訟に関して，判例は，「判決の成立過程において，訴訟当事者が，相手方の権利を害する意図のもとに，作為または不作為によって相手方が訴訟手続に関与することを妨げ，あるいは虚偽の事実を主張して裁判所を欺罔する等の不正な行為を行ない，その結果本来ありうべからざる内容の確定判決を取得し，かつこれを執行した場合においては，右判決が確定したからといって，そのような当事者の不正が直ちに問責しえなくなるいわれなく，これによって損害を被った相手方は，かりにそれが右確定判決に対する再審事由を構成し，別に再審の訴を提起しうる場合であっても，なお独立の訴によって，右不法行為による損害の賠償を請求すること」ができるとしている（最判昭 44・7・8 民集 23 巻 8 号 1407 頁）。また，「民事訴訟を提起した者が敗訴の確定判決を受けた場合において，右訴えの提起が相手方に対する違法な行為といえるのは，当該訴訟において提訴者の主張した権利又は法律関係（以下「権利等」という。）が事実的，法律的根拠を欠くものであるうえ，提訴者が，そのことを知りながら又は通常人であれば容易にそのことを知りえたといえるのにあえて訴えを提起したなど，訴えの提起が裁判制度の趣旨目的に照らして著しく相当性を欠くと認められる」場合であるとする（最判昭 63・1・26 民集 42 巻 1 号 1 頁）。なぜなら，「訴えを提起する際に，提訴者において，自己の主張しようとする権利等の事実的，法律的根

拠につき，高度の調査，検討が要請されるものと解するならば，裁判制度の自由な利用が著しく阻害される結果となり妥当でないからである。」

2.3　加害者の故意・過失

> 【到達目標】
> ○過失とは，何かについての基本的な考え方を説明することができる。

2.3.1　故意

（1）意義

　故意とは，一般的には，**結果の発生を認識しながらそれを認容してある行為をしようとする主観的な意思の態様**であるとされる[3]。たとえば，所有権侵害の故意があるというためには，特定の所有権を侵害する事実につき認識のあることを要するものではなく，単に他人の所有権を侵害する事実の認識があれば足りるとされる（最判昭 32・3・5 民集 11 巻 3 号 395 頁）。

（2）故意による不法行為と過失による不法行為

　刑法と異なり，民法は，不法行為の成立について故意によるか過失によるかを区別しない。しかしながら，解釈上，**加害者の故意（ないし害意）がなければ不法行為責任が成立しない**とされる類型がある。

（a）債権侵害

　BがAから不動産を買い受けて登記をしないうちに，CがAから右不動産を買い受けて登記をし，これをさらにDに売り渡して登記を経たため，Bがその所有権取得をDに対抗することができなくなった場合，CがA・B間の売買の事実を知って買い受けたものであっても，それだけでは，Cは，Bに対して不法行為責任を負わないとされている（最判昭 30・5・31 民集 9 巻 6 号 774 頁）。

（b）不貞行為による家庭破壊の場合における子の慰謝料請求権

　妻および未成年の子のある男性と肉体関係を持った女性が妻子のもとを去った右男性と同棲するに至った結果，その子が日常生活において父親から愛情を注がれ，その監護，教

3　第三者が債務者の家資分散（破産手続開始）の際に同人と通謀して債権者の差押えを免れるため，債務者の財産を仮装譲渡する行為は，709 条にいう故意によって他人の債権を侵害した場合に当たる（大判大 5 年 11・21 民録 22 輯 2250 頁）。

育を受けることができなくなったとしても，一般には，そのことと右女性の行為との間には相当因果関係はなく，右女性が害意を持って父親の子に対する監護等を積極的に阻止するなど特段の事情のない限り，右女性の行為は，未成年の子に対して不法行為を構成しないとされている（最判昭54・3・30民集33巻2号303頁）。

また，判例は，損害賠償の範囲の認定や損害額の算定につき，故意による不法行為と過失による不法行為とを区別しているとされている。

2.3.2　過失

（1）意義―主観的過失概念から客観的過失概念へ―

かつては，過失とは，結果の発生を予見しえたのに（予見可能性があったのに），注意しなかったという心理状態（精神的緊張を欠いた状態）であるとされていた。これを主観的過失という。起草者はこの見解をとっていた。

しかしながら，今日の判例・通説は，**客観的過失**の考え方をとる。これは，**損害発生の予見可能性があるのに，これを回避する行為義務（結果回避義務）を怠ったことである（結果回避義務違反説）**[4]。

> 【設例2−11】
> 　硫酸を製造するYの工場から排出された硫煙により，近隣のXの農作物が被害を受けた。そこで，XがYに対して不法行為に基づく損害賠償を請求したところ，Yが経営上可能な範囲内で相当な煙害防止措置を施した旨を主張した。Xの請求は認められるか。

大判大5・12・22民録22輯2474頁（大阪アルカリ事件）の原審は，Yが設備からのガスの流出および付近の農作物への影響を知らないはずがなく，もし知らないとすれば，結果に対する調査研究を怠った過失があり，農作物を害した以上，硫煙の流出を防止できたか否かを問わず，Yは責任を負う（予見可能性説）とした。これに対して，大審院は，事業によって生ずるかもしれない損害を防止するために右事業の性質に従い相当の設備を施した以上，他人に損害を被らせても故意・過失があるとはいえない（結果回避義務違反説）とした（大判大5・12・22民録22輯2474頁）。

【参考判例】　大判大5・12・22民録22輯2474頁
「按スルニ化学工業ニ従事スル会社其他ノ者カ其目的タル事業ニ因リテ生スルコトアル

---

[4] 判例・通説がとる結果回避義務違反説に対して，損害の発生の予見可能性があれば，過失を認めてもよいとする見解（予見可能性説）もある。
　しかし，立法者が社会・生産活動に萎縮効果をもたらさないために過失責任主義を採用したとするならば，予見可能性があれば，責任ありとすることは，この立法者意思とは適合的ではなかろう。

ヘキ損害ヲ予防スルカ為メ右事業ノ性質ニ従ヒ相当ナル設備ヲ施シタル以上ハ偶他人ニ損害ヲ被ラシメタルモ之ヲ以テ不法行為者トシテ其損害賠償ノ責ニ任セシムルコトヲ得サルモノトス何トナレハ斯ル場合ニ在リテハ右工業ニ従事スル者ニ民法第七百九条ニ所謂故意又ハ過失アリト云フコトヲ得サレハナリ」

> 【参考】ハンドの定式
>
> 　学説において，しばしば援用される過失の判断基準として「ハンドの定式」と言われるものがある。これは，損害発生の蓋然性と被侵害利益の重大さをかけたものが回避コストより大きくなる場合に過失ありとするものである（回避コスト＜損害発生の蓋然性×被侵害利益の重大さ⇒過失あり）。
>
> 　しかしながら，このハンドの定式は，その算定自体困難であり，また損害が発生しても，社会にとってなお有用な行為があるが，この定式では十分にそれを評価することができない。その結果，実務の採用するところとなっていない。

（２）過失の判断基準

（ａ）抽象的過失と具体的過失

　過失の判断基準として，２つの考え方がある。**抽象的過失**とは，「平均的または合理的な行為者を基準」として過失を判断する場合であり，**具体的過失**とは，「当該行為者本人の能力を基準」として過失を判断する場合である。709条の故意・過失は，平均的・合理的な行為者を基準に判断される。

（ｂ）過失と法規違反

　たとえば，行政上の取締法規では，行政目的を達成するため，一定の行為に対して作為ないし不作為義務を課している（取締法規）。
　それでは，このような取締法規に違反した場合，ただちに過失ありということができるであろうか。
　一般的には取締法規と不法行為法とは，別個の目的を有するから，取締法規に違反したとしても，それによってただちに過失があるということにはならない。
　しかしながら，取締法規の中には，人の権利や利益の保護を目的として行為者に一定の作為を命じ，また，禁止しているものがある（保護法規）。これに違反した場合には，損害賠償義務が課される（金融商取法16条・17条など）。
　また，保護法規に当たらない場合であっても，当該規定の遵守が私人の権利や法益の保護に間接的に資するときは，当該規定の違反行為から，過失が事実上推定されることもある。

（ｃ）裁判例における過失の判断基準

　以下では，判例や裁判例で具体的に示された過失の判断基準およびその認定について見

ていくことにする。

（ア）医療過誤訴訟

【設例2−12】東大梅毒輸血事件
　Xは，子宮筋腫のため，東大病院に入院していたが，A医師から，職業的売血者Bの血液を輸血された結果，梅毒に感染した。そこで，Xは，Aの使用者であるY（国）に損害賠償を請求した。なお，Bは，採血前に売春婦に接して梅毒に感染していたが，採血・輸血時には血液検査をしても陰性を示す期間であった。梅毒の感染を知りうる唯一の方法は，問診のみであったが，A医師は，当時の医療慣行に従って「身体は丈夫か」という問いを発したのみで問診を省略した。

【参考判例】　最判昭36・2・16民集15巻2号244頁
　「医師が直接診察を受ける者の身体自体から知覚し得る以外の症状その他判断の資料となるべき事項は，その正確性からいって，血清反応検査，視診，触診，聴診等に対し従属的であるにもせよ，問診によるより外ない場合もあるのであるから，原判決が本件において，たとい給血者が，信頼するに足る血清反応陰性の検査証明書を持参し，健康診断及び血液検査を経たことを証する血液斡旋所の会員証を所持する場合であっても，これらによって直ちに輸血による梅毒感染の危険なしと速断することができず，また陰性又は潜伏期間中の梅毒につき，現在，確定的な診断を下すに足る利用可能な科学的方法がないとされている以上，たとい従属的であるにもせよ，梅毒感染の危険の有無について最もよく了知している給血者自身に対し，梅毒感染の危険の有無を推知するに足る事項を診問し，その危険を確かめた上，事情の許すかぎり（本件の場合は，一刻を争うほど緊急の必要に迫られてはいなかった）そのような危険がないと認められる給血者から輸血すべきであり，それが医師としての当然の注意義務であるとした判断は，その確定した事実関係の下において正当といわなければならない。
　所論は，医師の間では従来，給血者が右のような証明書，会員証等を持参するときは，問診を省略する慣行が行なわれていたから，A医師が右の場合に処し，これを，省略したとしても注意義務懈怠の責はない旨主張するが，注意義務の存否は，もともと法的判断によって決定さるべき事項であって，仮に所論のような慣行が行なわれていたとしても，それは唯だ過失の軽重及びその度合を判定するについて参酌さるべき事項であるにとどまり，そのことの故に直ちに注意義務が否定さるべきいわれはない。
　所論は，仮に医師に右の如き問診の注意義務があるとしても，給血を以って職業とする者，ことに性病感染の危険をもつ者に対し，性病感染の危険の有無につき発問してみても，それらの者から真実の答述を期待するが如きことは，統計的にも不可能であるから，かかる者に対してもまた問診の義務ありとする原判示は，実験則ないし条理に反して医師に対し不当の注意義務を課するものである旨主張するが，たとい所論のような職業的給血者であっても，職業的給血者であるというだけで直ちに，なんらの個人差も例外も認めず，常に悉く真実を述べないと速断する所論には，にわかに左袒することはできない。現に本件給血者Bは，職業的給血者ではあったが，原判決及びその引用する第一審判決の確定した

事実によれば，当時別段給血によって生活の資を得なければならぬ事情にはなかったというのであり，また梅毒感染の危険の有無についても，問われなかったから答えなかったに過ぎないというのであるから，これに携わったA医師が，懇ろに同人に対し，真実の答述をなさしめるように誘導し，具体的かつ詳細な問診をなせば，同人の血液に梅毒感染の危険あることを推知し得べき結果を得られなかったとは断言し得ない。

　所論はまた，仮に担当医師に問診の義務があるとしても，原判旨のような問診は，医師に過度の注意義務を課するものである旨主張するが，いやしくも人の生命及び健康を管理すべき業務（医業）に従事する者は，その業務の性質に照し，危険防止のために実験上必要とされる最善の注意義務を要求されるのは，已むを得ないところといわざるを得ない。

　然るに本件の場合は，A医師が，医師として必要な問診をしたに拘らず，なおかつ結果の発生を予見し得なかったというのではなく，相当の問診をすれば結果の発生を予見し得たであろうと推測されるのに，敢てそれをなさず，ただ単に「からだは丈夫か」と尋ねただけで直ちに輸血を行ない，以って本件の如き事態をひき起すに至つたというのであるから，原判決が医師としての業務に照し，注意義務違背による過失の責ありとしたのは相当であり，所論違法のかどありとは認められない。」

【設例2-13】未熟児網膜症姫路日赤事件
　Xは，昭和49年（1974年）12月にYの設定する病院において未熟児として生まれた。Xは，未熟児であったため保育器で一定濃度の酸素投与を受けた。しかし，それが原因で網膜に障害が生じて失明をした。そこで，XがYに対して損害賠償を求めた。1970年代前半に光凝固法という治療法が開発され，次第に全国に普及していった。光凝固法の治療基準について一応の統一的指針が得られたのは，厚生省研究班の報告が医学雑誌に掲載された昭和50年（1975年）8月以降である。Xの出生当時，Xに対し定期的眼底検査および光凝固法を実施し，あるいは転医をさせる義務があったかどうかが争点となった。

【参考判例】最判平7・6・9民集49巻6号1499頁
　「当該疾病の専門的研究者の間でその有効性と安全性が是認された新規の治療法が普及するには一定の時間を要し，医療機関の性格，その所在する地域の医療環境の特性，医師の専門分野等によってその普及に要する時間に差異があり，その知見の普及に要する時間と実施のための技術・設備等の普及に要する時間との間にも差異があるのが通例であり，また，当事者もこのような事情を前提にして診療契約の締結に至るのである。したがって，ある新規の治療法の存在を前提にして検査・診断・治療等に当たることが診療契約に基づき医療機関に要求される医療水準であるかどうかを決するについては，当該医療機関の性格，所在地域の医療環境の特性等の諸般の事情を考慮すべきであり，右の事情を捨象して，すべての医療機関について診療契約に基づき要求される医療水準を一律に解するのは相当でない。そして，新規の治療法に関する知見が当該医療機関と類似の特性を備えた医療機関に相当程度普及しており，当該医療機関において右知見を有することを期待することが相当と認められる場合には，特段の事情が存しない限り，右知見は右医療機関にとっての

医療水準であるというべきである。そこで，当該医療機関としてはその履行補助者である医師等に右知見を獲得させておくべきであって，仮に，履行補助者である医師等が右知見を有しなかったために，右医療機関が右治療法を実施せず，又は実施可能な他の医療機関に転医をさせるなど適切な措置を採らなかったために患者に損害を与えた場合には，当該医療機関は，診療契約に基づく債務不履行責任を負うものというべきである。また，新規の治療法実施のための技術・設備等についても同様であって，当該医療機関が予算上の制約等の事情によりその実施のための技術・設備等を有しない場合には，右医療機関は，これを有する他の医療機関に転医をさせるなど適切な措置を採るべき義務がある。」

【設例2−14】

　虫垂炎に罹患した少年X1（当時7歳5か月）がY1病院で虫垂切除手術を受けたところ，手術中に心停止に陥り，蘇生はしたものの重大な脳機能低下症の後遺症が残った。そこで，X1とその両親X2，X3がY1病院と手術を担当した医師Y2，救命蘇生措置にかかわった医師Y3を相手に，債務不履行または不法行為を理由に損害賠償を求めた。なお，本件においては，手術に使用した麻酔剤の添付文書（能書）に，「副作用とその対策」の項に血圧対策として，麻酔剤注入前に1回，注入後は10分ないし15分まで2分間隔に血圧を測定すべきことが記載されていたが，Y2は，手術に当たり介助の看護婦に5分ごとに血圧を測定して報告するよう指示していた。

【参考判例】最判平8・1・23民集50巻号1頁

　「医薬品の添付文書（能書）の記載事項は，当該医薬品の危険性（副作用等）につき最も高度な情報を有している製造業者又は輸入販売業者が，投与を受ける患者の安全を確保するために，これを使用する医師等に対して必要な情報を提供する目的で記載するものであるから，医師が医薬品を使用するに当たって右文章に記載された使用上の注意事項に従わず，それによって医療事故が発生した場合には，これに従わなかったことにつき特段の合理的理由がない限り，当該医師の過失が推定されるものというべきである。そして，前示の事実に照らせば，本件麻酔剤を投与された患者は，ときにその副作用により急激な血圧低下を来し，心停止にまで至る腰麻ショックを起こすことがあり，このようなショックを防ぐために，麻酔剤注入後の頻回の血圧測定が必要」であったが，それをせず，また注意事項に従わなかったことにつき，合理的な理由もない。

（イ）交通事故訴訟

【設例2−15】

　Xがバイクで道路を走行中，横道から乗用車が飛び出したので，それを避けようとして右方および後方の安全を確認せず，また合図もせず道路中央付近に出た。ちょうどその時YのトラックがXのバイクを追い抜こうとしていたため，Xのバイクと接触し，Xは転倒し負傷した。XがYに対し損害賠償を請求した。

【参考判例】最判昭 43・9・24 判時 539 号 40 頁
　「既に先行車に続いて追抜態勢にある車は，特別の事情のない限り，並進する車が交通法規に違反して進路を変えて突然自車の進路に近寄ってくることまでも予想して，それによって生ずる事故の発生を未然に防止するため徐行その他避譲措置をとるべき業務上の注意義務はないものと解するのが相当である。」

（ウ）設計士の注意義務

【設例2−16】
　Y1 建築士が建築の設計および工事監理をし，Y2 が施工をした 9 階建ての共同住宅・店舗およびその敷地を購入した X らが，本件建物にはひび割れや鉄筋の耐力低下等の瑕疵があると主張して，Y1 に対しては不法行為に基づく損害賠償を，Y2 に対しては契約不適法給付責任に基づく瑕疵修補費用の支払もしくは損害賠償または不法行為に基づく損害賠償を，それぞれ請求した。

【参考判例】最判平 19・7・6 民集 61 巻 5 号 1769 頁
　「建物は，そこに居住する者，そこで働く者，そこを訪問する者等の様々な者によって利用されるとともに，当該建物の周辺には他の建物や道路等が存在しているから，建物は，これらの建物利用者や隣人，通行人等（以下，併せて「居住者等」という。）の生命，身体又は財産を危険にさらすことがないような安全性を備えていなければならず，このような安全性は，建物としての基本的な安全性というべきである。そうすると，建物の建築に携わる設計者，施工者及び工事監理者（以下，併せて「設計・施工者等」という。）は，建物の建築に当たり，契約関係にない居住者等に対する関係でも，当該建物に建物としての基本的な安全性が欠けることがないように配慮すべき注意義務を負うと解するのが相当である。そして，設計・施工者等がこの義務を怠ったために建築された建物に建物としての基本的な安全性を損なう瑕疵があり，それにより居住者等の生命，身体又は財産が侵害された場合には，設計・施工者等は，不法行為の成立を主張する者が上記瑕疵の存在を知りながらこれを前提として当該建物を買い受けていたなど特段の事情がない限り，これによって生じた損害について不法行為による賠償責任を負うというべきである。居住者等が当該建物の建築主からその譲渡を受けた者であっても異なるところはない。」

（3）企業の故意・過失

　かつてのように，過失を主観的に捉える場合には，企業そのものの故意・過失は，観念しえない。しかし，今日のように，過失を客観的に捉えると，企業そのものの故意・過失を観念する余地がでてくる。
　とりわけこの問題は，公害訴訟や薬害訴訟において問題とされ，下級審裁判例の中にも法人や組織体の故意を観念しうることを前提としているとみられるものもある（熊本地判昭 48・3・20 判時 696 号 15 頁，前橋地判昭 57・3・30 判時 1034 号 3 頁）。

（4）過失の一応の推定（推認）

　故意・過失は，法律上特別の規定がない限り，不法行為における相手方の故意・過失を主張する者がそれを証明する責任を負う（大判明38・6・19民録11輯992頁）。しかしながら，過失の立証は困難な場合が多い。そこで，判例は，被害者救済の観点から，過失を事実上推定（推認）するという方法によって，原告（被害者）の立証責任を軽減している。

【設例2−17】インフルエンザ予防接種事件
　X1，X2の子Aは，東京都（Y）の勧めにより，保険所でインフルエンザの予防接種を受けた。ところが，翌日Aは死亡した。XらがYに対し損害賠償を請求した。Aは，予防接種の1週間前から間質性肺炎および濾胞性大小腸炎に罹患していたため，その副作用によって死亡した。ただ，接種時には特に身体的な異常は認められず，接種前日にやや軟便であった程度であった。

【参考判例】最判昭51・9・30民集30巻8号816頁
　「適切な問診を尽さなかったため，接種対象者の症状，疾病その他異常な身体的条件及び体質的素因を認識することができず，禁忌すべき者の識別判断を誤って予防接種を実施した場合において，予防接種の異常な副反応により接種対象者が死亡又は罹病したときには，担当医師は接種に際し右結果を予見しえたものであるのに過誤により予見しなかったものと推定するのが相当である。そして当該予防接種の実施主体であり，かつ，右医師の使用者である地方公共団体は，接種対象者の死亡等の副反応が現在の医学水準からして予知することのできないものであったこと，若しくは予防接種による死亡等の結果が発生した症例を医学情報上知りうるものであったとしても，その結果発生の蓋然性が著しく低く，医学上，当該具体的結果の発生を否定的に予測するのが通常であること，又は当該接種対象者に対する予防接種の具体的必要性と予防接種の危険性との比較衡量上接種が相当であったこと…中略…等を立証しない限り，不法行為責任を免れないものというべきである。」

2.4　損害

【到達目標】
〇損害とは何か，損害にはどのような種類のものがあるかについて，説明することができる。

　不法行為責任が成立するためには，第三に，損害賠償の請求者において損害が発生したことを要する。アメリカ法においては，懲罰的損害賠償が認められているが，わが国の民法における不法行為責任は，損害の塡補を目的とするものである。そのため，損害賠償の請求者において損害が発生しない限り，不法行為責任は成立しない。

2.4.1　意義

　損害は，財産的損害だけでなく，精神的な損害であってもよい（710条）。無形の損害・

非財産的損害が生じた場合でも，その損害が，金銭評価が可能である限り，損害賠償を請求することができる（最判昭39・1・28民集18巻1号136頁）。

　財産的損害は，さらに**積極的損害**と**消極的損害（得べかりし利益，逸失利益）**とにわけることができる。積極的損害とは，物の滅失や障害の治療費などのように，**現実に財産に生じたマイナス**である。逸失利益とは，**不法行為がなければ得られたであろう利益**をいう。

【設例2−18】
　Xは，Yの自動車に接触され負傷した。Xは，治療を受けたが，後遺症が残った。そのため，Xは，事故前には力のいる仕事に従事していたが，事故後は，座ったままできる測定解析業務に従事した。なお，本件では，Xの収入の減少はなかった。Xは，Yに対して，右労働能力の低下を財産的損害として賠償請求することができるか。

　それでは，身体の一部喪失や労働能力が低下したが，収入には特に影響がないような場合，損害賠償を請求することができるだろうか。
　学説は大別して2つの考え方がある。

A説：差額説（通説）
　損害を財産の減少額としての金銭と捉える。これによれば，不法行為がなかったならば存在したであろう財産状況から現実の，つまり不法行為が行われた財産状況の差額が損害ということになる。

B説：損害事実説
　損害を事実としてとらえる考え方である。これによれば，たとえば，交通事故によって負傷した場合には，その負傷それ自体が損害ということになる。

　判例は，後遺症の程度が比較的軽微であって，しかも被害者が従事する職業の性質からみて現在または将来における収入の減少も認められないという場合には，特段の事情のない限り，労働能力の一部喪失を理由とする財産上の損害を認める余地はないとしている（最判昭56・12・22民集35巻9号1350頁）。

【参考判例】最判昭56・12・22民集35巻9号1350頁
　「かりに交通事故の被害者が事故に起因する後遺症のために身体的機能の一部を喪失したこと自体を損害と観念することができるとしても，その後遺症の程度が比較的軽微であって，しかも被害者が従事する職業の性質からみて現在または将来における収入の減少も認められないという場合においては，特段の事情のない限り，労働能力の一部喪失を理由とする財産上の損害を認める余地はないというべきである。」

2.4.2　損害の算定方式

　損害の算定は，治療費，交通費，修理費用などさまざまな項目を立て，この区別された

各項目ごとに個別に損害を金銭的に評価し，それらを積み上げて損害を算定するという方式がとられる。これを**個別損害積み上げ方式**という。たとえば，入院治療費○○円，逸失利益○○円，慰謝料○○円とし，その合計額が損害の金額となる。

2.5　因果関係

> 【共通到達目標】
> ○因果関係についての基本的な考え方を説明することができる。

不法行為が成立するためには，第四に，権利・保護法益の侵害と損害の発生との間に因果関係があることを要する。

2.5.1　相当因果関係説

判例および従来の通説は，権利・保護法益の侵害と損害の発生との間に因果関係があるか否かを**相当因果関係**という概念によって判断してきた（**相当因果関係説**）。そして，416条は，相当因果関係を定めたものであるとの理解をもとに，債務不履行における損害賠償の範囲を規定する 416 条を不法行為における損害賠償にも類推適用するという立場をとってきた（**416 条類推適用説**）（大判大 15・5・22 民集 5 巻 386 頁）。これによれば，通常生ずる損害（これを**通常損害**という。）については，当然賠償の範囲に含まれることになるが[5]，特別の事情によって生ずる損害（これを**特別損害**という。）については，加害者において，右事情を予見すべきであったときに限り，これを賠償する責任を負う（最判昭 48・6・7 民集 27 巻 6 号 681 頁）。

これによれば，まずもって問題となるのは，ある損害が通常損害であるか，特別損害であるか，ということになる。

2.5.2　中間最高価格の賠償

不法行為後，目的物の価格が上昇した場合，加害者が賠償すべき金額はいつの時点を基準に算定されるか（**中間最高価格**）。

> 【設例 2−19】
> 　X所有の富喜丸とY所有の大智丸が濃霧の中で衝突し，富喜丸は沈没した。そこで，XがYに対し損害賠償を請求した。

---

[5]　たとえば，判例では，交通事故の被害者の近親者が外国に居住または滞在している場合において，看護等のため被害者のもとに往復した旅費が社会通念上相当であり，被害者が近親者に返還又は償還すべきと認められるときは，通常損害となるとされている（最判昭 49・4・25 民集 28 巻 3 号 447 頁）。

【参考判例】大判大 15・5・22 民集 5 巻 386 頁
（要旨）不法行為によって物を滅失・毀損された場合の損害は，<u>滅失・毀損の当時における交換価格を基準として定められる</u>。不法行為によって滅失・毀損した物の価格が後に騰貴し，被害者がこれによって得べかりし利益を喪失した場合には，<u>被害者において不法行為がなければ騰貴した価格で転売等を行い利益を確実に取得したであろうという特別の事情があり，その事情が不法行為当時予見し又は予見しえたことを</u>訴訟上立証できた場合に限り，その賠償を求めることができる。

2.5.3 因果関係の立証の緩和

（1）必要性

　①被害者にとっての因果関係立証の困難さ
　②高度な技術・専門知識の欠如

（2）因果関係の証明度

　因果関係の証明の困難を緩和する方法として，因果関係の証明の程度を高度の蓋然性で足りるとする方法が認められている。

【設例 2−20】
　Ｘは，3 歳のとき化膿性髄膜炎のため，東京大学医学部附属病院小児科へ入院し，治療の結果，次第に快方に向っていた。ところが，数日後，午後零時 30 分頃から 1 時頃までの間に担当医師の 1 人がＸに対しルンバール（腰椎穿刺による髄液採取とペニシリンの髄腔内注入）を実施したところ，その 15 分ないし 20 分後，突然に嘔吐，けいれんの発作等を起し，現在も後遺症として知能障害，運動障害等が残った。Ｘが医師の使用者であるＹに対し損害賠償を請求した。

【参考判例】最判昭 50・10・24 民集 29 巻 9 号 1417 頁（ルンバール事件）
　「訴訟上の因果関係の立証は，一点の疑義も許されない自然科学的証明ではなく，経験則に照らして全証拠を総合検討し，<u>特定の事実が特定の結果発生を招来した関係を是認しうる高度の蓋然性を証明すること</u>であり，<u>その判定は，通常人が疑を差し挟まない程度に真実性の確信を持ちうるものであることを必要とし，かつ，それで足りるものである。</u>」

（3）因果関係の事実上の推定（推認）

　因果関係の証明の困難を緩和する方法として，因果関係を事実上推定（推認）して，因果関係の立証責任を事実上転換する方法が認められている。

【設例 2−21】
　新潟県阿賀野川流域で昭和 39 年から翌年にかけて発生した有機水銀中毒性の患者や遺族 77 人が，その原因は昭和電工の鹿瀬工場からの排水にあるとして，同社を相手に総額 5 億 2200 余円の損害賠償を請求した。主要な争点は，①因果関係の立証，②企業の故意ないしは過失責任，③企業公害における一律賠償請求の可否である。

【参考判例】新潟地判昭 46・9・29 下民集 22 巻 9=10 号別冊 1 頁】（新潟水俣病事件）
（要旨）因果関係の点につき，判決は一般論として，化学公害事件では因果関係の連鎖の解明には高度の自然化学上の知識を必要とし，被害者に対しこれを要求することは，被害者救済の途を閉ざす結果となり，不法行為制度の根幹をなす衡平の見地からして適当でないと判示したうえ，具体的には，因果関係の立証事項を分析し，（1）<u>被害病患の特性とその原因物資（病因）および（2）原因物資が被害者に到達する経路（汚染経路）の究明は，状況証拠の積み重ねにより関連諸科学との関連においても矛盾なく説明できれば法的因果関係では，その証明があつたものと解すべきであり，この程度の立証がなされて汚染源の追及が企業の門前にまで達すれば，（3）加害企業における原因物資の排出（生成・排出に至るまでのメカニズム）については，加害企業において自己の工場が汚染源となっていない理由を証明しない限り，その存在を事実上推認され，その結果すべての法的因果関係が立証されたものと解すべきである。</u>

　⇒被害者が（1）（2）を立証され，汚染源の追求が企業の門前にまで到達した場合には，（3）については，企業側が自己の工場が汚染源になっていないことを証明しなければならない。

2.5.4　新たな考え方

（1）相当因果関係説の問題点

　①不法行為に基づく損害賠償において予見可能性を求めることが妥当か。
　②相当因果関係という概念は，ドイツ法に由来するが，ドイツでは完全賠償主義が採用されており，そこで，相当因果関係という概念を用いて賠償範囲を限定している。これに対して，わが国では，完全賠償主義が採用されているわけではないので，416 条の解釈として，同条が相当因果関係を定めたものであるとする見解は不適当である。

（2）賠償範囲画定の新たな基準

A説：義務射程（保護範囲）説
　損害賠償の範囲は，加害者が犯した注意義務が当該損害の発生を回避すべきことを目的としていたかどうか，すなわち，当該義務の射程に入るかどうかによって決まる。
　故意による不法行為の場合，加害者に賠償を負担させるべき程度は高いので，故意行為と事実的因果関係に立つ損害は原則として賠償範囲に含まれる。過失に基づく不法行為の

場合，加害者が当該損害につきその発生を防止ないし回避すべき注意義務を負うかどうかによって賠償範囲が決まる。

B説：危険性関連説
　損害を，加害行為の直接の結果として発生した損害（第一次損害）と，第一次損害が原因となって派生した損害（後続損害）に分け，後者の場合に，加害者の損害回避義務は，賠償範囲画定の基準としては機能しないとし，後者につき，危険性関連ないし危険範囲という別な基準を設定する。後続損害の発生が偶発的な場合か，第三者の行為が介在したり，被害者側の事情が介在しているときには，加害者は賠償責任を負わないが，第一次侵害によってもたらされた特別の危険の実現であるときは，危険性関連が肯定され，賠償範囲に含まれる。

2.6　責任能力

> 【到達目標】
> ○責任能力とは，どのような概念であるかを説明することができる。
> ○責任無能力者の不法行為について，監督義務者がどのような根拠に基づいてどのような責任を負うかを説明することができる。

2.6.1　意義

　加害者が不法行為に対して責任を負うのは，責任能力を有する場合だけである（712条参照）。
　自己の責任を弁識するに足りる知能とは，道徳上不正の行為であることを弁識する知能の意味ではなく，加害行為の法律上の責任を弁識するに足るべき知能をいう（大判大6・4・30民録23輯715頁）。これを**責任弁識能力**という。
　責任弁識能力の有無は，判例上，おおむね**12歳前後が基準**とされている。
　なお，加害者が不法行為に対して責任を負うのは，責任能力がある場合だけであるが，責任能力があることは請求原因事実ではなく，責任能力がないことが抗弁事由となる。

・責任能力があるとされた事例
　11歳11箇月の少年店員が主人のために自転車で物を運搬中，他人を負傷させた場合（大判大4・5・12民録21輯692頁─使用者責任肯定）

・責任能力がないとされた事例
　12歳7箇月の少年が空気銃で樹の根元を射撃しようとし，付近にいた被害者の眼に命中し，失明させた場合（大判大10・2・3民録27輯193頁─監督者責任肯定）

2.6.2　監督者責任

（1）　一般

　責任無能力者がその責任を負わない場合には，その責任無能力者を監督する法定の義務を負う者[6]が，その責任無能力者が第三者に加えた損害を賠償する責任を負う（714 条 1 項本文）[7]。法定の監督義務者に該当しない者であっても，責任無能力者との身分関係や日常生活における接触状況に照らし，第三者に対する加害行為の防止に向けてその者が当該責任無能力者の監督を現に行い，その態様が単なる事実上の監督を超えているなどその監督義務を引き受けたとみるべき特段の事情が認められる場合には，法定の監督義務者に準ずべき者として，714 条 1 項が類推適用される（最判平 28・3・1 民集 70 巻 3 号 681 頁）[8]。また，監督義務者に代わって責任無能力者を監督する者も，同様である（同条 2 項）。

　監督義務者が監督義務を怠らなかったとき，または，監督義務を怠らなくても損害が発生したときは，監督義務者は，責任を負わない（同項ただし書）。中間責任であり，過失の立証責任が転換されている。たとえば，責任を弁識する能力のない未成年者の蹴ったサッカーボールが校庭から道路に転がり出て，これを避けようとした自動二輪車の運転者が転倒して負傷し，その後死亡した場合でも，責任能力のない未成年者の親権者は，その直接的な監視下にない子の行動について，人身に危険が及ばないよう注意して行動するよう日頃から指導監督する義務があるが，ゴールに向けたフリーキックの練習は，通常は人身に危険が及ぶような行為であるとはいえず，また，親権者の直接的な監視下にない子の行動についての日頃の指導監督は，ある程度一般的なものとならざるを得ないから，通常は人身に危険が及ぶものとはみられない行為によってたまたま人身に損害を生じさせた場合は，当該行為について具体的に予見可能であるなど特別の事情が認められない限り，子に対する監督義務を尽くしているとされる（最判平 27・4・9 民集 69 巻 3 号 455 頁）。

---

[6]　精神障害者と同居する配偶者は，714 条 1 項にいう監督義務者にはあたらない（最判平 28・3・1 民集 70 巻 3 号 681 頁）。

[7]　責任能力のない子が他人に加えた傷害行為に違法性がない場合には，監督義務者たる両親も責任を負わない（最判昭 37・2・27 民集 28 巻 2 号 407 頁）。

[8]　認知症により責任を弁識する能力のない者 A が線路に立ち入り列車と衝突して鉄道会社に損害を与えた場合において，A の妻 Y1 が，長年 A と同居しており長男 Y2 らの了解を得て A の介護に当たっていたものの，当時 85 歳で左右下肢に麻ひ拘縮があり要介護 1 の認定を受けており，A の介護につき Y2 の妻 B の補助を受けていた場合には，Y1 は，714 条 1 項所定の法定の監督義務者に準ずべき者に当たらない（最判平 28・3・1 民集 70 巻 3 号 681 頁）。また，A の長男 Y2 が A の介護に関する話合いに加わり，Y2 の妻 B が A 宅の近隣に住んで A 宅に通いながら A の妻 Y1 による A の介護を補助していたものの，Y2 自身は，当時 20 年以上も A と同居しておらず，上記の事故直前の時期においても 1 箇月に 3 回程度週末に A 宅を訪ねていたにすぎない場合には，Y2 は，同条項所定の法定の監督義務者に準ずべき者に当たらない（最判平 28・3・1 民集 70 巻 3 号 681 頁）。

【監督義務者に対する損害賠償請求】

【請求原因】
　（1）Xの一定の権利または保護法益の侵害されたこと
　（2）（1）にAの故意または過失があること
　（3）Aの加害行為とXの損害発生に因果関係があること
　（4）Xに損害が発生したことおよびその数額
　（5）Aが加害当時，満20歳未満であり，自己の行為の責任の弁識能力がないか，または，心神喪失状況であったこと
　（6）YにAの加害行為に先立ちAの監督義務が発生していたこと

（714条1項ただし書）
【抗弁Ⅰ】
　Yは監督義務を履行したこと

【抗弁Ⅱ】
　Yは監督義務を怠らなくとも損害が発生したこと

（2）失火責任法との関係

【設例2−22】
　X所有の廃工場において，Yらの子Aら（当時10歳）がマッチを使用し遊んでいたところ，それが原因でXの工場は火災で焼失した。Xは，Yらに損害賠償を請求することができるか。

　失火責任法は，加害者に重過失がある場合に限り責任を負うとする。それでは，責任無能力者の失火によって建物が焼失したような場合，監督義務者の責任は，どのような要件のもとで判断されるのであろうか。

【参考判例】最判平7・1・24民集49巻1号25頁
　「民法714条1項は，責任を弁識する能力のない未成年者が他人に損害を加えた場合，未成年者の監督義務者は，その監督を怠らなかったとき，すなわち監督について過失がなかったときを除き，損害を賠償すべき義務があるとしているが，右規定の趣旨は，責任を弁識する能力のない未成年者の行為については過失に相当するものの有無を考慮することができず，そのため不法行為の責任を負う者がなければ被害者の救済に欠けるところから，その監督義務者に損害の賠償を義務づけるとともに，監督義務者に過失がなかったときはその責任を免れさせることとしたものである。ところで，失火ノ責任ニ関スル法律は，失火による損害賠償責任を失火者に重大な過失がある場合に限定しているのであって，この両者の趣旨を併せ考えれば，責任を弁識する能力のない未成年者の行為により火災が発生した場合においては，民法714条1項に基づき，未成年者の監督義務者が右火災による損

害を賠償すべき義務を負うが，<u>右監督義務者に未成年者の監督について重大な過失がなか</u><u>ったときは，これを免れる</u>ものと解するのが相当というべきであり未成年者の行為の態様のごときは，これを監督義務者の責任の有無の判断に際して斟酌することは格別として，これについて未成年者自身に重大な過失に相当するものがあるかどうかを考慮するのは相当でない。」

（3）責任能力のある未成年者

【設例 2−23】
　15 才（中学 3 年）の少年 Y1 は，13 才の少年 A を殺害してその所持金を奪った。そこで，A の母 X が，Y1 と Y1 の両親 Y2，Y3 を相手として慰藉料等を請求した。

　加害者に責任能力がある場合には，加害者本人が責任を負い，監督義務者に 714 条の責任は生じない。それでは，責任能力はあるが，まだ未成年であるような場合にも，この結論をそのままあてはめてよいであろうか（未成年者に資力がない場合を想定してみよう！）。

【参考判例】 最判昭 49・3・22 民集 28 巻 2 号 347 頁
　<u>「未成年者が責任能力を有する場合であっても監督義務者の義務違反と当該未成年者の</u><u>不法行為によって生じた結果との間に相当因果関係を認めうるときは，監督義務者につき</u><u>民法 709 条に基づく不法行為が成立する</u>ものと解するのが相当であって，民法 714 条の規定が右解釈の妨げとなるものではない。そして，Y らの Y1 に対する監督義務の懈怠と Y1 による A 殺害の結果との間に相当因果関係を肯定した原審判断は，その適法に確定した事実関係に照らし正当として是認できる。」

【親権者の責任を否定した例】 最判平 18・2・24 家月 58 巻 8 号 88 頁
　「少年院を仮退院した後に保護観察の遵守事項を守らないで遊び歩くなどしていた未成年者が強盗傷人事件を犯した場合において，当該未成年者が間もなく成人に達する年齢にあることなどから，親権者が当該未成年者に及ぼし得る影響力は限定的なものとなっており，当該親権者が上記遵守事項を確実に守らせることのできる適切な手段を有していたとはいい難いこと，当該親権者において当該未成年者が上記事件のような犯罪を犯すことを予測し得る事情があったとはいえないこと，当該未成年者の生活状態が直ちに少年院に再入院させるための手続等を執るべき状態にあったともいえないことなど判示の事情の下では，当該親権者に上記事件に結びつく監督義務違反があったとはいえない。」

2.7　違法性阻却事由

　権利侵害がある場合に，不法行為が成立するのは，そこに違法性があるからである。それゆえ，違法性を阻却すべき事由がある場合には，違法性が阻却され，不法行為は成立しない。

2.7.1　正当防衛

　他人の不法行為に対し，自己または第三者の権利・法律上保護される利益を防衛するため，やむを得ず加害行為をした者は，損害賠償の責任を負わない（720条1項本文）。たとえば，道路を歩いていたら，急に殴り掛かられたため，反撃したような場合である。

2.7.2　緊急避難

　他人の物から生じた急迫の危難を避けるためその物を損傷した場合にも，その者は，損害賠償の責任を負わない（720条2項）。たとえば，散歩していたら，散歩していた犬にいきなりとびかかられたため，蹴飛ばして犬にけがをさせてしまったような場合である。

2.7.3　被害者の承諾

　被害者の承諾がある場合にも，行為の違法性は阻却される。ただし，公序良俗に反する行為の承諾は違法性を阻却しない。

2.7.4　正当（業務）行為

　法律上許された行為も，正当行為として違法性を阻却する。たとえば，親のしつけ，現行犯逮捕，スポーツ，医療行為などである。小学校低学年児童が「鬼ごっこ」していて他人に加えた傷害行為は，特段の事情の認められない限り，当該行為の違法性を阻却される（最判昭37・2・27民集28巻2号407頁）。

2.7.5　自力救済

　原則は禁止される。ただし，違法な侵害に対して現状を維持することが不可能または著しく困難であると認められる緊急やむをえない事情が存するとき，必要性の限度を超えない範囲で許容される場合がある（最判昭40・12・7民集19巻9号2101頁）。

【XのYに対する不法行為に基づく損害賠償請求】

【請求原因】
　（1）Xの権利・保護法益が侵害されたこと
　（2）（1）につきYに故意・過失があること
　（3）Xに損害が発生したこと，およびその数額
　（4）（1）と（3）との間に因果関係があること

（正当防衛）
【抗弁I】

（1）YのXに対する加害行為は，Xの加害行為から自己の権利・保護法益を防衛する行為であること。

（2）（1）の行為は，Yの権利・保護法益の防衛のため，やむをえずなされたこと。

（緊急避難）

【抗弁Ⅱ】

Yの加害行為は，Xの物から生じた危難を避けるために行われたものであること。

3 特殊の不法行為

　ここまでは，一般不法行為の成立要件についてみてきたが，民法は，一定の不法行為類型に関して，特別な不法行為の成立要件を定めている。

3.1 使用者責任

【到達目標】
○使用者責任において，使用者がなぜ被用者の行為の責任を負うのか，また，使用者責任の要件と効果（被用者への求償を含む）はどのようなものかについて，説明することができる。

3.1.1 意義

【図 1】

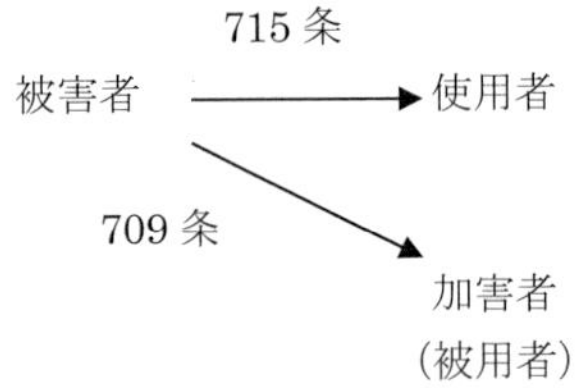

```
              715 条
被害者 ─────────→ 使用者

      709 条
              ↘
                  加害者
                  （被用者）
```

　ある事業のために他人を使用する者は，被用者が事業の執行について第三者に加えた損害を賠償する責任を負う（715 条 1 項本文）。

　使用者に代わって事業を監督する者も同様の責任を負う（同条 2 項）。

　しかし，使用者が被用者の選任・監督について相当の注意をしたとき，または相当の注意をしても損害が生ずべきであったときは，使用者は免責される（715 条 1 項ただし書）。いわゆる中間責任である。

　他人を使用して事業活動を営んで利益をあげている以上，そこから生じた損害も使用者が賠償すべきであるという考え方（報償責任）に基づくものとされる。

3.1.2 要件

　使用者責任が成立するための要件は，下記のとおりである。

（1）使用者がある事業のために他人を使用すること（使用関係の存在）
（2）被用者が「事業の執行について」他人の損害を加えたこと（事業執行性）
（3）被用者の第三者に対する不法行為が成立すること
（4）免責事由（使用者が被用者の選任・監督について相当の注意をしたこと，または相当の注意をしても損害が生したこと）がないこと

（1）使用関係の存在

　使用者責任が成立するためには，第一に，**使用者と被用者との間に使用関係が存在するこ**とが必要である。必ずしも雇用関係に限られず，**実質的な指揮監督関係**があれば足りる。715条の被用者とは，報酬の有無，期間の長短を問わず，広く使用者の指揮・監督のもとに使用者の経営する事業に従事する者を指称する（大判大 6・2・22 民録 23 輯 212 頁）。また，使用者と被用者との間に存在する法律関係は，有効である必要はなく，多少の程度において使用者の意思に服すべき場合があれば足りる（大判昭 2・6・15 民集 6 巻 403 頁：医師が父の雇人で同居している女中に薬品の所在を告げ，患者の母に渡すように委託した場合）。

【使用関係が認められた例】
① 元請負人が下請負人に対して指揮・監督する権利を保有し，両者にあたかも使用者・被用者のような関係が存在する場合（大判昭 11・2・12 新聞 3956 号 17 頁）
② 貸切自動車営業者の名義を承諾を得て借用し，貸切旅客運送業を行い，名義料・諸税費用を支払い，かつ，名義貸与者のもとに起居し，同人の車庫に自動車を格納している場合（大判昭 11・11・13 民集 15 巻 2011 頁）
③ 兄が弟に兄所有の自動車を運転させこれに同乗して自宅に帰る途中，助手席で運転の指示をしていた等の事情がある場合（最判昭 56・11・27 民集 35 巻 8 号 1271 頁）
④ 道路工事請負人が運転手助手付きの貨物自動車を借り受けた場合において，その助手が，請負人の現場監督の指揮に従い，運搬・運送に関与し，これらの仕事については助手の雇主の指図を受けたことがなく，かつ，請負人の飯場に起居していた場合（最判昭 41・7・21 民集 20 巻 6 号 1235 頁）
⑤ 下請負人の被用者に対し，元請負人が下請負人と同様の指揮・監督をしていた場合（最判昭 45・2・12 判時 591 号 61 頁）
⑥ 階層組織を形成する暴力団の最上位の組長は，その直接間接の指揮監督の下で同暴力団の威力を利用してなされる資金獲得活動に従事していた下部組織の構成員に対して，使用者と被用者の関係に立つ（最判平 16・11・12 民集 58 巻 8 号 2078 頁）。

（2）事業執行性

　第二に，被用者の不法行為が事業の執行についてなされたものであることが必要である。たとえば，バスの運転手がバスの運転中に誤って歩行者に追突してけがをさせた場合である。
　それでは，事業の執行についてなされたものでない場合には，使用者の責任はまったく認められないのであろうか。

（a）取引的不法行為

　取引に関連してなされる不法行為を取引的不法行為という。

（ア）外形理論

【設例3−1】
　Y会社の会計係員Aは，知人Bの金融の便宜を図る目的で，Y振出名義の約束手形2通を偽造して，それをBに交付した。Xは，その事情を知らないで，Bに対する貸金の支払いのために，右手形の裏書譲渡を受けた。Xは，Yに対して，手形の支払を求めたが，それが認められなかったので，Xは，Aの使用者としてYに対し損害賠償を請求した。

　判例は，被用者の職務執行行為そのものには属しなくても，その行為の外形から観察して，あたかも被用者の職務の範囲内の行為に属するものとみられる場合も包含するとしている。（大民刑連判大15・10・13民集5巻785頁，最判昭40・11・30民集19巻8号2049頁など）。これを**外形理論**という。

【参考判例】最判昭40・11・30民集19巻8号2049頁
　「民法715条にいわゆる<u>「事業ノ執行ニ付キ」とは，被用者の職務執行行為そのものには属しないが，その行為の外形から観察して，あたかも被用者の職務の範囲内の行為に属するものとみられる場合をも包含するものと解すべきであり</u>，このことは，すでに当裁判所の判例とするところである。これを被用者が取引行為のかたちでする加害行為についていえば，使用者の事業の施設，機構および事業運営の実情と被用者の当該行為の内容，手段等とを相関的に勘酌し，当該行為が，（い）被用者の分掌する職務と相当の関連性を有し，かつ，（ろ）被用者が使用者の名で権限外にこれを行うことが客観的に容易である状態に置かれているとみられる場合のごときも，被害者の保護を目的とする民法715条の法意ならびに前示判例の趣旨にかんがみ，外形上の職務行為に該当するものと解するのが相当である。けだし，（い）にいう本来の職務との間に相当の関連性を有することは，当該行為が被用者の職務の範囲内に属するものと思料される契機となりうることは疑いがなく，しかも，被用者の権限外の行為に対し使用者の支配が及びうるにかかわらず，（ろ）のごとくこれを容易に行いうる客観的状態が事業の施設機構等に存するときは，被用者の行為がその職務の範囲内に属するものとの外観をもたらすのが通常の事態であると認められるからである。」

（イ）相手方が悪意・重過失の場合

　それでは，被害者が職務権限内の行為でないことを知っていた場合にも，715条の請求は認められだろうか。

【設例3−2】
　X会社は，金融に苦慮していたところ，手形の騙取を企てたBがXに対しY銀行M支店が手形割引をしてくれると述べたので，本件手形を振り出し，Y銀行M支店長Aに交付した。なお，Yの内規および慣行では，本件のような融通手形の割引はしない，しかも，Xのような初参の客からの依頼は受けないこととなっていた。一方，Bは，Aに対し本件手形割引，それができない場合，Bが割引先を探すまでの間手形を預かってほしい旨依頼し，

また，割引ができた際にはY銀行M支店に相当額を預金させる旨申し向けた。そのため預金成績向上に腐心していたAは，本件手形を預かり，さらに，割引先の斡旋をBに依頼して本件手形をBに交付した。ところが，Bが本件手形を流通に置いたため，Xは，その支払で損害を受けた。そこで，XがAの使用者としてYに対し損害賠償を請求した。

判例は，被用者のした取引行為が，その行為の外形から見て，使用者の事業の範囲内に属するものと認められる場合でも，その行為が被用者の職務権限内において適法に行われたものでなく，かつ，**その行為の相手方がそれを知りながら，または，重大な過失によりそれを知らないで，当該取引をしたと認められるときは，事業の執行について加えた損害とはいえない**としている（最判昭42・11・2民集21巻9号2278頁）。

【参考判例】最判昭42・11・2民集21巻9号2278頁
　「被用者のなした取引行為が，その行為の外形からみて，使用者の事業の範囲内に属するものと認められる場合においても，その行為が被用者の職務権限内において適法に行なわれたものでなく，かつ，その行為の相手方が右の事情を知りながら，または，少なくとも重大な過失により右の事情を知らないで，当該取引をしたと認められるときは，その行為にもとづく損害は民法715条にいわゆる「被用者カ其事業ノ執行ニ付キ第三者ニ加ヘタル損害」とはいえず，したがってその取引の相手方である被害者は使用者に対してその損害の賠償を請求することができないものと解するのが相当である。」

（b）事実行為

　取引と関連のない不法行為（事実的不法行為）の場合はどうか。

（ア）交通事故

【設例3-3】
　Yは，自動車，その部品および附属品の販売，車体の製作並びにその取付を営業目的とする会社である。Aは，Y会社の販売課に勤務する者であるが，退社後映画見物をしての帰途，私用運転を禁ずる会社の規則に反して会社の自動車を無断使用し，X運転の自動車に追突した。Xは，Yに対して，使用者責任を追及した。

判例は，取引的不法行為について発展させた外形理論を交通事故の場合にも適用する（最判昭39・2・4民集18巻2号252頁）。

【参考判例】最判昭39・2・4民集18巻2号252頁
　「このような事実関係の下においては，上告人Aの本件事故当夜における右ジープの運行は，会社業務の適正な執行行為ではなく，主観的には同上告人の私用を弁ずる為であったというべきであるから，上告会社Yの内規に違反してなされた行為ではあるが，民法715条に規定する「事業ノ執行ニ付キ」というのは，必ずしも被用者がその担当する業務を適

正に執行する場合だけを指すのでなく，広く被用者の行為の外形を捉えて客観的に観察したとき，使用者の事業の態様，規模等からしてそれが被用者の職務行為の範囲内に属するものと認められる場合で足りるものと解すべきであるとし，この見地よりすれば，上告人Ａの前記行為は，結局，その職務の範囲内の行為と認められ，その結果惹起された本件事故による損害は上告人の事業の執行について生じたものと解するのが相当であるから，被用者である上告人Ａの本件不法行為につき使用者である上告会社がその責任を負担すべきものであるとした原審の判断は，正当である。」

【交通事故について「事業の執行について」に当たるとされた例】
① 通産大臣用乗用車の運転手がすでに辞表を提出したが，まだ官を失っておらず，平素この自動車に同乗していた大臣秘書官の私用のために運転した場合（最判昭 30・12・22 民集 9 巻 14 号 2047 頁）
② タクシー会社の整備係兼運転助手が，会社の黙認する場所以外で営業用自動車を用いて運転練習した場合（最判昭 34・4・23 民集 13 巻 4 号 532 頁）

【交通事故について「事業の執行について」に当たらないとされた例】
③ 会社において通勤等に自家用車を利用することが禁止され，出張の際も許可が必要とされており，また，本件出張についても特急列車を利用すれば十分間に合ったのに，会社の業務に関して平素自家用車を用いたことのない者が会社に届けることなく自家用車を用いて出張した場合（最判昭 52・9・22 民集 31 巻 5 号 767 頁）

（イ）暴行など

暴行などによる不法行為については，**事業の執行行為を契機とし，これと密接な関連を有すると認められる場合（密接関連性基準）**に，事業執行性が認められている（最判昭 44・11・18 民集 23 巻 11 号 2079 頁など）。

【参考判例】最判昭 44・11・18 民集 23 巻 11 号 2079 頁
（要旨）使用者の事業の執行行為を契機とし，これと密接な関連を有すると認められる行為によって加えられた損害は，「事業の執行について加えた損害」に当たる。

【暴行などについて「事業の執行について」に当たるとされた例】
① すし屋の店員が使用者所有の自動車を運転して出前中，右自動車の方向指示器を点灯したまま直進したため，これと衝突しそうになった他の自動車の運転手と口論になり，暴行を加えた場合（最判昭和 46・6・22 民集 25 巻 4 号 566 頁）
② 漁船の船長が操業を継続するため，他船の漁網を窃取した場合（最判昭 48・2・16 民集 27 巻 1 号 132 頁）
③ 殺傷行為（最判平 16・11・12 民集 58 巻 8 号 2078 頁）

【外形理論・密接関連性基準の適用範囲】

　上記のように，取引的不法行為では，判例は，外形理論を用いて，事業執行性を判断している。ところで，**外形理論は，被害者の信頼を保護する法理である**。そのため，**被害者に信頼がない場合**，たとえば，行為の相手方が被用者の行為が職務権限内において適法に行われたものでないことを知りながら，または，重大な過失により右の事情を知らないで，取引をしたと認められるときは，その行為にもとづく損害は「被用者がその事業の執行について第三者に加えた損害」とは言えないとされる。また，行為の性質上事業の執行についてなされたという信頼がそもそも成り立たない行為にも，外形理論を用いることはできない。たとえば，仕事現場や仕事中の被用者によるけんかや殺傷行為は，どう見ても事業の執行についてなされたものと考えることはできない。そこで，**判例は，このような場合には，被用者の行為が使用者の事業の執行行為を契機とし，これと密接な関連を有すると認められる行為か否か（密接関連性）によって事業執行性を判断している。**

　こうした点から，自動車の運転についての事業執行性について考えてみよう。勤務時間外に被用者が会社所有の自動車を運転中に交通事故を起こしたり，被用者が出張の際に自動車の使用を禁止されていたにもかかわらず自家用車を使用して交通事故を起こしたりした場合には，事業執行性はどのように判断されるだろうか。**判例は，自動車の運転についても外形理論を用いて事業執行性を判断している。これは，自動車の運転であっても，行為の外形上事業の執行たる色彩を生じる場合もあるからである。**

　なお，事業執行性の最初に挙げたバスの運転手が運転中事故を起こしたケースと，事実的不法行為で挙げられる交通事故のケースの違いがわかっていない者がいるが，バスの運転のケースでは，バスの運転中の事故は，まさに事業の執行についてなされた不法行為であるが，事実的不法行為で挙げられる交通事故のケースでは，勤務時間外に会社所有の自動車を運転し，あるいは自動車の使用が禁止されているにもかかわらず自家用車を使用しているから，被用者の行為が事業の執行についてなされたものであるということはできない。この点で，両事案は異なる。

（3）被用者が第三者に損害を加えたこと

　第三に，被用者に不法行為が成立することが必要である。

（4）免責事由がないこと

　以上の要件を充たす場合でも，使用者は，免責事由を主張立証して責任を免れることができる（715条1項ただし書）。免責事由は，以下のとおりである。

　① 選任監督上相当の注意を払ったこと
　② 相当の注意を払っても損害が発生したこと

【XのYに対するAの不法行為に基づく損害賠償請求】

【請求原因】
　（1）Xが一定の権利または保護法益を有すること
　（2）請求原因（1）の権利または保護法益に対するAの加害行為
　（3）Aに請求原因（2）について故意または過失があったこと
　（4）請求原因（2）と（5）との間に因果関係があること
　（5）Xに損害が発生したこと，およびその数額
　（6）請求原因（2）に先立つYのAに対する指揮監督関係の発生原因
　（7）請求原因（2）のAの行為は，Yの事業の執行についてなされたものであること

（715条1項ただし書）
【抗弁Ⅰ】
　Y選任・監督上相当の注意を尽くしたこと

（715条1項ただし書）
【抗弁Ⅱ】
　相当の注意を払ってもAの加害行為は回避できなかったこと

（職務権限外の行為）
【抗弁Ⅲ】
　（1）Aの請求原因（2）の行為は，Aの職務権限内において適法に行われたものではないこと
　（2）Xは，請求原因（2）の当時，抗弁Ⅲ（1）の事実を知っていたこと，または，知らないことにつき重大な過失があること

3.1.3　効果

（1）使用者の損害賠償責任

　使用者は，被用者が事業の執行について第三者に加えた損害を賠償する責任を負う（715条1項本文）。

（2）被用者の責任

　使用者責任が認められる場合にも，被用者は不法行為者として被害者に対して損害賠償責任を負う（709条）。715条による使用者が負担する債務と709条による被用者自身の債務とは，**連帯債務**となる。

【注意】

　従来，判例は，715条に基づく使用者の義務と709条に基づく被用者の義務とは，不真正連帯の関係にあるとしてきた（大判昭12・6・30民集16巻1285頁）。これは，改正前民法が連帯債務者間に広く絶対的効力事由を認めていたため（絶対的効力については，連帯債務の箇所参照），被害者に不利だからである。

　しかし，改正民法では，連帯債務者間の絶対的効力事由は多くの部分において相対的自由となったため，改正民法のもとで不真正連帯債務を認める必要性があるか否かが問題となる。

　そのため，改正民法のもとでも，715条に基づく使用者の義務と709条に基づく被用者の義務を不真正連帯の関係にあると解すべきか否かについては，問題がある。

（3）求償

（a）使用者から被用者に対する求償

　使用者が損害賠償責任を果たしたときは，被用者に対して求償することができる（715条3項）。

　しかし，使用者責任の根拠を報償責任や危険責任に求めるときは，被用者に最終的な責任を負担させるのは正当ではない。そのため，判例・通説は，損害の公平な分担という観点から，使用者の被用者に対する求償を制限してきた。

【設例3−4】
　X会社で運転手として雇用されていたYは，タンクローリーを運転中，Aのタンクローリーに追突したため，Yの使用者であるXは，Aに対し修理費等を支払った。そこで，Xは，Yに対し求償をした。この求償は認められるか。

【図2】

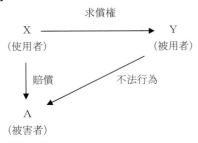

【参考判例】最判昭51・7・8民集30巻7号689頁
　「使用者が，その事業の執行につきなされた被用者の加害行為により，直接損害を被り又は使用者としての損害賠償責任を負担したことに基づき損害を被った場合には，使用者は，

その事業の性格，規模，施設の状況，被用者の業務の内容，労働条件，勤務態度，加害行為の態様，加害行為の予防若しくは損失の分散についての使用者の配慮の程度その他諸般の事情に照らし，損害の公平な分担という見地から信義則上相当と認められる限度において，被用者に対し右損害の賠償又は求償の請求をすることができるものと解すべきである。

　原審の適法に確定したところによると，(1) Xは，石炭，石油，プロパンガス等の輸送及び販売を業とする資本金 800 万円の株式会社であって，従業員約 50 名を擁し，タンクローリー，小型貨物自動車等の業務用車両を 20 台近く保有していたが，経費節減のため，右車両につき対人賠償責任保険にのみ加入し，対物賠償責任保険及び車両保険には加入していなかった，(2) Yは，主として小型貨物自動車の運転業務に従事し，タンクローリーには特命により臨時的に乗務するにすぎず，本件事故当時，Yは，重油をほぼ満載したタンクローリーを運転して交通の渋滞しはじめた国道上を進行中，車間距離不保持及び前方注視不十分等の過失により，急停車した先行車に追突したものである，(3) 本件事故当時，Yは月額約 4 万 5000 円の給与を支給され，その勤務成績は普通以上であった，というのであり，右事実関係のもとにおいては，Xがその直接被つた損害及び被害者に対する損害賠償義務の履行により被つた損害のうちYに対して賠償及び求償を請求しうる範囲は，信義則上右損害額の 4 分の 1 を限度とすべきであり，したがってその他のYらについてもこれと同額である旨の原審の判断は，正当として是認することができ，その過程に所論の違法はない。」

【使用者の不法行為被用者に対する求償権の行使】

【請求原因】
（1）Aの権利または保護法益が侵害されたこと
（2）（1）につきYの故意または過失
（3）請求原因（1）と（4）との間に因果関係があること
（4）Aに損害が発生したこと，およびその数額
（5）X・Y間に加害行為に先立ち指揮監督関係が成立していたこと
（6）Yの加害行為は，Xの事業の執行につきなされたものであること
（7）XがAにYの加害行為によるAの損害の賠償をしたこと

（信義則）
【抗弁】
　信義則上，求償権の行使を制限するのを相当とする事実

3.2　注文者の責任

【図 3】

損害賠償請求権

X ────────────→ Y
（被害者）　　　　　　　（注文者）

　注文者は，原則として，請負人がその仕事について第三者に加えた損害を賠償する責任を負

わないが，注文または指図についてその注文者に過失があったときは，責任を負う（716条）。

　注文者は，工事中に請負人を指揮監督するわけではないから，工事中に請負人が第三者に加えた損害を賠償する責任は負わないが，注文そのものあるいは指図について過失があったときは，709条の原則からいっても賠償責任があることはいうまでもない（最判昭43・12・24民集22巻13号3413頁）。

【X（第三者）のY（注文者）に対する損害賠償請求】

【請求原因】
　　（1）YとA（請負人）との間で請負契約が締結されたこと
　　（2）Xの権利・保護法益に対してAが加害行為を行ったこと
　　（3）（2）にAの故意または過失があること
　　（4）Xに損害が発生したことおよびその数額
　　（5）YからAに対する注文または指図に過失があったこと

3.3　土地工作物責任

3.3.1　意義

【図4】

損害賠償請求権

X ───────────────→ Y

（被害者）　　　　　　　（土地工作物占有者）

　土地の工作物の設置または保存に瑕疵があることによって他人に損害を生じたときは，その工作物の占有者は，被害者に対してその損害を賠償する責任を負う（717条1項本文）。ただし，占有者が損害の発生を防止するのに必要な注意をしたときは，所有者がその損害を賠償しなければならない（同項ただし書）。

　竹木の植栽または支持に瑕疵がある場合も同様である（同条2項）。

3.3.2　要件

工作物責任に基づく損害賠償請求権の成立要件は，以下のとおりである。

　　（1）Xの権利・保護法益が侵害されたこと
　　（2）土地工作物の設置または保存の瑕疵があること
　　（3）請求原因（2）と（4）との因果関係があること
　　（4）Xに損害が発生したことおよびその数額
　　（5）Yが設置または保存に瑕疵のある土地工作物の占有者であること
　　（6）Yが損害の発生を防止するために必要な注意をしたこと

（1）瑕疵が「土地の工作物」に関するものであること

　土地の工作物とは，土地と結びついて人工的につくられたものをいう。土地に接着している物のみならず，**土地の工作物と一体となっている物**も含む。
　たとえば，建物，トンネル，橋などがこれに当たる。また，小学校の遊動円棒（大判大5・6・1民録22輯1088頁），炭坑の坑口付近に設置された巻上機の一部をなし，炭車を坑口に巻き上げるために使用されたワイヤロープ（最判昭37・4・26民集16巻4号975頁），高圧線（最判昭37・11・8民集16巻11号2216頁），鉄道の軌道施設（最判昭46・4・23民集25巻3号351頁）が717条にいう工作物にあたるとされる。

（2）土地の工作物の設置・保存の瑕疵

　設置・保存の瑕疵とは，工作物がその用途に応じて通常有すべきものとされる安全性を欠くことである（最判昭59・1・26民集38巻2号53頁）[1]。第三者や被害者の異常な行動による危険，あるいは，異常な自然力により生じた危険に対する安全性まで備えている必要はない（最判昭53・7・4民集32巻5号809頁，最判平5・3・30民集47巻4号3226頁）。

【判例において瑕疵があるとされた例】
① 電気事業者が，電気工作物規程に従って，桑樹の間を通して高圧電流を通ずる電線を架設したところ，後に桑樹が生育したため，それに登った者が感電死した場合には，外部の状況の変化に対応した安全な措置を尽くさなかった点に瑕疵がある（大判昭12・7・17新聞4172号15頁）。
② 踏切道の軌道施設は，保安設備と併せ一体として考察されるべきであり，見通しが悪く，交通・列車回数が多く，過去数度に及ぶ事故のあった電車の踏切に保安設備（警報機）が欠けている場合は，土地の工作物たる軌道施設の設置に瑕疵がある（最判昭46・4・23民集25巻3号351頁）。

（3）因果関係

　損害が工作物の瑕疵によって生じたことを要する。もっとも，瑕疵が唯一の原因である必要はなく，自然力，たとえば，大雨，地震などが加わったときでも相当因果関係がある場合には賠償の対象となる。

3.3.3　賠償義務者

（1）占有者

　第1次的には土地工作物の占有者が賠償責任を負う。損害の発生を防止するのに必要な注意としたときは，責任を負わない（717条1項ただし書）。

---

[1] 他人の築造した瑕疵ある工作物を瑕疵がないと信じ過失なくして買い受けた者であっても，当該工作物を現に所有するというだけで717条の責任を負う（大判昭3・6・7民集7巻443頁）。

　小学校の遊動円棒が腐朽しかかっていたので，「一時に 3 人以上乗るべからず」と教員から生徒に注意し，さらに円棒支柱に禁止と記した板を打ち付けておいても，9 歳余りの学童に対する関係では必要な注意を尽くしたとはいえない（大判大 5・6・1 民録 22 輯 1088 頁）。

（2）所有者

　所有者については免責規定がない。すなわち，無過失責任である（大判昭 3・6・7 民集 7 巻 443 頁）。
　なお，実務上は，所有者の責任は，2 次的な責任である。そのため，所有者は，工作物の占有者がいることを主張立証して責任を免れることができる。もっとも，占有者が損害の発生を防止するに必要な注意を払ったことを主張立証して所有者の責任を問うことができる。

【占有者に対する工作物瑕疵に基づく損害賠償請求】

【請求原因】
　（1）Xの権利・保護法益が侵害されたこと
　（2）土地工作物に設置または保存の瑕疵があること
　（3）請求原因（2）と（4）との間に因果関係があること
　（4）Xに損害が発生したこと，およびその数額
　（5）Yが設置・保存に瑕疵のある土地工作物を占有していること

（717 条 1 項ただし書）
【抗弁】
　Yが損害発生防止に必要な注意をしたこと

【所有者に対する土地工作物瑕疵に基づく損害賠償請求】

【請求原因】
　（1）Xの権利・保護法益が侵害されたこと
　（2）土地工作物に設置または保存の瑕疵があったこと
　（3）請求原因（2）と（4）との間に因果関係があること
　（4）Xに損害が発生したこと，およびその数額
　（5）Yが設置・保存に瑕疵のある土地工作物を所有していること

（占有者）
【抗弁】
　A（占有者）が本件土地工作物を占有していること

（717 条 1 項ただし書）
【再抗弁】
　Aが損害発生防止に必要な注意をしたこと

3.3.4 効果

（1）損害賠償

　土地工作物の占有者または所有者は，被害者に対して，その損害を賠償する責任を負う（717条1項）。

（2）求償（717条3項）

　損害の原因について他にその責任を負う者（土地工作物をした築造した者や以前の占有者など）があるときは，占有者または所有者は，その者に対して求償権を行使することができる（717条3項）。

3.3.5 失火責任法との関係

> 【設例3−5】
> 　Y電力会社が架設した電線が老朽化し，それが原因で漏電し，その結果，Xの家屋が焼失した。
> 　Xは，Yに対して土地工作物の設置・瑕疵を理由に損害賠償を請求することができるか。

　【設例3−5】では，Y電力会社が設置した電線の老朽化により火災が発生している。火災により損害が発生した場合，通常の不法行為では，加害者に重過失がある場合に，加害者は，損害賠償責任を負う（失火責任法）。

　それでは，土地工作物の設置・保存の瑕疵により火災が発生した場合，失火責任法の適用はあるのだろうか。また，それが肯定される場合，土地工作物の所有者は，どのような要件のもとで責任を負うのだろうか。

　判例は，電力会社がその架設した電線・電柱の瑕疵の修理を怠ったため，漏電し火災を起こした場合には，失火責任法の適用があり，修理を怠ったことに重大な過失があるときは，所有者たる電力会社は，717条の責任を負うとしている（大判昭7・4・11民集11巻609頁）。

3.4 製造物責任

3.4.1 意義

> 【設例3−6】
> 　Xは，A電気店からY製造のテレビを購入した。ところが，そのテレビには欠陥があり，それがもとでテレビは燃え，その結果，Xの家屋が一部焼失した。この場合，Xは，テレビの製造会社Yに対して，損害賠償を請求することができるか。

【図5】

契約不適合給付に基づく損害賠償請求権
X　━━━━━━━━━━━━━▶　A
（被害者）　　　　　　　　　　（販売者）

製造物責任　　　　　　▶　　Y
　　　　　　　　　　　　　　（製造者）

　【設例3-6】では，X・A間には売買契約があるので，テレビに欠陥があった場合には，Xは，Aに対して，契約不適合給付に基づく責任を追及することができる（562条以下）。それでは，Xは，テレビの製造者であるYに責任を追及することできないのだろうか。
　製造物の欠陥により人の生命，身体または財産を侵害したときは，製造業者等は，これによって生じた損害を賠償する責任を負う（製造物責任3条）。

3.4.2　要件

　製造物責任に基づく損害賠償を請求するための要件は，以下のとおりである。

　（1）Yが製造業者等であること
　（2）本件テレビが製造物であること
　（3）Yが製造物を引き渡したこと
　（4）引き渡した時点において製造物に欠陥があったこと
　（5）Xの生命，身体または財産が侵害されたこと
　（6）Xに損害が発生したこと，およびその数額
　（7）欠陥と権利侵害・損害発生との間に因果関係があること
　（8）免責事由がないこと

（1）製造業者等

　製造業者等とは，①製造物を業として製造，加工または輸入した者（これらの者を**製造業者**という。），②自ら当該製造物の製造業者として当該製造物にその氏名，商号，商標その他の表示をした者または当該製造物にその製造業者と誤認させるような氏名等の表示をした者，③製造物の製造，加工，輸入または販売に係る形態その他の事情からみて，当該製造物にその実質的な製造業者と認めることができる氏名等の表示をした者をいう（製造物責任2条3項）。

（2）引き渡した製造物

　製造物とは，**製造または加工された動産**をいう（製造物責任2条1項）。電気などの物に属さないエネルギーや医療などのサービスは製造物にあたらない。

製造とは，原材料に手を加えて新たな物品を作り出すことをいう。また，加工とは，動産を材料として，これに工作を加え，その本質は保持させつつ，新たな属性を付加し，価値を加えることをいう。加熱・粉ひきなどは，製造・加工にあたるとされる。イシガキダイのアライ（切断して冷水で洗ったもの）は，製造・加工にあたるとされる（東京地判平14・12・13判時1805号14頁）。

引渡しとは，自らの意思で占有を移転することである。

（3）欠陥

欠陥とは，その製造物の特性，通常予見される使用形態，製造業者等がその物を引き渡した時期その他その物に関する事情を考慮して，その物が通常有すべき安全性を欠いていることをいう（製造物責任2条2項）。

さらに，欠陥は，製造上の欠陥，設計上の欠陥，指示・警告上の欠陥に分類される。製造上の欠陥とは，本来の設計通りの性状から逸脱し，安全性を欠いていることである。設計上の欠陥とは，設定自体に問題があって，その物が安全性を欠くことである。また，指示・警告上の欠陥とは，効用との関係で除去できない一定の危険について，被害回避のための適切な指示・警告が与えられないことである。

（4）免責事由

製造業者等は，次の事由を証明したときは，損害賠償責任を免れることができる（製造物責任4条）。

（a）開発危険の抗弁

流通時の科学または技術の知見により，製造物の欠陥があることを認識できなかったこと（製造物責任同条1号）。

（b）部品・原材料の製造業者の抗弁

部品・原材料の製造がもっぱら他の業者の設計指示に従ったことにより部品・原材料たる製造物に欠陥が生じ，かつ，その欠陥につき過失がないこと（製造物責任同条2号）

（5）消滅時効

製造物責任に基づく損害賠償請求権は，次に掲げる場合には，時効によって消滅する（5条）。
① 被害者またはその法定代理人が損害および賠償義務者を知った時から3年間行使しないとき（同条1項1号）。なお，人の生命または身体を侵害した場合における損害賠償の請求権の消滅時効については，「3年間」とあるのは，「5年間」となる（同条2項）。
② 製造業者等が当該製造物を引き渡した時から10年を経過したとき（同条1項2号）。も

っとも，10 年の期間は，身体に蓄積した場合に人の健康を害することとなる物質による損害または一定の潜伏期間が経過した後に症状が現れる損害については，その損害が生じた時から起算される（同条 3 項）。

【XのYに対する製造物責任法 3 条に基づく損害賠償請求】

【請求原因】
　（1）Yが製造業者等であること
　（2）Yが製造物を流通においた（引き渡した）こと
　（3）流通においた時点で製造物に欠陥があったこと
　（4）Xの生命，身体または財産に損害が発生したこと，およびその数額
　（5）製造物の欠陥とXの権利への侵害・損害発生との間に因果関係があること

（開発危険の抗弁）
【抗弁 I 】
　流通時の科学または技術の知見により，製造物の欠陥があることを認識できなかったこと

（設計指示）
【抗弁 II 】
　（1）流通においた製造物は，他の製造物の部品または原材料として使用したこと
　（2）製造物の欠陥は，もっぱら他の業者の設計指示に従ったことにより生じたこと
　（3）Yに欠陥が生じたことにつき過失がないこと

（消滅時効）
【抗弁 III 】
　（1）被害者またはその法定代理人が損害および賠償義務者を知った日のうち遅い日
　（2）（1）から 3 年が経過したこと
　（3）YがXに対して消滅時効援用の意思表示をしたこと

（抗弁 III に対して）
【再抗弁】
　Xが，抗弁 III（2）に先立ち，損害賠償請求権を行使したこと

（除斥期間）
【抗弁 IV 】
　製造業者等が当該製造物を引き渡した日から 10 年が経過したこと

（抗弁 IV に対して）
【再抗弁】
　Xが，抗弁 IV に先立ち，損害賠償請求権を行使したこと

（製造物責任法 5 条 3 項）
【抗弁 V 】
　（1）Xの損害は，身体に蓄積した場合に人の健康を害することとなる物質による損害または一定の潜伏期間が経過した後に症状が現れる損害であること
　（2）Xに損害が生じた日
　（3）（2）から 10 年が経過したこと

3.4.3 効果

製造物の欠陥により人の生命，身体または財産を侵害したときは，製造業者等は，これによって生じた損害を賠償する責任を負う（製造物責任 3 条）。ただし，その賠償対象は，拡大損害のみであり（製造物責任 3 条本文），製造物それ自体の損害は含まない（同条ただし書）。

3.5 動物占有者の責任

【設例 3－7】
　X が近所にある公園を散歩していたところ，正面から Y がペットの犬を連れて歩いてきたが，すれ違う際，突如 Y の犬が X にかみついた。X は Y に対して損害賠償を請求することができるか。

【図 6】

損害賠償請求権

X ――――――――――→ Y

（被害者）　　　　　　　（動物占有者）

　動物の占有者は，その動物が他人に加えた損害を賠償する責任を負う（718 条 1 項本文）。
　ただし，動物の種類および性質に従って相当の注意をもってその管理をしたことを証明すれば，その責任を免れる（同項ただし書）。

【X の Y に対する不法行為に基づく損害賠償請求】

【請求原因】
　　（1）Y が動物を占有していること
　　（2）その動物が X に加害行為を加えたこと
　　（3）請求原因（2）と（4）との間に因果関係があること
　　（4）X に損害が発生したこと，およびその数額

【抗弁】
　Y が動物の種類・性質に従って相当の注意をもって管理したこと

3.6 共同不法行為

3.6.1 意義

民法が規定する共同不法行為には，3 つの形態がある。

① 狭義の共同不法行為
② 加害者不明の共同不法行為
③ 教唆者および幇助者

3.6.2　狭義の共同不法行為

（1）意義

【図7】

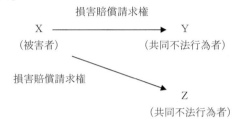

　数人が共同の不法行為によって他人に損害を加えたときは，各自が連帯してその損害を賠償する責任を負う（719 条 1 項前段）。数人が共同して他人を殴打する場合のように，違法行為そのものについて数人の行為の関連共同するときは，これを**狭義の共同不法行為**という。数人の行為は，**いずれも当該損害の原因をなし独立して不法行為となるが**，各自は，―各自の行為の結果を分離せずに―全損害に対して連帯責任を負う。

（2）要件

　狭義の共同不法行為に基づく損害賠償請求権の成立要件は，以下のとおりである。

（a）各人が独立して不法行為の要件を具備していること

　判例（大判大 8・11・22 民録 25 輯 2068 頁，最判昭 43・4・23 民集 22 巻 4 号 964 頁）および従来の通説によれば，狭義の共同不法行為が成立するためには，共同不法行為者各自の行為が不法行為の要件を満たしていることを要する。
　この見解によるときは，Xが共同不法行為者Y・Zに損害賠償を請求するための請求原因は，以下のとおりである。

　　（1）Xの権利・保護法益が侵害されたこと
　　（2）（1）につきYに故意・過失があること
　　（3）（1）につきZに故意・過失があること
　　（4）Yの行為と法益侵害（損害発生）との間に因果関係があること
　　（5）Zの行為と法益侵害（損害発生）との間に因果関係があること

（6）Xに損害が発生したこと，およびその数額
　（7）Yの行為とZの行為との共同関連性

【参考判例】大判大8・11・22民録25輯2068頁
　「民法第七百十九条ニ規定スル共同不法行為ヲ組成スルニハ其不法行為ヲ為シタル加害者間ニ必シモ通謀意思ノ連絡アルコトヲ要セスト雖モ其数名ノ加害者ハ同一ノ不法行為ニ干与シ之レニ依リテ被害者ニ同一ノ損害ヲ与フルコトヲ要スルモノニシテ即チ加害者各自ノ行為ト之ニ因リテ生シタル損害トハ其間ニ因果ノ関係ヲ有スルモノナラサル可カラス」

【参考判例】最判昭43・4・23民集22巻4号964頁
　「共同行為者各自の行為が客観的に関連し共同して違法に損害を加えた場合において，各自の行為がそれぞれ独立に不法行為の要件を備えるときは，各自が右違法な加害行為と相当因果関係にある損害についてその賠償の責に任ずべきであり，この理は，本件のごとき流水汚染により惹起された損害の賠償についても，同様であると解するのが相当である。これを本件についていえば，原判示の本件工場廃水を山王川に放出した上告人は，右廃水放出により惹起された損害のうち，右廃水放出と相当因果関係の範囲内にある全損害について，その賠償の責に任ずべきである。」

　もっとも，伝統的な理解に対して，近時の理解は，伝統的な理解によれば，各行為者がそれぞれ709条に基づき責任を負うこととなり，719条の存在意義がないと批判している。そこで，近時の理解は，①各人の行為の共同関連性と，②共同行為と発生した損害との間に因果関係があればよい，としている。
　この理解によれば，請求原因は，以下のとおりである。

　（1）Xの権利・保護法益が侵害されたこと
　（2）（1）につきYに故意・過失があること
　（3）（1）につきZに故意・過失があること
　（4）Xに損害が発生したこと，およびその数額
　（5）YとZの行為の共同関連性
　（6）YとZの共同行為と法益侵害（損害発生）との間の因果関係

（b）各行為者の間に共同関係があること

【設例3-8】
　Yが通りかかったところ，たまたまZら数人がXに暴行をしていたのをみて，Yもそれに加わり，Xにけがをさせた。Yは，Zらとともに共同不法行為による賠償責任を負うか。

　各行為者間の共同関係をどのように理解するかについては，争いがある。

A説：主観的関連共同説
　行為者相互の意思の連絡を必要とする。

B説：客観的関連共同説（判例・かつての通説）
　意思の連絡は不要であり，客観的に見て関連性があれば足りる。故意と過失が競合する場合（大判大 2・4・26 民録 19 輯 281 頁）あるいは過失が競合する場合（大判大 3・10・29 民録 20 輯 824 頁）でも客観的共同が認められる。

【参考判例】公害訴訟
① 最判昭 43・4・23 民集 22 巻 4 号 964 頁（山王川事件）【前出】

② 津地四日市支判昭 47・7・24 判時 672 号 30 頁（四日市ぜんそく事件）
　（要旨）各自の行為の間には客観的関連共同性があれば足りる。各自の行為の間に「弱い関連共同性」（結果の発生に対して社会通念上全体として 1 個の行為と認められる程度の一体性）がある場合には，被害者が加害者間の関連共同性及び共同行為による結果の発生を立証すれば，加害者各人の行為と結果発生との間の因果関係が推定され，加害者は，右の因果関係が存在しないことを立証しない限り責任を免れない。また，各自の行為の間に「強い関連共同性」（より緊密な一体性）がある場合には，各自の行為と結果発生との間に因果関係がない場合であっても，その者は，719 条の責任を負うことがある。

③ 大阪地判平 3・3・29 判時 1383 号 22 頁（西淀川事件）
　（要旨）719 条 1 項前段の関連共同性は，客観的関連共同性で足りる。1 項前段の効果としては，共同行為者各人が全損害についての賠償責任を負い，かつ，各自の個別事由による減・免責を許さないと解すべきであるが，このような厳格な責任を課する以上，「強い関連共同性」（社会的に見て緊密な一体性を有する行為）が要求される。

【設例 3−9】
　Aは，B運転の自動車にひかれ，急性硬膜外血腫の傷害を負った。Aは，Yの病院に搬送され，検査を受けたが，Yは特に問題なしとの判断をして，Aを自宅に帰した。その夜，Aは死亡した。この場合に，Yは，Aの遺族Xに対して，共同不法行為責任を負うか。

【参考判例】最判平 13・3・13 民集 55 巻 2 号 328 頁
　「本件交通事故における運転行為と本件医療事故における医療行為とは民法 719 条所定の共同不法行為に当たるから，各不法行為者は被害者の被った損害の全額について連帯して責任を負うべきものである。本件のようにそれぞれ独立して成立する複数の不法行為が順次競合した共同不法行為においても別異に解する理由はないから，被害者との関係においては，各不法行為者の結果発生に対する寄与の割合をもって被害者の被った損害の額を案分し，各不法行為者において責任を負うべき損害額を限定することは許されないと解するのが相当である。けだし，共同不法行為によって被害者の被った損害は，各不法行為者の行為のいずれとの関係でも相当因果関係に立つものとして，各不法行為者はその全額を

261

負担すべきものであり，各不法行為者が賠償すべき損害額を案分，限定することは連帯関係を免除することとなり，共同不法行為者のいずれからも全額の損害賠償を受けられるとしている民法 719 条の明文に反し，これにより被害者保護を図る同条の趣旨を没却することとなり，損害の負担について公平の理念に反することとなるからである。」

3.6.3　加害者不明の共同不法行為

【設例 3−10】
　Y が X 所有の家屋に石を投げているのを見て，Z も Y といっしょに石を投げたところ，X の家屋の窓ガラスが割れた。X は，Y，Z に対して，共同不法行為に基づく損害賠償請求をすることができるか。なお，Y・Z のいずれの投石によって窓ガラスが割れたのかはわからない。

（1）意義

　【設例 3−10】におけるように，共同行為者のうちいずれの者がその損害を加えたかを知ることができないときも，共同行為者は，連帯して損害を賠償する責任を負う（719 条 1 項後段）。

（2）要件

　この場合における損害賠償請求権の成立要件は，以下のとおりである。

（a）各行為者に因果関係以外の一般的不法行為成立の要件をみたしていること

　各行為者に因果関係以外の一般的不法行為成立の要件をみたしていることが必要である。719 条 1 項後段は，共同行為を通じて各人の加害行為と損害の発生との因果関係を推定した規定であるとされる（大阪地判平 3・3・29 判時 1383 号 22 頁，大阪高判昭 60・3・14 判タ 560 号 250 頁）。

（b）共同行為者であること

　違法行為をなす危険ある行為を共同にすることを要する。

（c）共同行為者のいずれかによって損害が惹起されたこと。

　共同行為者中のある者が違法行為をしたことは確実であるが，その何人なるか不明であるということである。

【XのYに対する共同不法行為に基づく損害賠償請求】
　　（1）Xの権利・保護法益が侵害されたこと
　　（2）（1）につきYに故意・過失があること
　　（3）（2）につきZに故意・過失があること
　　（4）Yの行為とZの行為との間に共同関連性があること
　　（5）Xの権利侵害・損害発生がY，Zいずれかの行為によって生じたこと
　　（6）Xに損害が発生したこと，およびその数額

【抗弁】
　　Yの行為とXの法益侵害・損害発生との間に因果関係がないこと

（3）不作為の不法行為責任

【設例 3－11】
　Y（中学 2 年生）は，X（電鉄会社）の複線軌道（大阪行と京都行）に金網柵を隔てて隣接する道路上で，同級生 4 名と雑談している間に，レール上に物を置くことに話が及び，各自の経験を話したりして興じていたところ，他の 3 名が柵を乗り越えて軌道敷内に入り，うち 1 名が道路側の京都行と反対側の大阪行の各レール上に軌道敷から拾った拳大の石を 1 個ずつ置き，大阪行の方は他の者によって除去されたが，京都行の本件置石が放置されたため，折から現場に差し掛かった 7 両編成の京都行急行電車が脱線転覆し，車両が損壊するとともに，乗客が負傷した。Xは，Yに対して，置石をした者との共同不法行為を主張して損害賠償を求めた。認められるか

　不作為による不法行為が成立するためには，行為者が作為義務を負っていることを要する。判例は，【設例 3－11】の事案において，Yは，自ら先行行為としての置石をしたわけではないが，置石の動機となる話合いに加わり，置石を認識していたという事情から，Yの結果回避義務を認め，また，重大な事故を生じしめる蓋然性の高い行為がされた場合には，その実行行為者と当該行為をするにつき共同の認識ないし共謀がない者であっても，共同不法行為が成立するとしている（最判昭 62・1・22 民集 41 巻 1 号 17 頁）。

【参考判例】最判昭 62・1・22 民集 41 巻 1 号 17 頁
　「およそ列車が往来する電車軌道のレール上に物を置く行為は，多かれ少なかれ通過列車に対する危険を内包するものであり，ことに当該物が拳大の石である場合には，それを踏む通過列車を脱線転覆させ，ひいては不特定多数の乗客等の生命，身体及び財産並びに車両等に損害を加えるという重大な事故を惹起させる蓋然性が高いといわなければならない。このように重大な事故を生ぜしめる蓋然性の高い置石行為がされた場合には，その実行行為者と右行為をするにつき共同の認識ないし共謀がない者であっても，この者が，仲間の関係にある実行行為者と共に事前に右行為の動機となった話合いをしたのみでなく，これに引き続いてされた実行行為の現場において，右行為を現に知り，事故の発生についても予見可能であったといえるときには，右の者は，実行行為と関連する自己の右のような先行行為に基づく義務として，当該置石の存否を点検確認し，これがあるときにはその除去等事故回避のため

の措置を講ずることが可能である限り，その措置を講じて事故の発生を未然に防止すべき義務を負うものというべきであり，これを尽くさなかったため事故が発生したときは，右事故により生じた損害を賠償すべき責任を負うものというべきである。」

3.6.4 教唆者および幇助者

（1）意義

教唆者および幇助者は，直接加害行為者と加害行為自体を共同にするものではないが，民法は，共同行為者とみなして，共同不法行為の規定を適用する（719条2項）。

（2）教唆・幇助

教唆とは，他人をして不法行為の意思決定をなさしめることをいう。また，**幇助**とは，不法行為の幇助的行為をなすことをいう。

3.6.5 効果

（1）連帯責任

共同不法行為者は，各自が**連帯**してその損害を賠償する責任を負う（719条1項）。

（2）過失相殺

（a）原則としての絶対的過失相殺

【参考判例】最判平15・7・11民集57巻7号815頁

「複数の加害者の過失及び被害者の過失が競合する1つの交通事故において，その交通事故の原因となったすべての過失の割合（以下「絶対的過失割合」という。）を認定することができるときには，絶対的過失割合に基づく被害者の過失による過失相殺をした損害賠償額について，加害者らは連帯して共同不法行為に基づく賠償責任を負うものと解すべきである。これに反し，各加害者と被害者との関係ごとにその間の過失の割合に応じて相対的に過失相殺をすることは，被害者が共同不法行為者のいずれからも全額の損害賠償を受けられるとすることによって被害者保護を図ろうとする民法719条の趣旨に反することになる。」

【計算方法】
　Xが被害者，Y，Zが共同不法行為者とし，Xの被った損害を10万円とする。また，X，Y，Zの過失割合を2：3：5とする。
　この場合，Xは，2割の過失があるから，請求額の10万円のうち，2万円は，過失相殺により減額される（722条2項）。そのため，Xは，Y，Zに対して，各自8万円を請求することができる。Y，Zは，8万円につき，Xに対して，連帯して責任を負う。

（ｂ）例外としての相対的過失相殺

> 【設例 3−12】
> 　【設例 3−9】において，Y，A，X がそれぞれ損害の発生につきの過失がある場合，過失相殺は，どのようになされるか。

【参考判例】最判平 13・3・13 民集 55 巻 2 号 328 頁
　「本件は，<u>本件交通事故と本件医療事故という加害者及び侵害行為を異にする二つの不法行為が順次競合した共同不法行為</u>であり，各不法行為については加害者及び被害者の過失の内容も別異の性質を有するものである。ところで，過失相殺は不法行為により生じた損害について加害者と被害者との間においてそれぞれの過失の割合を基準にして相対的な負担の公平を図る制度であるから，<u>本件のような共同不法行為においても，過失相殺は各不法行為の加害者と被害者との間の過失の割合に応じてすべきものであり，他の不法行為者と被害者との間における過失の割合をしん酌して過失相殺をすることは許されない。</u>」

> 【計算方法】
> 　X が被害者，Y，Z が共同不法行為者とし，X の被った損害を 10 万円とする。また，X，Y の過失割合が 2：8 であり，X，Z の過失割合を 3：7 とする。
> 　この場合，X は，Y との関係では，2 割の過失があるから，請求額の 10 万円のうち，2 万円は，過失相殺により減額され，8 万円を請求することができる。他方，X は，Z との関係では，3 割の過失があるから，請求額の 10 万円のうち，3 万円は，過失相殺により減額され，7 万円を請求することができる。
> 　そのため，Y，Z は，X に対して，7 万円について連帯して責任を負う。

（3）求償

　共同不法行為者は，**自己の責任の範囲を超えた部分**について求償が認められる（最判昭 63・7・1 民集 42 巻 6 号 451 頁，最判平 3・10・25 民集 45 巻 7 号 1173 頁）。
　負担部分は，加害者間の公平を図るため，過失割合や違法性の大小など諸般の事情を斟酌して定められる。

【参考判例】最判昭 63・7・1 民集 42 巻 6 号 451 頁
　「<u>被用者がその使用者の事業の執行につき第三者との共同の不法行為により他人に損害を加えた場合において，右第三者が自己と被用者との過失割合に従って定められるべき自己の負担部分を超えて被害者に損害を賠償したときは，右第三者は，被用者の負担部分について使用者に対し求償することができるものと解するのが相当である。</u>けだし，使用者の損害賠償責任を定める民法 715 条 1 項の規定は，主として，使用者が被用者の活動によって利益をあげる関係にあることに着目し，利益の存するところに損失をも帰せしめるとの見地から，被用者が使用者の事業活動を行うにつき他人に損害を加えた場合には，使用者も被用者と同じ内容の責任を負うべきものとしたものであって，このような規定の趣旨

に照らせば，被用者が使用者の事業の執行につき第三者との共同の不法行為により他人に損害を加えた場合には，使用者と被用者とは一体をなすものとみて，右第三者との関係においても，使用者は被用者と同じ内容の責任を負うべきものと解すべきであるからである。」

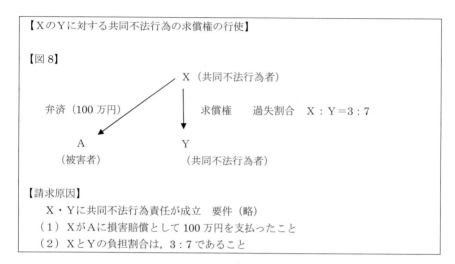

【XのYに対する共同不法行為の求償権の行使】

【図8】

X（共同不法行為者）

弁済（100万円）　　　　求償権　　過失割合　X：Y＝3：7

A　　　　　　　Y
（被害者）　　　　　（共同不法行為者）

【請求原因】
　X・Yに共同不法行為責任が成立　要件（略）
（1）XがAに損害賠償として100万円を支払ったこと
（2）XとYの負担割合は，3：7であること

4　不法行為の効果

> 【到達目標】
> ○賠償されるべき損害の範囲および額の算定について，基本的な考え方を説明することが
> 　できる。
> ○損害賠償の方法について，基本的な考え方を説明することができる。
> ○侵害行為の差止請求について，その根拠や要件について，説明することができる。
> ○不法行為一般における損害賠償請求権の期間制限について，説明することができる。

4.1　損害賠償

4.1.1　金銭賠償の原則

（1）金銭賠償

　損害賠償責任は，金銭賠償が原則である（722条1項・417条）。実務では，通常，一時金での支払が請求されるが，定期金賠償の支払を求めることも可能である。ただし，被害者が一時金での賠償を求めているのに対して，裁判所が定期金による支払を命ずる判決をすることはできない（最判昭62・2・6判時1232号100頁）。

（2）金銭評価―損害賠償額の算定

　原則として，滅失・毀損当時における交換価値が算定基準となる（大判大15・5・22民集5巻386頁）。

【参考判例】大判大15・5・22民集5巻386頁
　（要旨）不法行為によって物を滅失・毀損された場合の損害は，滅失・毀損の当時における交換価格を基準として定められる。不法行為によって滅失・毀損した物の価格が後に騰貴し，被害者がこれによって得べかりし利益を喪失した場合には，被害者において不法行為がなければ騰貴した価格で転売等を行い利益を確実に取得したであろうという特別の事情があり，その事情が不法行為当時予見し又は予見しえたことを訴訟上立証できた場合に限り，その賠償を求めることができる。

4.1.2　名誉棄損における原状回復

　名誉毀損においては，裁判所は，名誉を回復するのに適当な処分（たとえば，謝罪広告）

を命ずることができる（723条）。

4.1.3　差止め

　一定の不法行為類型においては，行為の差止めが認められている。

（1）差止めが認められる場面

　①　公害・生活妨害
　②　名誉・プライバシー侵害

（2）差止めの根拠

A説：権利説
　差止めによる権利保護を権利それ自体から導出する。被侵害権利と差止請求権の関係を，物権と物権的請求権との関係に対比する。

B説：違法侵害説
　差止制度を，違法な行為による権利法益の侵害が差し迫っている場面で，権利法益主体に，違法な侵害を事前に阻止するための手段として付与するためのものとして理解する。

（3）要件

　差止めが認められるための要件は，以下のとおりである。

　（1）違法な権利・法益の侵害があること
　（2）侵害行為のおそれ・進行の継続していること
　なお，損害賠償と異なり，故意・過失は不要とされる。

【参考判例】最大判昭 56・12・16 民集 35 巻 10 号 1369 頁
　「空港の供用のような国の行う公共事業が第三者に対する関係において違法な権利侵害ないし法益侵害となるかどうかを判断するにあたっては，侵害行為の態様と侵害の程度，被侵害利益の性質と内容，侵害行為のもつ公共性ないし公益上の必要性の内容と程度等を比較検討するほか，侵害行為の開始とその後の継続の経過及び状況，その間にとられた被害の防止に関する措置の有無及びその内容，効果等の事情をも考慮し，これらを総合的に考察してこれを決すべきものである」

4.2　賠償額の減額

【損害賠償額の減額事由】
　① 中間利息の控除
　② 過失相殺
　③ 損益相殺

　一定の事由がある場合には，損害額が減額されることがある。

4.2.1　中間利息の控除

　損害賠償を一時金で被害者に取得させると，これを元本として運用した利息分を被害者が利得することとなる。そこで，民法は，運用利息分も含めてみたときに被害者が不法行為をきっかけとして利得をしないよう，この間の利息分（中間利息）をあらかじめ控除して一時金を支払わせるという処理をしている。

　将来において取得すべき利益についての損害賠償の額（たとえば，逸失利益）を定める場合において，その利益を取得すべき時までの利息相当額を控除するときは，その損害賠償の請求権が生じた時点（不法行為時点）における法定利率で控除する（722 条 1 項・417 条の 2 第 1 項）。

　将来において負担すべき費用についての損害賠償の額を定める場合において，その費用を負担すべき時までの利息相当額を控除するときも，同様である（722 条 1 項・417 条の 2 第 2 項）。

4.2.2　過失相殺

【過失相殺をめぐる主な問題】
　① 過失相殺における「過失」
　② 被害者側の過失
　③ 被害者の素因

（1）過失相殺における「過失」

【設例 4 − 1】
　Y 運転の自動車に道路で遊んでいた小学 3 年生の X が轢かれ負傷した。X が Y に対し損害賠償を請求した。X の損害賠償請求に対して，Y は，過失相殺を主張することができるか。

被害者に過失があったときは，裁判所は，これを考慮して，損害賠償の額を定める（722条2項）。

　それでは，過失相殺における過失とは，不法行為の成立要件としての過失（責任能力があることを前提とする。）と同じなのであろうか。

　判例は，過失相殺は，不法行為者が責任を負うべき損害賠償の額を定めるにつき，公平の見地から，損害発生についての被害者の不注意をいかにしんしゃくするかの問題にすぎないから，被害者に事理を弁識するに足る知能（**事理弁識能力**）が具わっていれば足りるとしている（最判昭39・6・24民集18巻5号854頁）。

　【参考判例】最判昭39・6・24民集18巻5号854頁

　「民法722条2項の過失相殺の問題は，不法行為者に対し積極的に損害賠償責任を負わせる問題とは趣を異にし，不法行為者が責任を負うべき損害賠償の額を定めるにつき，公平の見地から，損害発生についての被害者の不注意をいかにしんしゃくするかの問題に過ぎないのであるから，被害者たる未成年者の過失をしんしゃくする場合においても，未成年者に事理を弁識するに足る知能が具わっていれば足り，未成年者に対し不法行為責任を負わせる場合のごとく，行為の責任を弁識するに足る知能が具わっていることを要しないものと解するのが相当である。」

→5から6歳が判断基準

　【注意】
　責任弁識能力と事理弁識能力の違いを理解しよう。

（2）被害者側の過失

　【設例4-2】
　Xは，その夫A運転の自動車の助手席に乗っていたが，Yの自動車に追突された。Aにも過失があった。この場合，Xは，Yに対して，自己の被った損害全額の賠償を請求することができるか。

　【設例4-2】では，追突事故には，Aにも過失があるから，AがYに対して，損害賠償を請求した場合，過失相殺される（722条2項）。

　それでは，Xは，Yに対して，自己の被った損害全額の賠償を請求することができるか。

　判例によれば，722条にいう過失相殺における過失とは，単に被害者本人の過失のみでなく，広く被害者側の過失をも包含する（最判昭34・11・26民集13巻12号1573頁）。そして，**被害者側の過失**とは，たとえば，被害者に対する監督者である父母ないしその被用者である家事使用人などのように，**被害者と身分上ないし生活関係上一体をなすとみられ**

る関係にある者の過失をいう（最判昭 42・6・27 民集 21 巻 6 号 1507 頁）。

（3）被害者の素因

【設例 4－3】

　Aは，タクシー運転手であるが，信号無視をしたYの自動車に衝突され死亡した（本件事故）。ところで，Aは，本件事故の 1 か月前にタクシーで昼寝をしている際，一酸化炭素中毒にり患しており，Aの死亡も右一酸化炭素中毒もその一因となっている。

　この場合において，Aの遺族であるXがYに対して損害賠償を請求してきたとき，Yは，どのような主張をすることができるか。

　【設例 4－3】では，Aは，Yの自動車に追突されて死亡したが，それには，Aが一酸化炭素中毒にかかっていたことにも原因がある。

　そのような場合にも，加害者に全額の損害の賠償を認めるのが妥当か，あるいは，被害者の素因（損害の発生・拡大の原因となった被害者の素質）が 722 条 2 項にいう過失相殺の対象になるかが問題とされる。

　そこで，判例は，損害賠償の額を定めるに当たり，722 条 2 項の過失相殺の規定を類推適用して，その損害の拡大に寄与した被害者の右事情を斟酌することができるとしている（最判昭 63・4・21 民集 42 巻 4 号 243 頁）。

【722 条 2 項類推適用が認められた例】
① 最判昭 63・4・21 民集 42 巻 4 号 243 頁（心因的素因）

　「身体に対する加害行為と発生した損害との間に相当因果関係がある場合において，その損害がその加害行為のみによって通常発生する程度，範囲を超えるものであって，かつ，その損害の拡大について被害者の心因的要因が寄与しているときは，損害を公平に分担させるという損害賠償法の理念に照らし，裁判所は，損害賠償の額を定めるに当たり，民法 722 条 2 項の過失相殺の規定を類推適用して，その損害の拡大に寄与した被害者の右事情を斟酌することができるものと解するのが相当である。」

　これを前提に，最高裁は，上告人Xの自発性の欠如が原因と考えられる等，上告人Xの性格は，自己暗示にかかりやすく，自己中心的で，神経症的傾向が極めて強い性格であるとしたうえで，「原審の確定した事実関係のもとにおいては，上告人は本件事故により頭頸部軟部組織に損傷を生じ外傷性頭頸部症候群の症状を発するに至ったが，これにとどまらず，上告人の特異な性格，初診医の安静加療約 50 日という常識はずれの診断に対する過剰な反応，本件事故前の受傷及び損害賠償請求の経験，加害者の態度に対する不満等の心理的な要因によって外傷性神経症を引き起こし，更に長期の療養生活によりその症状が固定化したものと認めるのが相当であり，…中略…Xの症状のうち頭頸部軟部組織の受傷によ

る外傷性頭頸部症候群の症状が被上告人の惹起した本件事故と因果関係があることは当然であるが、その後の神経症に基づく症状についても右受傷を契機として発現したもので、その症状の態様からみて、東病院退院後自宅療養を開始したのち約 3 か月を経過した日までに、右各症状に起因して生じた損害については、本件事故との間に相当因果関係があるものというべきであるが、その後生じた分については、本件事故との間に相当因果関係があるものとはいえない。」としている。

② 最判平 4・6・25 民集 46 巻 4 号 400 頁（身体的素因）

「被害者に対する加害行為と被害者のり患していた疾患とがともに原因となって損害が発生した場合において、当該疾患の態様、程度などに照らし、加害者に損害の全部を賠償させるのが公平を失するときは、裁判所は、損害賠償の額を定めるに当たり、民法 722 条 2 項の過失相殺の規定を類推適用して、被害者の当該疾患をしんしゃくすることができるものと解するのが相当である。けだし、このような場合においてもなお、被害者に生じた損害の全部を加害者に賠償させるのは、損害の公平な分担を図る損害賠償法の理念に反するものといわなければならないからである。（中略）本件事故後、（被害者）が前記精神障害を呈して死亡するに至ったのは、本件事故による頭部打撲傷のほか、本件事故前にり患した一酸化炭素中毒もその原因となっていたことが明らかである。そして、原審は、前記事実関係の下において、（被害者）に生じた損害につき、右一酸化炭素中毒の態様、程度その他の諸般の事情をしんしゃくし、損害の 50 パーセントを減額するのが相当であるとしているのであって、その判断は、前示したところに照らし、正当として是認することができる。」

【722 条 2 項類推適用が認められなかった例】

【設例 4－4】
　加害車両の運転者である Y は、X の運転する自動車に追突し、X は、本件事故により、運転席のシートに頭部を強く打ちつけ、頸椎捻挫、頭頸部外傷症候群による視力低下などの傷害を被った。X は、平均的体格に比して首が長くこれに伴う多少の頸椎不安定症があるという身体的特徴を有していたが、この身体的特徴に本件事故による衝撃が加わって X の右傷害が発生したか、または右身体的特徴が本件交通事故により X が被った傷害について症状の拡大に寄与し、X の右症状の悪化ないし拡大について X の心因的要素も寄与した。Y は、本件事故と X の症状との因果関係などを争うとともに、X の首が長いという身体的特徴が本件交通事故と競合して原告の傷害を発生させ、また、この身体的特徴および X の心因的要素がその症状を悪化ないし拡大させたとして、722 条 2 項の過失相殺の規定を類推適用して原告が賠償を受ける損害額を減額すべきであると主張した。Y の主張は認められるか。

【参考判例】最判平 8・10・29 民集 50 巻 9 号 2474 頁

　「被害者に対する加害行為と加害行為前から存在した被害者の疾患とが共に原因となっ
て損害が発生した場合において，当該疾患の態様，程度などに照らし，加害者に損害の全
部を賠償させるのが公平を失するときは，裁判所は，損害賠償の額を定めるに当たり，民
法 722 条 2 項の規定を類推適用して，被害者の疾患を斟酌することができることは，当裁
判所の判例とするところである。しかしながら，被害者が平均的な体格ないし通常の体質
と異なる身体的特徴を有していたとしても，それが疾患に当たらない場合には，特段の事
情の存しない限り，被害者の右身体的特徴を損害賠償の額を定めるに当たり勘酌すること
はできないと解すべきである。けだし，人の体格ないし体質は，すべての人が均一同質な
ものということはできないものであり，極端な肥満など通常人の平均値から著しくかけ離
れた身体的特徴を有する者が，転倒などにより重大な傷害を被りかねないことから日常生
活において通常人に比べてより慎重な行動をとることが求められるような場合は格別，そ
の程度に至らない身体的特徴は，個々人の個体差の範囲として当然にその存在が予定され
ているものというべきだからである。

　これを本件についてみるに，X の身体的特徴は首が長くこれに伴う多少の頸椎不安定症があ
るということであり，これが疾患に当たらないことはもちろん，このような身体的特徴を有す
る者が一般的に負傷しやすいものとして慎重な行動を要請されているといった事情は認められ
ないから，前記特段の事情が存するということはできず，右身体的特徴と本件事故による加害
行為とが競合して上告人 X の右傷害が発生し，又は右身体的特徴が被害者の損害の拡大に寄与
していたとしても，これを損害賠償の額を定めるに当たり斟酌するのは相当でない。」

4.2.3　損益相殺

（1）一般

　不法行為と同一の原因によって被害者又はその相続人が第三者に対して損害と同質性を
有する利益を内容とする債権を取得した場合は，当該債権が現実に履行されたとき，又は
これと同視し得る程度にその存続及び履行が確実であるときに限り，これを加害者の賠償
すべき損害額から控除することができる（最大判平 5・3・24 民集 47 巻 4 号 3039 頁）。

（2）控除判断の基準

　損益相殺の基準としては，加害と利益に因果関係があること，損害と利益とが法的に同
質であること（最大判平 5・3・24 民集 47 巻 4 号 3039 頁），および利益の出捐義務と損害
賠償義務が相互補完的関係にある場合とされる（最判平元・4・11 民集 43 巻 4 号 209 頁）。

（3）具体例

【損益相殺としての控除が認められた例】
① 不法行為による死亡者の生活費（最判昭 39・6・24 民集 18 巻 5 号 874 頁）
② 当該損害賠償請求権者に対して給付されることが確定した遺族年金（最大判平 5・3・24 民集 47 巻 4 号 3039 頁）
③ 労働者災害補償保険法に基づいて支給された保険給付（最判昭 52・10・25 民集 31 巻 6 号 836 頁）

【損益相殺としての控除が認められなかった例】
④ 死亡した幼児の養育費（最判昭 53・10・20 民集 32 巻 7 号 1500 頁）
⑤ 得べかりし営業収益に対して課せられるべき租税（最判昭 45・7・24 民集 24 巻 7 号 1177 頁）
⑥ 死亡によって支払われた生命保険金（最判昭 39・9・25 民集 18 巻 7 号 1528 頁）
⑦ 家屋焼失によって支払われた火災保険金（最判昭 50・1・31 民集 29 巻 1 号 68 頁）
⑧ 当該損害賠償請求権者以外の者に給付された遺族給付（最判昭 50・10・24 民集 29 巻 9 号 1379 頁）
⑨ 搭乗者傷害保険の死亡保険（最判平 7・1・30 民集 49 巻 1 号 211 頁）
⑩ 労働者災害補償保険特別支給金支給規則によって支給された特別支給金（最判平 8・2・23 民集 50 巻 2 号 249 頁）
⑪ 売買の目的物である新築建物に重大な瑕疵がありこれを建て替えざるを得ない場合において，当該瑕疵が構造耐力上の安全性にかかわるものであるため建物が倒壊する具体的なおそれがあるなど，社会通念上，建物自体が社会経済的な価値を有しないと評価すべきものであるときには，上記建物の買主がこれに居住していたという利益については，当該買主からの工事施工者等に対する不法行為に基づく建て替え費用相当額の損害賠償請求において損益相殺ないし損益相殺的な調整の対象として損害額から控除することはできない（最判平 22・6・17 民集 64 巻 4 号 1197 頁）。

5　請求権者

【到達目標】
○不法行為責任の成立が求められる場合に，損害賠償請求をすることができる者は誰かについて，説明することができる。

5.1　被害者本人

　自然人が損害賠償請求権の帰属主体となることは，問題がない。もっとも，法人に関して，名誉侵害に基づく損害賠償請求権が認められるかについては，争いがある。判例・通説は，法人にも名誉権はあるので名誉毀損が成立するとしているが（最判昭 39・1・28 民集 18 巻 1 号 136 頁），端的に法人に対する損害の発生の問題として処理すべきという説もある。

【参考判例】最判昭 39・1・28 民集 18 巻 1 号 136 頁
　「そもそも，民事責任の眼目とするところは損害の填補である。・・・かく観ずるならば，被害者が自然人であろうと，いわゆる無形の損害が精神上の苦痛であろうと，何んであろうとかかわりないわけであり，判示のような法人の名誉権に対する侵害の場合たると否とを問うところではないのである。尤も法人の名誉侵害の場合には民法 723 条により特別の手段が講じられている。しかし，それは被害者救済の一応の手段であり，それが，損害填補のすべてではないのである。このことは民法 723 条の文理解釈からも容易に推論し得るところである。・・・
　以上を要約すれば，法人の名誉権侵害の場合は金銭評価の可能な無形の損害の発生すること必ずしも絶無ではなく，そのような損害は加害者をして金銭でもつて賠償させるのを社会観念上至当とすべきであり，この場合は民法 723 条に被害者救済の格段の方法が規定されているとの故をもって，金銭賠償を否定することはできないということに帰結する。」

5.2　胎児

　民法は，損害賠償について，胎児も損害賠償請求権の帰属主体している（721 条）。ただし，胎児のためにされた行為が有効かどうかについては，争いがある。

【設例 5−1】胎児のための権利行使
　Aのお腹の中に事実上夫婦関係にある男性Bとの間の子（胎児）Cがいたところ，BがDに殺害された。Aは，胎児CのためにDとの間で，CのDに対する損害賠償請求権を放棄する和解をした。このCの損害賠償請求権を放棄するというA・D間で行われた和解は有効か。

不法行為の損害賠償請求権については，胎児に権利能力が認められるとはいえ，権利能力胎児自身が権利行使することは考えられない。実際には，たとえば，親Aが胎児Cに代わって，Cの損害について，Dに対して損害賠償請求訴訟を提起し，あるいはDと和解することなどが考えられる。

　しかし，判例は，【設例5−1】の事案で，胎児が生きて出生した場合には，不法行為時にさかのぼって権利能力を取得し，出生するまでの間は権利能力をもたないとしている（大判昭7・10・6民集11巻2023頁）。そして，このことから，B死亡後Cの出生前に，Bの親族がCに代わってDと和解し，損害賠償請求権を放棄したとしても，これを有効な行為と認めることはできないとしている。

5.3　近親者

　民法は，生命侵害の不法行為による近親者固有の慰謝料請求権について，711条を用意している。

5.3.1　意義

　711条による近親者は，同条が列挙する者に限定されるか。判例・学説によれば，同条にいう近親者は，同条が列挙する者に限られない。たとえば，内縁の配偶者，事実上の親子なども近親者にあたるとされる。また，判例は，身体障害のため，長期にわたり被害者と同居してその庇護のもとに生活を維持し，将来もその継続を期待していた被害者の夫の妹も711条の近親者にあたるとしている（最判昭49・12・17民集28巻10号2040頁）。

【参考判例】最判昭49・12・17民集28巻10号2040頁

　「不法行為による生命侵害があった場合，被害者の父母，配偶者及び子が加害者に対し直接に固有の慰藉料を請求しうることは，711条が明文をもって認めるところである。

　しかし，右規定はこれを限定的に解すべきものでなく，文言上同条に該当しない者であっても，<u>被害者との間に同条所定の者と実質的に同視しうべき身分関係が存し，被害者の死亡により甚大な精神的苦痛を受けた者は，同条の類推適用により，加害者に対し直接に固有の慰藉料を請求しうるものと解するのが相当である</u>。そして，<u>身体障害のため，長期にわたり被害者と同居してその庇護のもとに生活を維持し，将来もその継続を期待していた被害者の夫の妹も711条の近親者に当たる</u>」。

5.3.2　傷害の場合の近親者の慰謝料

　711条は，生命侵害の場合に，近親者の慰謝料請求を認めている。それでは，近親者の慰

謝料請求は，生命侵害の場合に限られるだろうか。

　判例は，息子が交通事故にあった場合に，その母がその子の死亡したときにも比肩しうべき精神上の苦痛を受けたと認められるときは，その母は，709 条，710 条に基づき，自己の権利として慰謝料を請求できるとする（最判昭 33・8・5 民集 12 巻 12 号 1901 頁）。

5.3.3　財産的損害の賠償請求権の相続

　被害者にいったん帰属した権利は，その後，被害者が死亡した場合には，その相続人に相続される。

　それでは，被害者が不法行為によって即死した場合はどうなるだろうか。

A 説：相続肯定説（大判大 15・2・16 民集 5 巻 150 頁）

　被害者が即死した場合でも，傷害と死亡との間に観念上時間の間隔があるから，被害者には受傷の瞬間に損害賠償請求権が発生し，これが被害者の死亡によって相続人に承継される。

B 説：固有損害説

　生命侵害を理由とする損害賠償請求権は，死者自身には帰属せず，損害の問題は生じない。直接被害者の生命侵害の結果として遺族が被った固有の財産的損害を損害として捉え，近親者固有の損害賠償請求を認めていくべき。

5.3.4　慰謝料請求権の相続

　被害者が慰謝料請求権を行使した場合には，被害者に慰謝料請求権は帰属し，その後，被害者が死亡した場合には，その相続人に相続される。

　それでは，被害者が不法行為による慰謝料請求権を行使しないうちに，死亡した場合はどうなるだろうか。

A 説：相続肯定説

　かつて判例は，被害者が残念残念と叫びながら死亡した事実は，慰謝料を請求する意思の表示と解され，この請求権は相続人に承継されるとしていた（大判昭 2・5・30 新聞 2702 号 5 頁）。しかし，最高裁は，慰謝料請求権は，一般の金銭債権と異ならないとして，被害者が生前に請求の意思を表明しなくても当然に相続されるとの立場をとるに至った（最大判昭 42・11・1 民集 21 巻 9 号 2249 頁）。

【参考判例】最大判昭 42・11・1 民集 21 巻 9 号 2249 頁

　「案ずるに，ある者が他人の故意過失によって財産以外の損害を被った場合には，その

者は，財産上の損害を被った場合と同様，損害の発生と同時にその賠償を請求する権利す
なわち慰藉料請求権を取得し，右請求権を放棄したものと解しうる特別の事情がないかぎ
り，これを行使することができ，その損害の賠償を請求する意思を表明するなど格別の行
為をすることを必要とするものではない。そして，<u>当該被害者が死亡したときは，その相
続人は当然に慰藉料請求権を相続するものと解するのが相当である。けだし，損害賠償請
求権発生の時点について，民法は，その損害が財産上のものであるか，財産以外のもので
あるかによって，別異の取扱いをしていないし，慰藉料請求権が発生する場合における被
害法益は当該被害者の一身に専属するものであるけれども，これを侵害したことによって
生ずる慰藉料請求権そのものは，財産上の損害賠償請求権と同様，単純な金銭債権であり，
相続の対象となりえないものと解すべき法的根拠はなく，</u>民法 711 条によれば，生命を害
された被害者と一定の身分関係にある者は，被害者の取得する慰藉料請求権とは別に，固
有の慰藉料請求権を取得しうるが，この両者の請求権は被害法益を異にし，併存しうるも
のであり，かつ，被害者の相続人は，必ずしも，同条の規定により慰藉料請求権を取得し
うるものとは限らないのであるから，<u>同条があるからといって，慰藉料請求権が相続の対
象となりえないものと解すべきではないからである。</u>」

B説：相続否定説
　慰謝料については，711 条が存すること，損害額の決定についても裁判官の裁量に委ねら
れているため，算定面で相続肯定説が有利という点は決め手を欠く。

5.3.5　企業損害

【設例 5−2】
　Aは，X会社に勤務するサラリーマンであるが，X会社のあるプロジェクトのリーダ
ーを任されていた。ある日，Aがいつものように会社に出勤する途中，Aは，Y運転の
自動車に轢かれ，しばらく意識不明となった。その結果，Aの担当していたプロジェク
トは，失敗に終わり，X会社は，1 億円の赤字を出した。Xは，この 1 億円分の損失をY
に請求することができるか。

　【設例 5−2】におけるように，企業のある部門の中心メンバーが人身事故に遭い，当該
メンバーの不在により企業の収入が減少することがある（これを**企業損害**という。）。この
場合に，企業は，この減収分を加害者に請求することができるだろうか。
　一般的には，企業の代表者・従業員らが被害を受けたことに起因する企業活動に伴うリ
スクについては，活動を行う企業が自らそれを計算し，回避措置を講ずるべきであるとさ
れている。
　しかし，判例は，会社が法人とは名ばかりの個人会社であり，経済的に会社代表者と会

社とが一体をなすと認められる関係がある場合には，加害者の代表者に対する加害行為と代表者の受傷による会社の利益の逸失との間に相当因果関係があり，企業損害の賠償が認められるとしている（最判昭和43・11・15民集22巻12号2614頁）。

【参考判例】最判昭和43・11・15民集22巻12号2614頁

「原判決の確定するところによれば，…中略…被上告会社Ｘは，いわば形式上有限会社という法形態をとったにとどまる，実質上Ａ個人の営業であって，Ａを離れて被上告会社の存続は考えることができず，被上告会社にとって，同人は余人をもって代えることのできない不可欠の存在である，というのである。

すなわち，これを約言すれば，被上告会社は法人とは名ばかりの，俗にいう個人会社であり，その実権は従前同様Ａ個人に集中して，同人には被上告会社の機関としての代替性がなく，経済的に同人と被上告会社とは一体をなす関係にあるものと認められるのであって，かかる原審認定の事実関係のもとにおいては，原審が，上告人ＹのＡに対する加害行為と同人の受傷による被上告会社の利益の逸失との間に相当因果関係の存することを認め，形式上間接の被害者たる被上告会社の本訴請求を認容しうべきものとした判断は，正当である。」

6 消滅時効

不法行為による損害賠償の請求権は，①被害者またはその法定代理人が損害及び加害者を知った時から3年間行使しないとき，または，②不法行為の時から20年間行使しないとき，時効によって消滅する（724条）。

6.1 3年の期間制限

6.1.1 加害者

不法行為を行った行為主体だけでなく，広く賠償義務者を指す。

6.1.2 加害者を知った時

加害者を知った時とは，加害者に対する賠償請求が事実上可能な状況のもとに，その可能な程度にこれを知った時をいう（最判昭48・11・16民集27巻10号1374頁）。

6.1.3 損害を知った時

（1）一般

損害を知った時とは，被害者が損害の発生を現実に認識した時をいう（最判平14・1・29民集56巻1号218頁）。

加害者の行為が不法行為であることを知ることも要する。

（2）個別的問題

（a）継続的不法行為による損害

① 不法占拠による損害賠償請求の場合には，右行為により日々発生する損害につき被害者がこれを知った時から各別に進行する（大連判昭15・12・14民集19巻2325頁）。
② 夫婦の一方の配偶者が他方の配偶者と第三者との同棲により第三者に対して取得する慰謝料請求権については，一方の配偶者が右の同棲関係を知ったときから，それまでの間の慰謝料請求権の消滅時効が進行する（最判平6・1・20家月47巻1号122頁）。

（b）傷害の後遺症

③ 不法行為によって受傷した被害者が，その受傷について，相当期間経過後に，受傷当時

には医学的に通常予想しえなかった治療を必要とされ，右治療のため費用を支出すること
を余儀なくされるにいたった場合には，後日その治療を受けるまでは，右治療に要した費
用について 724 条の消滅時効は進行しない（最判昭 42・7・18 民集 21 巻 6 号 1559 頁）。

（c）弁護士費用

④ 不法行為の被害者が弁護士に対し損害賠償請求の訴を提起することを委任し，成功時に
成功額の 1 割 5 分の割合による報酬金を支払う旨の契約を締結した場合には，右契約の時
が 724 条にいう損害を知った時にあたり，その時から右請求権の消滅時効が進行する（最
判昭 45・6・19 民集 24 巻 6 号 560 頁）。

（d）執行手続による損害

⑤ 仮処分命令の執行によって損害を受けた場合には，仮処分の執行の時ではなく，相手方
の請求権もしくは請求権実現の危害が仮処分命令当時存在しないことが裁判上確定される
か，または請求権の不存在が本案訴訟もしくは確認訴訟で確定されてことを知った時から
進行する（大判大 7・3・15 民録 24 輯 498 頁）。
⑥ 違法訴訟を提起されて敗訴した結果として強制執行を受けた被害者からの損害賠償請求につい
ては，おそくとも右判決確定の日から消滅時効が進行する（最判昭 43・2・23 判時 512 号 38 頁）。

（e）有責配偶者に対する

⑦ 有責配偶者に対する離婚請求の慰謝料については，有責行為により離婚をやむなくされ
精神的苦痛を被ったことを理由としてその損害の賠償を求めるものと解され，離婚が成立
したときにはじめて，離婚に至らしめた相手方の行為が不法行為であることを知り，かつ，
損害の発生を確実に知ったこととなるので，離婚の判決確定の時点からしか時効は進行し
ない（最判昭 46・7・23 民集 25 巻 5 号 805 頁）。

6.2　20 年の期間制限

　不法行為の時から 20 年間行使しない時の時効によって消滅する（724 条 2 号）。改正法
では，消滅時効である。

6.3　生命侵害における損害賠償請求権の消滅時効

　生命侵害における損害賠償請求権の消滅時効に関しては，724 条 1 号の「3 年」が「5 年」
になる（724 条の 2）。

第 4 編　不当利得返還請求権

【到達目標】
○不当利得がどのような制度であり，具体的にどのような場合に問題となるかについて，不当利得についての考え方の対立に留意しながら，説明することができる。
○不当利得債務者は，どのような要件のもとで，また，どのような範囲で利得の返還義務を負うかを説明することができる。
○不法原因に基づく給付の返還請求が認められない場合とその例外について，説明することができる。
○多数当事者の不当利得について，基本的な問題点を理解している。

　最後に，不当利得返還請求権である。

1　不当利得概論

【設例 1-1】
　Xは，Yに 10 万円の借金があると思って，10 万円を支払った。ところが，Xは，それ以前に 10 万円をYに支払っており，借金はすでになかった。Xは，Yに 10 万円の返還を請求することができるか。

1.1　意義

　不当利得とは，何らかの利得を得た者に，その利得を保有させる正当の理由がない場合に，それと因果関係をもって損失を被った者に対して，その利得の償還を命じる制度である。
　【設例 1-1】では，Xは，Yに借金があると思って，10 万円を払ったが，実は，借金はなかった。Xは，法律上，10 万円を払う必要はなかったし，Yも，10 万円を受け取る理由はない。そこで，Xは，Yに対して，不当利得として，支払った 10 万円の返還を請求することができる（703 条）。

1.2　衡平論から類型論へ―不当利得制度の本質

　不当利得制度が何を目的とした制度であるかについて，争いがある。

A説：衡平（公平）論（かつての通説）
　不当利得制度は，利得者・損失者間での財産上の均衡を図り，衡平（公平）の理念を実現するものである。形式的・一般的には正当視される財産的価値の移動が，実質的・相対的には正当視されない場合に，衡平の理念に従ってその矛盾を調整する制度である。

【衡平説からのいくつかの帰結】
　第一に，衡平論は，不当利得制度を衡平の観点から統一的に処理する。そのため，**いかなる場合でも不当利得の要件・効果は同じである。**
　第二に，不当利得は，他の制度によって財産的価値の移動が調整できないが，受益者の利益保持が衡平に反すると考えられる場合にはじめて，不当利得による調整が行われる（これを不当利得の補充性という。）。つまり，**他の制度での調整が可能な場合には，不当利得制度は使われない。**

B説：類型論（現在の通説）

　類型論では，不当利得制度を統一的に理解していくことを放棄し，利得をもたらした類型ごとに具体的にその返還の基準を考えていこうとする。

　なお，類型論では，不当利得が問題となる類型を，利得を生じさせた原因から，給付利得，侵害利得，費用利得，求償利得にわけて処理する。そして，費用利得，求償利得については，民法の他の規定によって処理され，また，給付利得については，受益者は原状回復義務を負い，受益者の返還義務の範囲は，受益者の善意・悪意に左右されないため，703条・704条の適用事例は，侵害利得であるとされる。

　以下では，類型論の分類に従いながら，衡平論からの要件・効果論，類型論からの要件・効果論についてみていくことにしよう。

2　侵害利得

【設例2−1】
　Yは，X所有の畑からメロンを20個盗み，それを1個1万円でAらに売却し，20万円を得た。Xは，Yに対して，20万円の返還を請求することができるか。

2.1　意義

　【設例2−1】のように，物の所有者でない者がその物を無権限で使用し，それによって利益をあげる場合が侵害利得の類型である。

2.2　成立要件

【図1】

X ──────────→ Y
　　　不当利得返還請求権

この類型における不当利得返還請求権の成立要件は，以下のとおりである。

A説：衡平論

　　（1）Xに損失があること

　　（2）Yに利得があること

　　（3）（1）と（2）との間に因果関係があること

　　（4）Yの利得に法律上の原因がないこと

B説：類型論

【請求原因】

　　（1）Yの受益（およびその数額）

　　（2）（1）の受益がXの権利に由来するものであること

【抗弁】

　　　　（1）の受益につき法律上の原因があること

2.3　侵害利得の効果

（1）原物返還

　原物が存在する場合には，原物の返還を請求することができる。

　ただし，この場合には，所有権に基づく返還請求も可能であり，**衡平論**の立場では，不当利得返還請求権には補充性があるので，**所有権に基づく返還請求権によって原物の返還を請求する**こととなる。

　また，**類型論**の立場によっても，この場合には，**物権的返還請求権によるべき**であり，不当利得に基づく返還請求権を行使する余地はないとされる。

（2）原物返還が不可能な場合

　原物返還が不能であるが，その価値代替物がある場合には，この価値代替物の返還を求めることができるとされる（最判平19・3・8民集61巻2号479頁）。また，原物返還も，価値代替物の返還も不能である場合には，価格賠償となる（大判昭12・7・3民集16巻1089頁など）。

【果実・使用利益の返還】

　たとえば，受益者が他人の物を賃貸し，賃料を収取していた場合のように，受益者が他人の物を無断で使用収益している場合に，その果実や使用利益も返還されるべきであろうか。

　この場合については，**189条・190条の規定があり，これらの規定によって処理される。**すなわち，善意の占有者の場合（たとえば，売買契約は不成立であったが，買主は売買契約が成立したと思い，物の引渡しを受け，それを賃貸した場合）は，占有物より生ずる果実を取得することができる（つまり，返還しなくてもよい。）（189条）。これに対して，悪意の占有者および強暴・隠秘による占有者は，果実の返還とともに，すでに消費した果実や，過失によって損傷し，収益を怠った果実の代価も返還しなければならない（190条）。

> 【客観的価値か？それとも売却代金か？】
> 　【設例 2−1】で，メロンの市場価格は，1 個 7,000 円（計 140,000 円）であった場合でも，X は，20 万円の返還を請求することができるか。
>
> A 説：客観的価値説
> 　受益者の才覚によって客観的価値以上の利益を得た場合には，その超過利得は，不当利得返還義務の範疇を超えたものであり，不当利得返還の対象とはならない（通説）。
>
> B 説：売却代金説
> 　判例は，売却代金の返還を肯定している（大判昭 12・7・3 民集 16 巻 1089 頁）。

（3）利得消滅の抗弁

　不当利得返還請求に対して，利得した利益が消滅し，かつ，受益者が善意の場合には，利得の消滅を抗弁として主張することができる[1]。なお，**善意**とは，**法律上の原因がないことを知らないこと**をいう。

> 【利得消滅の抗弁の要件】
> 　（1）利得が消滅したこと
> 　（2）受益者が善意であること

　判例・実務は，善意者の返還義務の制限は例外であると考えている。そのため，善意および利得消滅の立証責任は，不当利得返還請求権の消滅を主張する利得者にある（最判平 3・11・19 民集 45 巻 8 号 1209 頁）。

> 【利得消滅の根拠条文は？】
> 　受益者が利得消滅の抗弁を主張する際の根拠条文は，何条でしょう。これは，703 条である。つまり，不当利得返還請求権の請求権の根拠条文も，703 条，その抗弁たる利得消滅の抗弁も，703 条である。こうした（不可思議な？）現象がなぜ起こるか考えてみよう。

　受益者が悪意の場合には，受けた利益に利息を付し，さらに損害賠償の責任を負う（704 条）。

---

[1]　ただし，不当利得の運用利益も，社会観念上，受益者の行為の介入がなくても，損失者が不当利得された財産から当然取得したであろうと考えられる収益の範囲内において，受益者は，善意のときであっても，これを返還する義務を免れない（最判昭 38・12・24 民集 17 巻 12 号 1720 頁）。

【悪意の受益者の意義】
　現在の 703 条の理解によれば，受益者の悪意を立証しなくても，受益全部の返還義務が原則となる。そのため，受益者の悪意は，受益の返還請求権に関して，利得消滅の抗弁の否認としての意味があるにすぎない。
　その結果，704 条の意義は，利得の返還や利息の支払によってカバーされない損害についての損害賠償請求権を定めているところにある。

【704 条による請求要件】
　（1）Xに損失があること
　（2）Yに利得が発生したこと，およびその発生日
　（3）（1）と（2）との間に因果関係があること
　（4）Yの利得に法律上の原因がないこと
　（5）Yの利得について原物返還が不能になったこと，およびその評価額
　（6）Yは利得に法律上の原因がないことにつき悪意であること

3　給付利得

3.1　意義

　たとえば，【設例 1−1】や契約が不成立だったにもかかわらず，給付がなされた場合のように，法律上の原因を欠いた**給付行為によって利得が生ずる場合**を給付利得という。

【改正法下での給付利得】
　民法改正によって，無効な契約に基づいてなされた給付の返還は，121 条の 2 で処理されることとなった。そのため，給付利得類型の事案の多くは，そちらで処理されることとなった。また，不法原因給付も，今後は，121 条の 2 の問題として議論されることになろう。

3.2　成立要件

【図 2】

X　———————————→　Y

　　不当利得返還請求権

この類型における不当利得返還請求権の成立要件は，以下のとおりである。

A説：衡平論
（1）　　Xに損失があること
（2）　　Yに利得があること
（3）　　Xの損失とYの利得との間に因果関係があること

（4）　Ｙの利得に法律上の原因がないこと

Ｂ説：類型論
　（1）Ｘがｙに対して給付したこと
　（2）（1）の給付について法律上の原因がないこと

　いずれの説でも，給付利得では，利得に法律上の原因がないとは，給付の基礎となった法律関係（契約・債務）が欠如していることである。

3.3　給付不当利得の効果

（1）原則

　利得者は，損失者に対して利得を返還する義務を負う（703条）。より具体的には，①原物が存在する場合には，それを返還し（大判昭 16・10・25 民集 20 巻 1313 頁），②原物返還が不能であるが，その価値代替物がある場合には，この価値代替物の返還を求めることができる（大判昭 11・6・30 判決全集 3 輯 7 号 17 頁）。③原物返還も，価値代替物の返還も不能である場合には，価格賠償となる（大判大 5・2・16 民録 22 輯 134 頁）。

> 【果実・使用利益の返還】
> 　給付利得の返還がなされる場合に，その果実や使用利益も返還されるべきであろうか。
> 　**類型論**の立場からは，給付利得は，基礎となった法律関係の清算という観点から，果実・使用利益は返還すべきであって，189 条・190 条の適用はないとされる。
> 　**衡平論**の立場からも，果実・使用利益は返還すべきであるとするのが多数であるが（金銭の給付に関して，判例も，善意の受益者も，金銭の運用利益を返還する義務を負うとする〔最判昭 38・12・24 民集 17 巻 12 号 1720 頁〕），物の給付の場合には，189 条・190 条によって処理されるとする見解もある。

（2）給付利得における利得消滅

　衡平論によれば，損失者からの不当利得返還請求権に対しては，利得者から利得消滅の抗弁が主張されうる。
　他方，**類型論**の立場によれば，一方的給付の清算では，善意受益者の利得消滅の抗弁（703条）が認められる。他方，双方的給付の清算では，給付の清算という観点から，利得消滅の抗弁は認められない。

> 【契約不成立の場合における清算】
>
> 　双務契約において，契約が不成立であるにもかかわらず，双方の給付がなされた場合には，給付と反対給付を契約当事者間において原状回復させるべきであるとする（121条の2参照）。この場合，両返還請求権は，同時履行の関係にある（最判昭47・9・27民集26巻7号1327頁）。
>
> 　なお，衡平論によれば，双務契約の清算において，一方の給付の返還が利得消滅により認められない場合に，他方の返還請求権がどうなるかという問題がある。

3.4　給付不当利得の特則

3.4.1　非債弁済

（1）債務の不存在を知ってした弁済

　債務が存在しないことを知りながら弁済した場合には，支払ったものの返還を請求することができない（705条）。知らないことにつき過失があった場合にも返還請求することができる。また，債務の不存在を知りながら弁済した場合であっても，地代家賃統制令による統制額を超過する家賃であることを知りながら借家人が債務不履行責任を問われるのを回避するためにやむなく請求額を支払った場合（最判昭35・5・6民集14巻7号1127頁）や，家賃賃料の支払い義務のない者が賃料不払とこじつけて家屋の明渡しの訴訟を提起された場合の防御手段として支払った場合（最判昭40・12・21民集19巻9号2221頁）のように，知って弁済したことを正当化する事情があれば，705条は適用されない。

（2）期限前の弁済

　債務の弁済期前であっても，債務が存在している以上，法律上の原因を欠くことにはならないから，弁済は不当利得とはならない（706条）。

　もっとも，弁済期限までの金銭の運用益は，本来債務者に帰属すべきものであるから，債務者が期限の利益を放棄したものではなく，期限についての錯誤によって弁済したときは，その利益の返還を請求することができる（同条ただし書）。

（3）他人の債務の弁済

　他人の債務を自己の債務と誤信して弁済した場合には，債務は消滅せず，債権者の取得した利益は返還されなければならない。

　しかし，善意の債権者は，有効な弁済があったものと信じて，債権証書を破棄したり，

担保を放棄したりする。このような場合には，債権者を保護するため，不当利得の返還請求権が制限される（707 条 1 項）。この場合，弁済者は，真の債務者に対して求償権を行使することができる（同条 2 項）。

3.4.2　不法原因給付

【改正法下での不法原因給付】
　民法改正によって，無効な契約に基づいてなされた給付の返還は，121 条の 2 で処理されることとなったが，90 条無効を想定する不法原因給付は，今後は，121 条の 2 の問題として議論されることになろう。

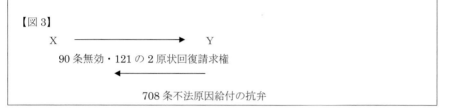

【図 3】
　　　X　———————————→　Y
　　　　90 条無効・121 の 2 原状回復請求権
　　　　　　　　　←——————
　　　　　　　708 条不法原因給付の抗弁

　法律上の原因を欠く給付であっても，不法な原因のために給付がなされた場合には，その返還を請求することはできない（708 条）。たとえば，賭博で負けた債務を支払った場合には，支払った者は，債務の支払いが無効であることを理由として，支払った金銭の返還を請求することはできない。いわゆるクリーンハンズの原則のあらわれである。

（1）要件

　不法原因給付の抗弁が認められるための要件は，以下のとおりである。

　（1）給付の原因が「不法」であること
　（2）不法な原因のために「給付」がなされたこと

（2）給付原因が「不法」であること

　不法とは，「その行為の実質に即し，当時の社会生活および社会感情に照らし，真に倫理，道徳に反する醜悪なものと認められるか否かによって決せられるべきもの」であり（最判昭 37・3・8 民集 16 巻 3 号 500 頁），単なる強行法規違反は，「不法」に当たらないとしている[2]。

---

[2]　虚偽表示の事案における返還請求について，判例は，不法原因給付には当たらないとし，不当利得返還請求を認めている（最判昭 41・7・28 民集 20 巻 6 号 1265 頁）。

給付が不法であるときは，当事者が不法であることを知っていたか否かにかかわらず，返還は認められない（大判大8・9・15民録25輯1633頁）。

（3）「給付」なされたこと

【設例3-1】
① Xは，賭博によって負った債務のために自己所有の土地にYのために抵当権を設定した。Xは，抵当権設定契約は，90条に反して無効であるとして，Yに対して，抵当権設定登記の抹消登記手続を請求した場合，その請求は認められるか。
② Xは，YがXの愛人になる代償として，YにX所有の建物を贈与した。なお，この建物は，未登記であった。その後，Yが自己名義にて登記をした。Xは，Yとの契約が公序良俗に反するとして，建物の返還を請求することができるか。
③ ②において，建物につき，X名義の登記がなされていた場合はどうか。

（a）給付（【設例3-1】①）

金銭や動産の給付では，金銭の交付，動産の引渡しが給付に当たることは問題がない。それでは，物自体の給付ではない，抵当権の設定はどうか。判例は，抵当権が設定されただけでは給付がなされたとは言えず，抵当権設定登記の抹消が認められるとしている（大判昭8・3・29民集12巻518頁，最判昭40・12・17民集19巻9号2178頁）。

【参考判例】最判昭40・12・17民集19巻9号2178頁
「このような事実関係のもとにおいては，被上告人Xが右抵当権設定登記の抹消を求めることは，一見民法708条の適用を受けて許されないようであるが，他面，上告人Yが右抵当権を実行しようとすれば，被上告人Xにおいて賭博行為が民法90条に違反することを理由としてその行為の無効，したがって被担保債権の不存在を主張し，その実行を阻止できるものというべきであり，被担保債権の存在しない抵当権の存続は法律上許されないのであるから，このような場合には，結局，民法708条の適用はなく，被上告人Xにおいて右抵当権設定登記の抹消を上告人Yに対して請求できるものと解するのが相当である。」

（b）履行の完了（【設例3-1】②，③）

708条によって不当利得返還請求が拒絶されるためには，履行が完了していることを要する。判例は，不動産の譲渡について，未登記建物であれば，「引渡し」のみで履行が完了するとしている（最大判昭45・10・21民集24巻11号1560頁）[3]。これに対して，既登記

---

[3]　最大判昭45・10・21民集24巻11号1560頁によれば，贈与に基づく履行行為が不法原因給付にあたるときは，建物の所有権は，受贈者に帰属し，贈与者において給付した物の返

建物については，引渡しに加えて，登記を移転しないと履行の完了は認められないとしている（最判昭 46・10・28 民集 25 巻 7 号 1069 頁）。

【参考判例】最大判昭 45・10・21 民集 24 巻 11 号 1560 頁
　「原審の認定した右事実関係のもとにおいては，右贈与は公序良俗に反し無効であり，また，右建物の引渡しは不法の原因に基づくものというのを相当とするのみならず，<u>本件贈与の目的である建物は未登記のものであって，その引渡しにより贈与者の債務は履行を完了したものと解されるから</u>，右引渡しが民法 708 条本文にいわゆる給付に当たる旨の原審の前示判断も，正当として是認することができる。」

（4）708 条ただし書

　不法な原因が受益者についてのみ存したときは，708 条本文は適用されない（同条ただし書）。たとえば，ある学校の教師が受験生に合格させることを確約して受験者の親から金銭を受け取り，入試問題を教える場合などがこれにあたる。
　もっとも，通常，不法な原因が一方のみに存する場合よりも，双方に不法な原因が存する場合が多い。そこで，判例・学説は，両者の不法性を比較して，受益者の不法性の度合いが給付者のそれよりも強い場合に 708 条ただし書の適用を肯定している（最判昭 29・8・31 民集 8 巻 8 号 1557 頁）。

【XのYに対する不当利得返還請求】

【請求原因】
　（1）Xに損失があること
　（2）Yに利得があること
　（3）Yの利得とXの損失との間の因果関係があること
　（4）Yの利得に法律上の原因がないこと

　（不法原因給付）
【抗弁】
　請求原因（4）が公序良俗に反する不法な行為に該当すること

（受益者の一方的不法）
【再抗弁】
　抗弁の不法な原因がYについてのみ存在すること

還を請求できなくなったときは，その反射的効果として，目的物の所有権は贈与者の手を離れて受贈者に帰属するにいたる。その結果，YのXに対する移転登記手続請求が認められる。

4　費用利得

　たとえば，隣家の壁にペンキ塗りをした場合のように，費用償還に関する特別規定がない場合でも，費用利得としてその償還請求が認められる。

　占有者についての必要費・有益費の償還請求権（196 条）や賃借人の必要費・有益費の償還請求権（608 条）は，この一般的な費用利得償還請求権の特則となる。

　ただし，この場合には，償還請求権者に利得の押しつけが生ずるおそれがあるため，損失者による支出が，たとえ損失者がしなくても，受益者が自ら負担したであろう費用の支出でなければならない。

5　求償利得

　費用支出者が受益者に対して第三者として弁済すべき義務を負っていないにもかかわらず，弁済をした場合には，損失者は，受益者に対して，求償することができる。

【図 4】

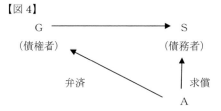

連帯債務者や保証人については，特別に規定がある（442 条・459 条など）。

6　多数当事者間の不当利得

6.1　騙取金銭による弁済

【設例6−1】
　Xは，Aからたいへん儲かる投資先があるので投資をしないかと話を持ちかけられ，500万円を投資することとして，500万円をAに交付した。しかし，この話は，まったくのうそだった。Aは，Xから受け取った現金で自己のYに対する債務500万円を弁済し，その後，行方をくらました。Aに騙されていたことに気づいたXは，Yに対して，500万円の返還を請求した。認められるか。

【図5】

　Xは，500万円を騙取され，500万円の損失がある。また，Yは，Aから500万円の弁済を受けており，500万円の利得がある。

　しかし，Yの利得は，Aの弁済によってもたらされており，その点では，Xの損失とYの利得との間に因果関係があるか，また，Yの利得に法律上の原因がないということができるかが問題となる。

　まず，因果関係については，大審院は，かつてYの受益とXの損失との間に「直接の因果関係」がないとして，不当利得返還請求を否定していた（大判大8・10・20民集25輯1890頁）。

　しかし，最判昭49・9・26民集28巻6号1243頁は，不当利得制度について，「ある人の財産的利得が法律上の原因ないし正当な理由を欠く場合に，法律が，公平の観念に基づいて，利得者にその利得の返還義務を負担させるものである」と位置づけたうえで，「社会通念上Xの金銭でYの利益をはかったと認められるだけの連結がある場合には，なお不当利得の成立に必要な因果関係があるものと解すべき」とした（**社会通念上の連結**）。

　また，法律上の原因については，「YがAから右の金銭を受領するにつき悪意又は重大な過失がある場合には，Yの右金銭の取得は，被騙取者又は被横領者たるXに対する関係においては，法律上の原因がなく，不当利得となる」としている（**受益者の悪意・重過失**）。

【参考判例】最判昭49・9・26民集28巻6号1243頁
　「およそ不当利得の制度は，ある人の財産的利得が法律上の原因ないし正当な理由を欠く場合に，法律が，公平の観念に基づいて，利得者にその利得の返還義務を負担させるも

のであるが，いま甲が，乙から金銭を騙取又は横領して，その金銭で自己の債権者丙に対する債務を弁済した場合に，乙の丙に対する不当利得返還請求が認められるかどうかについて考えるに，騙取又は横領された金銭の所有権が丙に移転するまでの間そのまま乙の手中にとどまる場合にだけ，乙の損失と丙の利得との間に因果関係があるとなすべきではなく，甲が騙取又は横領した金銭をそのまま丙の利益に使用しようと，あるいはこれを自己の金銭と混同させ又は両替し，あるいは銀行に預入れ，あるいはその一部を他の目的のため費消した後その費消した分を別途工面した金銭によって補填する等してから，丙のために使用しようと，社会通念上乙の金銭で丙の利益をはかったと認められるだけの連結がある場合には，なお不当利得の成立に必要な因果関係があるものと解すべきであり，また，丙が甲から右の金銭を受領するにつき悪意又は重大な過失がある場合には，丙の右金銭の取得は，被騙取者又は被横領者たる乙に対する関係においては，法律上の原因がなく，不当利得となるものと解するのが相当である。」

> 【考えておこう！】
> 　XがAのYに対する弁済について詐害行為取消権を行使した場合は，どうなるか。両事案を比較してみよう。

6.2　転用物訴権

> 【設例6−2】
> 　建物所有者Yは，これをMに賃貸し，Mが権利金を支払わないことの代償として，建物の修繕等の工事はすべてMの負担とされ，Mは，建物返還時に金銭的要求をしないとの特約が結ばれた。その後，Mは，Xとの間で建物改修等の請負契約を締結した。仕事は完了したが，その代金は，一部しか支払われないままだった。Mが建物を無断転貸したため，Yは，Mとの賃貸借契約を解除した。Xは，Mが行方不明となったため，Yに対して，不当利得返還請求をした。認められるか。

【図6】

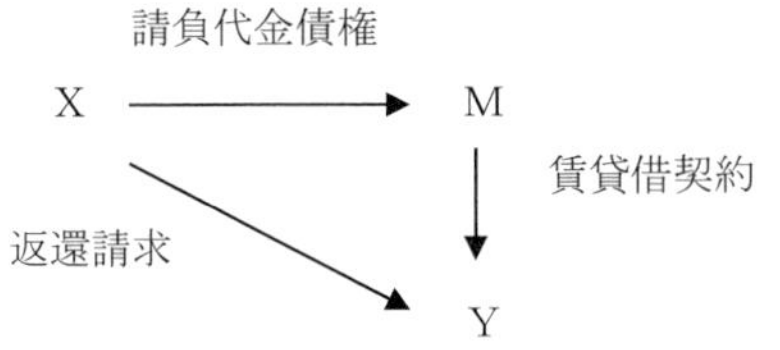

Xは，請負代金を全額回収できておらず，その点で，損失がある。また，Yは，価値の上昇した建物を取得しているから，利得がある。

　しかし，Yの利得は，Mとの間の賃貸借契約によってもたらされており，その点では，Xの損失とYの利得との間に因果関係があるか，また，Yの利得に法律上の原因がないということができるかが問題となる。

　まず，因果関係について，判例は，「Mの無資力のため，右修理代金債権の全部または一部が無価値であるときは，その限度において，Yの受けた利得はXの財産および労務に由来したものということができる」とする（最判昭45・7・16民集24巻7号909頁）。

　また，法律上の原因について，判例は，「MとYとの間の賃貸借契約を全体としてみて，Yが対価関係なしに右利益を受けたときに」Yの利得に法律上の原因がないとしている（最判平7・9・19民集49巻8号2805頁）。

【参考判例】最判昭45・7・16民集24巻7号909頁

　「原判決引用の1審判決の認定するところによれば，上告人のした修理は本件ブルドーザーの自然損耗に対するもので，被上告人はその所有者として右修理により利得を受けており，また，右修理は訴外会社の依頼によるもので，上告人は同会社に対し51万4000円の修理代金債権を取得したが，同会社は修理後間もなく倒産して，右債権の回収はきわめて困難な状態となったというのである。

　これによると，本件ブルドーザーの修理は，一面において，上告人にこれに要した財産および労務の提供に相当する損失を生ぜしめ，他面において，被上告人に右に相当する利得を生ぜしめたもので，上告人の損失と被上告人の利得との間に直接の因果関係ありとすることができるのであって，本件において，上告人のした給付（修理）を受領した者が被上告人でなく訴外会社であることは，右の損失および利得の間に直接の因果関係を認めることの妨げとなるものではない。ただ，右の修理は訴外会社の依頼によるものであり，したがって，上告人は訴外会社に対して修理代金債権を取得するから，右修理により被上告人の受ける利得はいちおう訴外会社の財産に由来することとなり，上告人は被上告人に対し右利得の返還請求権を有しないのを原則とする（自然損耗に対する修理の場合を含めて，その代金を訴外会社において負担する旨の特約があるときは，同会社も被上告人に対して不当利得返還請求権を有しない）が，訴外会社の無資力のため，右修理代金債権の全部または一部が無価値であるときは，その限度において，被上告人の受けた利得は上告人の財産および労務に由来したものということができ，上告人は，右修理（損失）により被上告人の受けた利得を，訴外会社に対する代金債権が無価値である限度において，不当利得として，被上告人に返還を請求することができるものと解するのが相当である（修理費用を訴外会社において負担する旨の特約が同会社と被上告人との間に存したとしても，上告人から被上告人に対する不当利得返還請求の妨げとなるものではない）。」

【参考判例】最判平7・9・19民集49巻8号2805頁

　「甲が建物賃借人乙との間の請負契約に基づき右建物の修繕工事をしたところ，その後乙

が無資力になったため，甲の乙に対する請負代金債権の全部又は一部が無価値である場合において，右建物の所有者丙が法律上の原因なくして右修繕工事に要した財産及び労務の提供に相当する利益を受けたということができるのは，丙と乙との間の賃貸借契約を全体としてみて，丙が対価関係なしに右利益を受けたときに限られるものと解するのが相当である。けだし，丙が乙との間の賃貸借契約において何らかの形で右利益に相応する出捐ないし負担をしたときは，丙の受けた右利益は法律上の原因に基づくものというべきであり，甲が丙に対して右利益につき不当利得としてその返還を請求することができるとするのは，丙に二重の負担を強いる結果となるからである。」

【考えておこう！】
　XがAのYに対する費用償還請求権を行使した場合は，どうなるか（できるかどうかも含めて）。両事案を比較してみよう。

6.3　誤振込みと不当利得

【設例6−3】
① A（振込依頼人）は，B銀行に口座を有するが，Dに対する10万円の債務を負っていた。そこで，Aは，B銀行に，DがC銀行に有する口座に10万円の振込みを依頼をしようとした。ところが，Aは，誤ってB銀行の振込依頼書に，振込先を「D」ではなく，「O」と記載してしまった。そのため，B銀行は，C銀行のOの口座に10万円を振り込んだ。この場合に，預金債権は誰に帰属するか。
② Oは，誤振込みされた預金債権についてC銀行に預金の払戻しを請求することができるか。

【図7】

6.3.1　誤振込みと預金債権の成立

　判例によれば，誤振込みによる預金債権は，誤振込みを受けた者が取得する（最判平8・4・26民集50巻5号1267頁）。誤振込みをした者は，その者に対して，不当利得返還請求ができるにとどまる。これによれば，【設例6−3】①では，預金債権は，誤振込みを受けたOに帰属する。

【参考判例】最判平 8・4・26 民集 50 巻 5 号 1267 頁
　「振込依頼人から受取人の銀行の普通預金口座に振込みがあったときは，振込依頼人と受取人との間に振込みの原因となる法律関係が存在するか否かにかかわらず，受取人と銀行との間に振込金額相当の普通預金契約が成立し，受取人が銀行に対して右金額相当の普通預金債権を取得するものと解するのが相当である。けだし，前記普通預金規定には，振込みがあった場合にはこれを預金口座に受け入れるという趣旨の定めがあるだけで，受取人と銀行との間の普通預金契約の成否を振込依頼人と受取人との間の振込みの原因となる法律関係の有無に懸からせていることをうかがわせる定めは置かれていないし，振込みは，銀行間及び銀行店舗間の送金手続を通して安全，安価，迅速に資金を移動する手段であって，多数かつ多額の資金移動を円滑に処理するため，その仲介に当たる銀行が各資金移動の原因となる法律関係の存否，内容等を関知することなくこれを遂行する仕組みが採られているからである。」
　「また，振込依頼人と受取人との間に振込みの原因となる法律関係が存在しないにかかわらず，振込みによって受取人が振込金額相当の預金債権を取得したときは，振込依頼人は，受取人に対し，右同額の不当利得返還請求権を有することがあるにとどまり，右預金債権の譲渡を妨げる権利を取得するわけではないから，受取人の債権者がした右預金債権に対する強制執行の不許を求めることはできないというべきである。」

6.3.2　誤振込みによる預金債権の払戻し

　それでは，誤振込みを受けた者は，預金債権の払戻しを請求することができるだろうか（【設例 6−3】②）。まず，判例は，誤振込みがあることを知った者が，その情を秘して預金の払戻しを請求することは，詐欺罪の欺罔行為に当たり，また，受取人が預金の払戻しを受けた場合には，詐欺罪が成立するとする（最判平 15・3・12 刑集 57 巻 3 号 322 頁）。そして，預金の払戻請求については，払戻しを受けることが当該振込みに係る金員を不正に取得するための行為であって，詐欺罪等の犯行の一環を成す場合であるなど，これを認めることが著しく正義に反するような特段の事情があるときは，権利の濫用に当たるとするが，受取人が振込依頼人に対して不当利得返還義務を負担しているというだけでは，権利の濫用に当たらないとしている（最判平 20・10・10 民集 62 巻 9 号 2361 頁）。

【参考判例】最判平 15・3・12 刑集 57 巻 3 号 322 頁
　「誤った振込みがあることを知った受取人が，その情を秘して預金の払戻しを請求することは，詐欺罪の欺罔行為に当たり，また，誤った振込みの有無に関する錯誤は同罪の錯誤に当たるというべきであるから，錯誤に陥った銀行窓口係員から受取人が預金の払戻しを受けた場合には，詐欺罪が成立する。」

【参考判例】最判平 20・10・10 民集 62 巻 9 号 2361 頁

　「受取人の普通預金口座への振込みを依頼した振込依頼人と受取人との間に振込みの原因となる法律関係が存在しない場合において，受取人が当該振込みに係る預金の払戻しを請求することについては，<u>払戻を受けることが当該振込みに係る金員を不正に取得するための行為であって，詐欺罪等の犯行の一環を成す場合であるなど，これを認めることが著しく正義に反するような特段の事情があるときは，権利の濫用に当たるとしても，受取人が振込依頼人に対して不当利得返還義務を負担しているというだけでは，権利の濫用に当たるということはできない</u>ものというべきである。」

6.4　二重の法律上の原因の欠缺

【設例 6−4】
　　Yは，Aから強迫を受け，Xとの間で，YがXから 3,500 万円を借り受ける旨の金銭消費貸借契約を締結した。その際，Yは，Aの指示により，Xに対しその貸付金をBの当座預金口座に振り込ませた。その後，Xは，Yに対して，貸付金の返還を請求したところ，Yは，金銭消費貸借契約は，Aの強迫によるものであるとして，右消費貸借契約を取り消した。この場合に，Xは，Yに対して，不当利得返還請求をすることができるか。

【図 8】

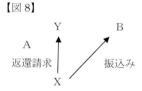

　まず，X・Y間では，金銭消費貸借契約が締結されているが，右契約は，Aの強迫（第三者強迫）により取り消されているため，Xは，Yに対して，不当利得に基づいて返還を請求することとなる。

　Xは，Yの指図によってBに 3,500 万円を振り込んでいるので，損失がある。そこで，Yに利得があるかが問題となる。この点につき，最判平 10・5・26 民集 52 巻 4 号 985 頁は，「消費貸借契約の借主Yが貸主Xに対して貸付金を第三者Bに給付するよう求め，Xがこれに従ってBに対して給付を行った後Yが右契約を取り消した場合，Xからの不当利得返還請求に関しては，Yは，特段の事情のない限り，XのBに対する右給付により，その価額に相当する利益を受けた」とする。

　しかし，平成 10 年判決は，右「特段の事情がある」として，事案としては，XのYに対する請求を認めなかった。なぜなら，なぜこうした振込みが行われるかといえば，それは，通常，右給付によりYのBに対する債務が弁済されるなどYとの関係に応じて利益を受け

得るからであるが，本件では，YとBとの間には事前に何らの法律上又は事実上の関係も存在しなかったからである。

【参考判例】最判平10・5・26民集52巻4号985頁

「消費貸借契約の借主甲が貸主乙に対して貸付金を第三者丙に給付するよう求め，乙がこれに従って丙に対して給付を行った後甲が右契約を取り消した場合，乙からの不当利得返還請求に関しては，甲は，特段の事情のない限り，乙の丙に対する右給付により，その価額に相当する利益を受けたものとみるのが相当である。けだし，そのような場合に，乙の給付による利益は直接には右給付を受けた丙に発生し，甲は外見上は利益を受けないようにも見えるけれども，右給付により自分の丙に対する債務が弁済されるなど丙との関係に応じて利益を受け得るのであり，甲と丙との間には事前に何らかの法律上又は事実上の関係が存在するのが通常だからである。また，その場合，甲を信頼しその求めに応じた乙は必ずしも常に甲丙間の事情の詳細に通じているわけではないので，このような乙に甲丙間の関係の内容及び乙の給付により甲の受けた利益につき主張立証を求めることは乙に困難を強いるのみならず，甲が乙から給付を受けた上で更にこれを丙に給付したことが明らかな場合と比較したとき，両者の取扱いを異にすることは衡平に反するものと思われるからである。

しかしながら，本件の場合，前記事実関係によれば，YとBとの間には事前に何らの法律上又は事実の関係はなく，Yは，Aの強迫を受けて，ただ指示されるままに本件消費貸借契約を締結させられた上，貸付金をBの右口座へ振り込むようXに指示したというのであるから，先にいう特段の事情があった場合に該当することは明らかであって，Yは，右振込みによって何らの利益を受けなかったというべきである。」

【考えておこう！】

Xは，Yに対して，債務の履行のための出捐を行っているのであるから，原則として，X・Y間の契約内で清算が優先されるべきであるから，その点では，平成10年判決の一般論は，結論としては，適切であろう。

しかし，平成10年判決は，同事案では，Y・B間の法律上または事実上の関係がないため，Yは，利益を受けていないとする。もっとも，これは，Xからすると，自己があずかり知らぬところの事情によって返還請求権の相手方が変わることを意味する。また，Xが信用を供与したのは，Yであって，Bではない。そうすると，平成10年判決の結論はひとまず措くとして，同判決の理由づけは妥当なのだろうか。考えてみよう。

索　引

〈著者紹介〉

遠 山 純 弘（とおやま じゅんこう）

1970年　東京都生まれ
1993年　北海道大学法学部卒業
　　　　北海学園大学法学部助手，講師，
　　　　小樽商科大学商学部企業法学科准教授を経て
現在　　法政大学大学院法務研究科教授

［主な著書］
『新民法講義5 事務管理・不当利得・不法行為法』（共著）成文堂（2011年）
『判例に見る詐害行為取消権・否認権』（共著）新日本法規出版（2015年）
『オリエンテーション民法』（共著）有斐閣（2018年）

請求権から考える民法2
—— 契約に基づかない請求権 ——

2020(令和2)年5月8日　第1版第1刷発行
5122:P324 ¥2900E-020-010-002

著　者　遠山　純弘
発行者　今井　貴・稲葉文子
発行所　株式会社　信山社
〒113-0033　東京都文京区本郷6-2-9-102
Tel 03-3818-1019　Fax 03-3818-0344
info@shinzansha.co.jp
笠間才木支店　〒309-1611　茨城県笠間市笠間515-3
Tel 0296-71-9081　Fax 0296-71-9082
笠間来栖支店　〒309-1625　茨城県笠間市来栖2345-1
Tel 0296-71-0215　Fax 0296-72-5410
出版契約 No2020-5122-7-01011　Printed in Japan

Ⓒ遠山純弘, 2020　　印刷・製本／藤原印刷
ISBN978-4-7972-5122-7 C3332　分類324.021

法律学の森シリーズ

変化の激しい時代に向けた独創的体系書

戒能通厚　イギリス憲法〔第2版〕

新　正幸　憲法訴訟論〔第2版〕

大村敦志　フランス民法

潮見佳男　新債権総論Ⅰ　民法改正対応

潮見佳男　新債権総論Ⅱ　民法改正対応

小野秀誠　債権総論

潮見佳男　契約各論Ⅰ

潮見佳男　契約各論Ⅱ　（続刊）

潮見佳男　不法行為法Ⅰ〔第2版〕

潮見佳男　不法行為法Ⅱ〔第2版〕

藤原正則　不当利得法

青竹正一　新会社法〔第4版〕

泉田栄一　会社法論

芹田健太郎　国際人権法

小宮文人　イギリス労働法

高　翔龍　韓国法〔第3版〕

豊永晋輔　原子力損害賠償法

信山社

遠山純弘 著

請求権から考える民法1
－契約に基づく請求権－
近刊

請求権から考える民法2
－契約に基づかない請求権－

請求権から考える民法3
－債権担保－
近刊

民商法の課題と展望
―大塚龍児先生古稀記念―
大塚龍児先生古稀記念論文集刊行委員会 編

民法講義Ⅰ 民法総論
民法講義Ⅴ 不法行為法
法の国際化と民法
藤岡康宏 著

信山社